KB268243

시교육 정전 연구

시교육 정전 연구

시교육 정전 연구

강 석

역락

요리의 성공을 위한 여러 요인 중 재료의 질과 그에 맞는 요리 과정은 사실상 핵심이라 할 수 있다. 재료가 좋지 않으면 일류 요리사의 손길이 깃든다 해도 훌륭한 음식을 만들기 어렵다. 반대로 요리 과정이 제대로 되지 않았을 경우 아무리 훌륭한 재료라도 진정한 맛을 이끌어 내기 어렵다. 시교육에서도 마찬가지이다. 시교육 연구에서 다루어야 할 부분은 방대하다. 그러나 실제 현장에서 중요한 것은 제재와 교육 방법이라고 할 수 있다. 그런데 이제까지 연구를 되돌아보면 제재에 대한 연구는 방법에 대한 연구에 비해 상대적으로 부족해 보인다. 제제는 기존하는 것이라는 인식이 지배적이기 때문이다. 그러나 훌륭한 재료 없이 좋은 요리가 만들어 질 수 없듯이 적절한 제재의 선정이 담보되지 않는다면 좋은 시교육이 되기 어렵다. 그러므로 이 책은 현재 우리에게 기존하는 것으로 인식되는 제재에 대한 분석과 그것이 미치는 영향이 중심이 된다.

정전이란 용어는 시교육에서 주로 사용된다. 이는 시교육에 제시되는 제재들이 분자적으로 흩어져 있지 않고 특정한 가치를 담지한다는 의미이다. 기존의 연구에서 드러났듯이 우리 정전은 순수시 중심의 가치 체계를 가진다. 이를 정전 체계라 부를 수 있을 것이다. 이러한 체계가 확장되고 재생산되는 맥락은 다양하다. 문제는 이러한 것들이 무비판적으로 수용되었다는 점이 아니라 이를 극복할 만한 현실적인 대안들이 그리 많지 않다는 데 있다. 학습 방법은 교육 주체들의 개별적 노력으로도 바꿀 수 있다. 이와 관련해서 실제 연구자들과 교사들의 실천적 노력이 시교육에 기여한 바가 지대함은 주지의 사실이다. 그러나 제재의 문제는 개별적 노력으로 재구성하기 힘든 영역이다. 이러한 문제 의식 위에서 이 책은 정전의 구성, 영향, 전망을 총체적으로 기술하려고 노력했다. 정전의 현상을 설명하는 것을 넘어서 재구성의 방안까지도 여러 경로로 모색한 것이다.

이 책의 구성은 크게 4장으로 구성되어 있다. 1장에서는 시교육 정전 연구의 현황과 필요성에 대해 서술하였다. 이 책이 필요한 이유이다. 2장에서는 정전의 개념과 시교육 정전의 사적(史的) 전개를 문헌 연구와 실물 연구의 병행을 통해 제시하였다. 이를 위해 교과서의 제재와 더불어 사회·문화적 요인, 문단의 비평 흐름, 교육과정 등을 모두 고려하여 총체적으로 기술하려 노력하였다. 이 장의 키워드는 시교육 정전의 '과거'이다. 과거에 구성되었던 정전의 모습이 현재까지 영향을 미치고 있기 때문이다.

3장에서는 2장에서 전개된 시교육의 정전이 현재의 학습자에게 미치는 영향을 서술하였다. 학습자에게 영향을 미치는 요인은 다양하다. 그러나 이 장에서는 텍스트의 경향이 학습자에게 주는 영향을 중심으로 서술하였다. 요약하자면 현재의 정전 체계는 학습자를 탈사회화시키거나 순응화시키는 데 적합한 것으로 구성되었다. 이는 문학교육이 추구하는 목표와 괴리된다고 할 수 있다. 이 장의 키워드는 시교육 정전의

‘현재’이다. 오랜 시간 걸쳐 형성된 시교육 정전이 현재 학습자에게 주는 영향이 주 내용이기 때문이다.

4장에서는 시교육 정전의 재구성 가능성을 타진하였다. 현재 정전의 문제를 극복할 수 있는 방향으로 제시되었다. 또한 정전 재구성이 있어서 고려해야 할 외부적 요인, 정전 연구의 새로운 방향에 대해서도 소략하나마 논하였다. 이 장에서는 아직 실현되지는 않았으나 가능성 있는 하나의 방안을 제시하였기 때문에 4장의 키워드는 시교육 정전의 ‘미래’라고도 할 수 있을 것이다.

이 책은 선학들이 다져놓은 초석 위에 진행된 것이다. 인용된 것 뿐 아니라 인용되지 않은 수많은 옥고들이 이 책을 만들었다 해도 과언은 아닐 것이다. 그러므로 감사는 우선 그분들에게 돌려져야 한다. 그래도 이 책을 내는 데 도움을 수신 많은 분들을 언급하지 않을 수 없다. 이 책의 아이디어를 주시고 지도해주신 한양대학교 유성호 교수님, 많은 조언을 해 주신 한국교원대학교 나병철 교수님께 우선 깊은 감사를 드린다. 그분들의 격려가 있었기에 학문적으로나 인간적으로 부족한 제자가 더듬거리며 학문의 길로 들어설 수 있었다. 또한 항상 많은 가르침을 주신 학과의 여러 교수님께도 감사의 말씀을 전하고 싶다. 또한 이 책이 나오기까지 토론해주고 조언해준 동학들에게도 깊은 감사를 표한다. 그들의 날카로우면서도 애정 어린 조언들이 이 책의 많은 부분을 차지하고 있다.

　항상 곁에 있어준, 그리고 있어줄 사랑하는 아내에게 깊은 감사를 표한다. 아내의 내조와 애정어린 질타가 이 책을 세상에 나올 수 있게 하였다. 이제 백일을 갓 지난 딸의 존재도 집필 마지막에 큰 힘이 되었다. 마지막으로 이 책을 출판하는 데 큰 도움을 주신 역락 출판사의 이대현 사장님과 성심껏 편집해주신 박선주 선생님께 깊은 감사의 마음을 전한다.

강 석

I

연구의 필요성과 현황

01 | 들어가며

이 글의 주 목적은 시교육의 과거를 분석·비판하고 현재를 점검한 후 바람직한 미래를 그려보는 데 있다. 시교육에서 가장 핵심 사항은 텍스트(제재)와 그것을 가르칠 방법(전략)이다. 후자인 교육 방법은 국가 교육과정이라는 문서가 그 방향을 지정하기 때문에 미시적이거나 혁신적인 측면에서 많은 연구가 이루어지고 있다. 반면 전자인 텍스트의 경우 교육과정이나 검정 단계에서 유의점에 대해서 일부 진술하고 있지만 추상적인 차원일 뿐이다. 이는 시교육이 텍스트 문제에 대해서는 비교적 소홀했다는 의미이다.

그러나 텍스트는 시를 비롯한 문학 교육의 시작이다. 텍스트를 통해서 작가와 독자가 소통한다는 관점에서 시작해서 텍스트를 담지하지 않는 관점은 존재하지 않는다. 표현론적 관점에 기대어도 작가와 텍스트가 관계하며, 반영론적 관점은 세계와 텍스트가 관계한다. 수용론점 관점에서는 독자와 텍스트가 긴밀히 연관되며, 형식론적 관점에서는 텍스트 그 자체를 신성시할 정도이다. 그럼에도 시교육에서 텍스트 선택에 대한 논의는 그리 활발하지 못했다.

풍성한 교육방법론에 비해서 텍스트의 문제가 상대적으로 논의가 되지 않았던 이유는 인식의 부재나 비관적 인식이 주된 이유로 보인다. 즉 이제까지 문학사적으로 타당한 텍스트를 선정했기에 뭐가 문제냐는 것이 부족한 인식의 표현이며, 텍스트 선정의 문제는 인지하고 있으나 그것을 수정하거나 재구성할 방안을 찾지 않고 교육 방법이나 교실 환경 등 다른 요인에서 그 해결책을 찾으려 하는 것이 비관적 인식이라 할 수 있다. 그러므로 이 글에서는 이러한 인식을 넘어서 시교육의 정전 체계를 사적으로 분석(과거)하고 그것이 현재 어떠한 모습을 가지는지 학습자에게 어떠한 영향을 미치는지를 파악(현재)하고, 바람직한 시교육을 위해서 필요한 정전의 모습은 어떠한 것인지(미래)를 제시하고자 한다.

시교육은 문학에 대한 지식을 통해 문학을 감상하려는 목적과, 문학을 통해 언어능력을 향상시키고 인간과 사회에 대한 이해를 증진시키기 위한 것을 주목표로 한다. 또한 2011년에 새로 발표된 교육과정에서는 문학의 수용과 창작을 통해 언어와 세계에 대한 통찰력 함양을 강조하고 있다. 이전까지의 문학교육 과정이 국가주의나 기능주의 또는 수용론에 중점을 둔 것에 비해 차이를 보이는 부분이다. 현재 문학교육 과정의 목표는 추상적이긴 하지만 문학교육이 나아갈 방향을 비교적 명확하게 보여준다. 문학 지식은 목표를 달성하기 위한 수단이며 절차적인 것일 뿐, 문학교육의 궁극적 목적은 문학을 통해 언어, 인간, 세계를 총체적으로 이해하는 데 있다는 것이다.

그리고 문학교육에서 이러한 가치를 가장 잘 표현하는 것이 바로 '텍스트' 선정을 둘러싼 문제라고 할 수 있다. 역사적으로 볼 때, 국가 이념 전파를 문학교육의 중점 사항으로 두던 시절에는 그 목적에 맞는 최적의 텍스트들이 제시되었다. 하지만 문학교육의 목표가 변해가면서 텍스트 선정의 기준이나 양상도 그에 따라 변해왔다. 이처럼 텍스트는 문학교육이 추구하는 가치를 최전선에서 실현하는 도구라고 할 수 있다. 그만큼 문학교육에서 대부분의 활동은 텍스트를 바탕으로 이루어지며, 대부분의 수업 내용은 텍스트에 대한 이해를 목표로 한다. 그래서 교과서에 어떠한 텍스트를 싣는지가 가장 중요한 문제로 부각되는 것이다. 또한 문학 텍스트는 설명문 등 정보 전달을 주로 하는 텍스트에 비해 상대적으로 가치 지향적이다. 따라서 텍스트 선정 작업이 문학교육의 가치를 대변한다고 해도 지나친 말이 아닐 것이다.

물론 텍스트 선정과 함께 활동 구성의 문제도 중요한 현안이 아닐 수 없다. 이를 위해 텍스트의 주해를 넘어 비판 읽기를 시도하려는 연구도 많이 진행되어왔다. 이러한 연구들은 현장에서 야기된 지식 중심 교육의 문제점을 극복하는 현실적 의의를 지니고 있다. 이전까지 대부분 주입식으로 이루어진 교육이 현재 다양한 방법으로 실현되고 있는 점이 그 예이다. 하지만 이러한 연구는 다분히 탈(脫)맥락적일 가능성이 높으며, 근본적 문제 해결보다는 개량주의적 위험성을 일부 안고 있다고 할 수 있다. 특히 새로운 이론과 실제가 성급히 만나게 되는 경우 이러한 탈맥락적 현상은 더욱 두드러졌다. 현장 연구가 오랜 동안 진행되었음에도 불구하고 문학교육의 실제는 여전히 지식 중심인 점이 이를 증명한다. 또한 이러한 연구의 문제점은 문학교육의 핵심인 제재에 대한 반성적 성찰이 부족하다는 점에 있다.

말할 것도 없이, 주어진 텍스트를 통해 학습 활동을 구성하는 것은 문학교육에서 매우 중요한 문제이다. 하지만 이러한 연구가 기술(技術)적 측면이나 처방적 측면만을 가지고 있다면, 현 문학교육에 대한 반성적 인식의 틀은 한정될 수밖에 없다. 이러한 상황에서 문학교육의 정전 체계 연구는 현장에 기반을 둔 연구에 성찰의 방향을 제시해주고, 이론적 연구의 여러 측면을 동시에 고찰할 수 있게 한다는 점에서 매우 중요하다. 정전 연구에서 중요한 것이 바로 '맥락'에 대한 연구인데, 제재는 분자적으로 교과서에 수용되는 것이 아니라 정치적, 사회적, 문학사적 맥락에서 작용하기 때문이다.

우리가 잘 알듯이, 문학에 대한 본질주의적 연구가 계속 진행되고 있지만, 문학이란 보편적이고 시대 초월적 개념이기보다는 특정한 시기의 역사적 산물이며, 제도가 낳은 문화적 구성물이다. 이러한 속성은 정전의 경우에도 그대로 통용된다. 정전이 보편적으로 가치있는 작품 목록이 아니라 역사적이고 사회적으로 구성되어 있는 어떤 것이라면, 정전의 현황과 개선 방향을 재인식할 이유는 매우 분명하다. 즉 현재 문학교육의 정전이 어떤 가치와 부합하는 것인지를 밝힐 필요가 있으며, 경우에 따라 정전의 재구성이 구안되어야 하기 때문이다. 이러한 일련의 문제들에서 이 글의 필요성이 제기된다고 할 수 있다.

거시적 측면에서의 정전 연구는 일련의 학위 논문을 중심으로 시작되었다. 먼저 정재찬(1996)은 문학교육을 지배하고 있는 특정 담론들의 역사적 발생 조건 과정을 계보학적으로 탐구하였다. 서정 장르를 중심으로 한 이 연구는, 당대의 정전 구성이 순수시와 민족시를 중심으로 이루어졌음을 선명하게 밝혔다. 특히 계보학적 탐구를 통해 은폐되어왔던 정전 체계를 밝힌 것은 큰 성과이다. 또한 정전 체계와 주해식 교육이 결합하여 권위에 순응하는 종속적 주체를 형성했다는 비판적 인식과 정전이 학습 주체에 작용하는 주는 담론 효과까지 분석하였다. 이 연구를 시발로 하여 문학 교육의 정전 논의는 한층 왕성해졌다. 정전의 개념이 일종의 사회적 구성물이라는 입장을 최초로 드러냈으며 이 견해는 지금도 유효한 가치를 지닌다. 또한 정전구성 과정과 정전 체계가 주는 효과, 그리고 정전 구성의 원리는 이 연구가 가지는 큰 성과이다. 정전 구성이 정치적 차원의 문제였다는 논리와, 이후 역사적 맥락이 은폐되면서 당위성과 보편성을 가장하게 되었다는 주장은 이후의 정전 연구에서 공리의 위치로 자리하고 있다.

그러나 연구의 시기 문제로 인해 지금의 정전 문제를 다룰 수 없었고 그래서 정전 구성을 순수시 중심에서 민족주의시가 부가된 구조로 파악한 한계가 있다. 이 논의의 시점인 6차 교육과정기로 볼 때는 적확한 지적이나, 텍스트의 구성은 현재까지도 계속 변하고 있기에 이를 논의의 종점으로 삼기는 아직 이른 감이 있다. 또한 정전 연구로 시작했으나 그 해결점은 읽기 방법의 변화를 통해 모색했다는 점에서 정전 현상을 포함한 '지배적 담론'에 관한 연구라 할 수 있을 것이다. 또한 정전의 문제를 교육 방법의 변화로 해결하려 한다는 점에서 이 글과는 추구하는 방향과는 차이가 있다.

이명찬(2008)은 정전의 양적 문제가 중요한 것이 아니라 정전적 텍스트들 어떻게 해석하느냐가 중요하다고 보았다. "시문학 교육 현장에서 문제되는 것은 더 이상 정전 자체가 아니다. 오히려 문제는 정전적 해석만이 유통, 고정되어온 저간의 현실인 것이다. 문제는 단일 해석의 정전성을 부수고 해석의 복수성을 확보함으로서 시를 시답게 복권시키는 일에 있다."라는 주장은 정전의 문제를 해석의 문제로 치환한 것이다.

영문학 쪽에서는 송무(1997)의 연구가 눈에 띈다. 이 연구에는 정전에 관한 해외 연구 성과가 잘 정리되어 있어서, 정전에 관한 심층적이고 보편적인 연구에 많은 도움을 준다. 정전 내부에 숨어 있는 인종주의, 여성주의, 엘리트주의가 위협받고 있는 영문학적 상황은 한국 정전 논의에도 참조점이 되어준다. 다만 대학에서 영문학을 중심으로 논의를 펼쳤기 때문에 이데올로기적 측면보다 상아탑 속의 학문적 경향이 정전에 영향을 주었다는 논의가 핵심이다. 이는 현재 중고등학교의 시교육 정전의 문제와는 다른 측면을 보여주지만, 정전 문제에 대한 시발점으로서의 가치와 더불어 정전 현상에 대한 다각적인 진단을 통해 정전 논의에 깊이를 더해주었다.

문단권력과 정전의 관계를 집중 조망한 경우도 있다. 문학과비평연구회(2004)에 따르면 해방 이후 문단권력이 재편되는 가운데

조연현, 김동리 등 해외문학파와 순수문학파가 남한 문단에 중심이 되어 문학교육에 영향을 주었다는 논의이다. 문단권력이 재편되는 이유는 분단이라는 정치적 상황이 중요하게 작용했으며, 그로 인해 북한의 프로문학에 대한 안티테제적 성향을 지니게 된 것이다. 즉 순수문학이 중심이 될 수밖에 없는 이유가 있었던 셈이다. 그런데 문학교육에서 배제되는 순수문학이 있었던 이유는 단순히 국가권력의 문제로 파악하기 어렵다. 실제로 5차 교육과정기까지 박용래나 박재삼 등의 텍스트는 교과서에 거의 실리지 않았다. 이는 문단권력이 국가권력과 동시에 작용하고 있었음을 증명하는 예이다.

교과서 속의 이데올로기를 분석한 연구도 눈에 띈다. 조미숙(2006)의 경우 주로 건국 과도기로부터 1차 교육과정기의 교과서를 분석하여 반공주의와 한국 교육장(場)의 관련성을 구체적으로 살펴보았다. 반공주의는 텍스트의 선택과 배제를 통해 체제 유지에 기여하였으며, 이러한 권력 작동은 여전하다고 보고 있다. 한수영(2006)은 7차 문학교과서를 검토하여 그 속에서 작동하는 이념의 원리를 밝혔다. 텍스트의 사회역사적 맥락에 개입하는 민족주의와 계급 담론이 여전히 교육 과정에 중요한 영향을 미치고 있다는 것이다. 두 연구 모두 현재에도 민족주의 이념의 과잉과 계급 담론을 결여하고 있다는 것을 강조하는데, 이는 현 정전 체계가 무엇을 결여하고 있는지를 보여준다는 점에서 가치를 가진다. 강진호(2007)는 국가 이데올로기와 교과서의 관계를 살피고 있다. 단독정부 수립 이후에는 반공이데올로기가 교과서에 직간접적으로 반영되었는데, 시의 경우 정신적 가치를 중시하고 현실의 문제를 도외시하는 학습자를 원했기에 순수시가 중요하게 받아들여졌던 것이다. 이러한 연구들은 시교육의 정전이 국가이데올로기에 받는 영향을 구체적으로 진술했다는 점에서 가치를가진다. 윤여탁(1998), 박용찬(2005), 문영진(2006), 유성호(2008) 등도 출발점을 공유하면서 위와 유사한 결과를 이끌어내고 있다. 이러한 연구들은 기존하는 것으로 인식되던 시교육의 한 현상을 비판적으로 바라볼 수 있게 하였다.

교과서 수록 텍스트들을 정리하거나 문학 교과서의 체계를 밝힌 연구들이 있다.[1] 국어나 문학 교과서에 실린 텍스트들을 저자, 발표 시기, 세부 장르별로 분류해 놓고 있어 정전 체계 연구에 많은 도움을 준다. 하지만 이런 연구들은 인상주의적 방법으로 자료를 분석하는 경향이 많다는 한계를 지닌다고 할 수 있다.

이 외에도 포스트모더니즘이나 해체론과 관련시킨 연구,[2] 특정 문인의 정전화 현상을 고찰한 연구[3] 등이 있다. 이런 연구들은 정전 문제에 대해 많은 지식과 시사점을 주지만, 대개 정전 현상에 관한 일반론적 연구라는 점에 한계가 있다. 또한 대부분 당위적 결론으로 회귀하는 경향이 있다는 점에서 현장 교육에 적용하기에는 다소 아쉬움을 가진다.

이 글은 이러한 연구사적 축적을 계승하면서, 정전의 재구성 차

---

1) 이에 대한 연구로는 공시적 측면에서는 최정환(2004), 통시적 측면에서는 조희정(2005)의 연구를 대표적으로 제시할 수 있다.
2) 대표적으로 고규진의 연구를 들 수 있다.
고규진(2003a), 「다문화 시대의 문학 정전」, 『독일언어문학 23집』, 한국독일언어문학회.
3) 문영진(2006). 「김동인 소설의 정전화에 관한 몇 가지 문제에 대하여」, 『대동문화연구 제53집』, 성균관대학교 대동문화연구원.

원을 다루어보고자 한다. 지금까지의 논의가 주로 재구성보다는 읽기 방법의 변화를 주장하고 있는 경우가 많다는 점에서, 이 글은 현 정전 체계를 구성하는 사회문화적 측면에 대해 고찰하면서 이러한 정전 체계가 가지는 결함이 어떤 것인지를 밝히고 궁극적으로 정전의 재구성이라는 문제까지 생각해보려는 것이다.

이를 위해서 이 글에서는 현재까지 발행된 국정 및 검인정 국어교과서와 문학교과서의 수록 텍스트들을 분류하고 분석하여 현 문학교육 정전 체계가 어떠한지를 우선 검토하고자 한다. 주요 분석 대상은 근대문학 중 '서정' 장르이며, 필요에 따라 여타 장르도 참고적 대상으로 삼고자 한다. 그리고 분석 결과로 나온 문학교육의 정전 체계가 어떠한 가치를 가지며, 어떤 주체를 형성하는지를 검토한 후, 문학교육의 목표에 합당한 새로운 정전 체계를 생각해보고자 한다.

이를 위해 주로 비판한 것은 자아와 세계의 동일성을 시의 본령으로 보고 이를 중심으로 구성된 순수시의 정전 체계이다. 즉 순수시 자체가 문제라는 것이 아니라, 순수시를 중심으로 한 정전 체계가 문제를 가진다는 뜻이다. 흔히 이야기하는 순수시란 사회보다는 자아에 관심을 가지고, 외부의 대상이 시에서 드러날 경우 그것과는 화합하려는 의도를 가진다. 순수시란 시의 여러 색깔 중 하나이며 이는 문학이 가지는 중요한 가치 중 하나일 것이다. 그러나 전통시학의 입장에서는 서정 장르를 주체와 객체를 화해의 관계에서만 보게 되고 서정을 동일성 지향으로 파악하는 바, 곧 서정과 순수가 등가라는 인식을 가지게 한다.

그러나 동일성의 지향은 서정이 가질 수 있는 여러 가능성 중

하나일 뿐이다. 동일성의 가치는 두 가지 측면을 나타난다. 하나는 상대적으로 작은 자아가 세계에 속하게 되는 주객일치의 경지이며, 다른 하나는 동일성이 좌절된 세계에서 원시적 동일성에 대한 강한 지향을 드러내는 방법이다. 그러나 타자와의 관계를 통해 동일성은 지연되기도 하며, 사회의 부정적 측면과 마주치는 순간 객관 세계의 현실이 더 강조되거나, 객관 세계에서 소외된 자아가 드러나기도 한다. 그러나 현재의 시교육에서 비동일성의 텍스트가 가지는 가치는 부차적으로 취급되어 왔다. 이 글에서는 이러한 인식에 대해 비판적으로 접근하였다. 그래서 텍스트에서 자아와 세계와의 관계를 통해 자아의 정서가 어떻게 발현되는지를 고찰하여 동일성의 시가 가지는 가치도 일부 승인하되, 그것보다는 비동일성의 시가 가지는 가치와 그것이 비판적 주체를 형성하는데 기여함을 밝히고자 한다.

그리고 이를 통하여 비판적 주체를 형성할 수 있는 텍스트를 선정하였다. 선정은 주로 교과서에 실려 있는 텍스트를 중심으로 하였으나, 교과서에 합당한 텍스트가 없는 경우 그 바깥에서도 찾아보았다. 선정의 방법은 각각의 텍스트 속 자아가 세계와 어떤 관계를 가지는 가를 파악하였다. 이를 통해 타자의 존재를 통해 동일화가 지연되거나 자아와 세계가 대화적 관계를 가진 경우, 자아가 세계에 대해 비판적 인식을 가지는 경우 등이 비판적 주체를 형성하는데 기여한다고 보고 그 텍스트를 중심으로 정전 체계를 구성하여야 한다고 보았다. 그리고 정전 재구성을 위해 고려해야 할 점을 몇 가지 제시하는 것으로 글은 마무리된다.

이를 논리화하고 구체화하기 위해 이 글은 다음과 같이 차례를 구성하였다.

Ⅱ장에서는 문학교육의 정전 체계를 검토하려고 한다. 1절에서는 '정전' 이론을 살필 것이다. 2절에서는 시교육의 텍스트들을 검토하여 정전은 과연 존재하는지, 존재한다면 그것은 어떠한 모습인지를 탐구하고자 한다. 이를 위해 국정 및 검인정 교과서의 문학 제재들을 비교 분석하고, 그것들이 주는 의미를 비판적으로 서술해보고자 한다.

Ⅲ장에서는 현재의 정전 체계가 지향하는 가치와 그 효과에 대해 밝힐 것이다. 1절에서는 순수시 위주의 정전 체계가 가지는 문제점과 그것이 형성하는 주체는 어떠한 것인지 밝힐 것이다. 이를 위해 순수시가 가지는 주된 이론적 근거인 '세계의 자아화'를 비판적으로 검토하고, 이러한 시적 인식이 탈사회화된 주체를 형성하는 과정을 서술하려 한다. 2절에서는 담론을 중심으로 하는 텍스트의 유형을 밝히고, 이런 가치가 지향하는 바를 서술할 것이다. 또한 '신비평'을 이론적 기반으로 한 주해식 교육이 담론 중심의 텍스트와 결합하여 순응적 주체를 형성하는 과정을 고찰하려 한다. 이는 정전이 교육 방법론과도 밀접한 관련성을 가진다는 점을 보여줄 것이다. 3절에서는 이러한 주체가 결합하여 내는 효과에 대해 살피려 한다.

Ⅳ장에서는 우리 문학교육의 주목표가 비판적 주체의 형성에 있다고 보고, 비판적 주체의 형성을 위한 정전 체계를 탐구하고자 한다. 1절에서는 정전의 재구성을 위해 필요한 선행 조건을 살피고, 2절에서는 구체적 텍스트를 예로 들어 비판적 주체를 형성하기 위한 바람직한 정전의 모습을 살피고자 한다. 그리고 3절에서

는 정전 구성과 관련된 맥락을 고찰하고 새로운 정전 연구방법도 제안하고자 한다.

이러한 일련의 과정을 통해 정전 체계에 대한 원론적, 실물적 차원의 고찰이 통합적으로 진행될 것이다.

Ⅱ

시교육 정전 체계의 검토

이 장(章)에서는 시교육의 정전이 형성되어온 역사적 과정과, 그 것이 학습자에게 어떠한 가치를 내면화시키는가를 살펴보고자 한다. 이를 위해 우선 '정전'의 개념과 형성 원리를 검토한 다음, 우리 시교육에서 구축되고 통용되는 정전의 모습에 대해 고찰하고자 한다. 이 글에서 정전을 체계로서 규정하는 이유는 각각의 정전적 텍스트가 가지는 가치의 합을 넘어서는 배면의 구조를 상정하기 위해서이다. 개개의 정전은 시대의 변화나 문학사적 평가에 따라 부침을 가지게 된다. 그러므로 개개의 정전을 통해 정전의 현상을 파악하다 보면 본질적인 면에서는 변화가 없음에도 불구하고 정전 구조의 변화가 생긴 것으로 인식할 수 있다. 그러므로 구조주의적 입장에서 각각의 텍스트를 넘어서는 항구적 체계를 상정하려 하는 것이다.

01 | 정전의 개념과 형성 원리

이 절(節)에서는 정전에 대한 이론을 살펴보고, 정전의 개념과 정전이 형성, 발전하는 원리에 대해 살펴보고자 한다. 이는 우리의 근대 시교육 정전을 살피는 기초 작업이 될 것이다.

1) 정전의 개념

'정전(正典)'은 최초 교회에서 공인된 경전을 위경(僞經)과 비교하여 '정경(正經, Canon)'이라고 부른 것에서 유래되었다. 이는 더해져서도 빼서도 안 되는 신성불가침의 영역이었다. 이 개념은 세속적 영역으로 확장되어 고대의 고전까지 포함하게 되었으며, 18세기 이후에는 오늘날 사용되는 가치 있는 문학 텍스트들을 통칭하는 용어가 되었다. 하지만 종교 정전과 문학 정전은 일정한 차이를 보인다. 교회 정전은 현재에도 불가침의 영역으로 남아 있지만, 문학 정전은 논쟁을 통하여 수정되기도 하였으며 작품이 계속 창작됨에 따라 새로운 텍스트가 정전 목록에 추가되기도 하였다. 이처럼 문학 정전은 역사적 변천을 겪으면서 다양하게 변화해왔으며, 정전 개념 역시 고정된 것이 아니라 문학사의 진행이나 교육 패러다임의 변화에 따라 변화해왔다고 할 수 있다.

정전과 비슷한 의미로 '고전(古典)'이 쓰이기도 한다. 'Classic'으로 번역되는 이 말은, 과거로부터 이어져 온 작품 중 현재에도 그 가치를 인정받는 것을 의미한다. 그 질적 가치와 영향력에서 안정된 위치를 가지고 있는 텍스트를 뜻한다. 그러므로 '고전'은 오랜 시간 동안 형성된 동일한 문화 전통의 구성 요소라 할 수 있다(이상섭, 1976). 즉 고전은 전통을 수립하고 지속시키는 데 기여하는 텍스트들의 집합이라고 할 수 있다. 이렇듯 우리가 '고전'이라는 단어를 사용할 때에는 전통적 측면과 텍스트 내재적인 가치에 주목하게 된다. 하지만 고전이라는 말에는 텍스트 자체의 가치와 전통의 보존이라는 측면만 강조되고, 그것이 생성되는 사회문화적 맥락은 배제되어 있다. '고전'이라는 용어를 사용하는 것 자체가 그 텍스트들의 현재적 가치를 옹호하고자 하는 의도를 전제하고 있기 때문이다.

실제적으로 '고전'이라는 말은, 자유 학예의 중요한 과목으로 가르쳐지던 그리스어와 라틴어로 쓰인 글들을 말했다. 그것은 고전어로 씌어 있으면서도 보편적인 교육 대상이 될 만큼 우수한 글을 동시에 의미했다. 16, 7세기만 해도 '고전'이라는 말이 고대인들과 관련되어서 쓰였지만, 나중에는 지방어 저자에 대해서도 사용되기 시작하였다. 그 뒤에는 모든 사람이 따라야 하는 작문과 문체의 본보기, 고정된 규칙 또는 기예의 엄격한 규칙 등으로 사용되었다 (송무, 1997). 이는 후세 사람이 따라야 할 규범적 역할을 강조한 것이다. 즉 '고전'이라는 용어에는 항구적 가치를 가진 텍스트들의 가치에 대한 존중이 담겨져 있다. 이는 우리나라에서도 비슷하게 나타난 현상이다. 학생들에게 고전 독서가 필요하다는 말은 '고전'이라 불리는 텍스트가 가진 가치를 인정한다는 의미이다. 하지만 고전은 전근대적 뉘앙스를 환기하는 용어이기도 하다. 존중해야 할 규범적 가치라는 의미와 더불어 현대에는 맞지 않는 전시대의 유물이라는 의미가 일정 부분 깃들여 있는 것이다. 그러므로 현재에는 '고전'보다는 '정전'이라는 용어가 학술적으로 빈번하게 사용되고 있다.

'정전'이라는 용어는 사용하는 사람에 따라 그 의미의 폭이 약간씩 다르다. 가장 넓은 의미로 쓰일 때는, 한 문화권 안에서 높은 가치를 부여받고 보존되고 재생산되는 텍스트들을 총칭한다. 이때는 반드시 국민문학 정전만이 아니라 고전적 명저라는 뜻을 포괄한다. 때로는 '위대한 책들'이라는 말과 거의 동의어로 쓰이기도 한다. 어떤 의미에서는 '문학'이라는 말과 거의 동의어로 사용되기도 하는데, 이때 '문학'은 대중문학과 구별되어 그 가치를 인정받아 교육의 대상이 되는 범주이기 때문이다(송무, 1997). 이러한 정의는 앞서 살펴보았던 고전의 의미와 크게 다를 것이 없다. 전통의 중요성이나 텍스트가 가지는 가치에 대한 옹호가 바탕에 전제되기 때문이다. 그러므로 이러한 방식으로 정전을 인식한다는 것은 변화보다는 고정된 가치를 중시하는 입장에 서게 됨을 의미한다.

하지만 이러한 보수적 인식은 현재 거의 폐기되기에 이르렀다. 이미 정전의 역사적 맥락에 대해서는 여러 연구가 행해졌으며, 새로운 문예사조가 등장할 때마다 정전은 언제나 재구성되었다. 문학교육에서도 새로운 교육적 패러다임이 등장할 때마다 새로운 정전이 형성되었다. 후에 살펴보겠지만 사회 변화나 정치 지형의 변화에 따라 우리 문학교육의 정전 역시 일정 부분 변화해왔기 때문이다.

그러므로 '정전'이라는 용어를 사용할 때에는 텍스트 내재적 가치와 더불어 그것이 생성된 맥락을 동시에 고려해야 한다. 정전 형성의 시초라 할 수 있는 초대 기독교의 경전학자들은 텍스트가 얼마나 훌륭한가, 그리고 그 호소력이 얼마나 보편적인가 하는 문제에는 관심이 없었다. 그들은 텍스트가 얼마나 그들의 종교 사회의 기준에 잘 들어맞는가 혹은 그들의 규칙에 부응하는가에 대한 매우 분명한 생각을 가지고 정전을 구성하였다(프랭크 랜트리키아 외, 1994). 정전 형성에 텍스트가 가진 내재적 가치보다는 사회적 맥락이 더 강하게 작용하였다는 것을 알 수 있다. 그러나 정전에 대해 보수적 입장을 가진 옹호론자들은 작품의 정전성은 연속적인 세대를 통하여 검증되는 것이기 때문에 텍스트의 위대성이 증명된다고 본다. 하지만 이런 인식이 승인받으려면 텍스트를 검증하는 객관적 준거의 존재를 증명해야 한다. 그리고 이러한 준거는 세대를 넘나드는 만큼 보편적이고 절대적이어야 한다.

하지만 이러한 인식은 곧 허구라는 것을 알 수 있다. 실제로 정전이라고 불리는 대상 사이에 상이하고 상호 배타적인 위대성의 기준을 발견하게 된다. 김수영을 예로 들자면 민족문학 진영에서는 역사적 상상력을 중시하지만, 모더니즘 계열에서는 난해성과 의미의 모호함을 중시한다. 정전 텍스트의 위대성이 각기 다른 이유로 추인된다면 이는 기준이 여럿이라는 뜻이며, 절대적이고 객관적인 준거는 존재할 수 없다는 의미이기도 하다.

그러므로 정전은 흔히 우리가 위대하고 훌륭한 텍스트라고 일컫는 것들의 집합이라기보다는, 그것이 생성된 사회문화적 맥락이 고려되어 나타난 것으로 이해되어야 한다. 초기의 정전 개념은 고전에 가까웠지만, 1960년 영미권에서 비판적 학자들에 의해 정전 성립 과정과 정전 이데올로기에 대한 연구가 진행되면서 문학 정전 논의는 활성화된다. 흑인, 여성, 소수민족 등의 관점에서 볼 때

'보편성'이라는 이름하에 일률적으로 강요된 정전은 주로 WASP의 중산층 남성에 의해 씌어진 것이라는 점이 부각되기 시작하였다(한국문학평론가협회, 2006). 이는 정전이 지배 이데올로기를 반영하고 있으며, 이에 반하는 것의 배제를 통해 스스로의 권위를 강화해 나간다는 의미를 밝힌 것이다. 정전은 언제나 권력의 후광을 바탕으로 구성되어졌던 것이다.

2) 정전의 속성

여기서는 정전의 여러 속성 중 보편성, 탈역사성, 재생산성의 세 범주를 정전의 속성을 살펴보고자 한다. 논의의 편의를 위한 것이지만 사실 정전의 속성을 칼로 자른 듯이 나누어 범주화하기는 어려우며, 이 속성들만 존재하는 것도 아니다. 각각의 속성이 인과관계가 되기도 하고 그 관계가 다시 역전되기도 한다. 그럼에도 이 속성들은 현재 우리 시교육의 정전 체계와 깊은 관련을 가지고 있기 때문에 선정된 것이다.

가. 보편성

근대 교육기로 넘어오면서 교육은 대중을 대상으로 하기 시작하였다. 이전까지의 교육이 지배계층의 교양이나 입신의 수단으로 존재해 온 것과는 다른 양상을 보이기 시작한 것이다. 교육은 의무교육 또는 보통교육의 가치를 바탕으로 전 대중(근대적 의미의 국민)을 대상으로 문자해독능력과 기초적인 교양을 가르치게 되었다.

그러나 이러한 교양교육의 내재적 목적은 국민들에게 지배계급인 부르주아들의 이념을 내면화시키기 위한 것이었다. 문학은 그 기능을 가장 중요하게 담당하고 있다. 19세기 말, 영국에서는 더 이상 종교가 사회적 '접합제' 즉 혼란스런 계급사회를 융합시킬 수 있는 정서적 가치들과 기본적인 신화들을 제공할 수 없었다(테리 이글턴, 1986). 중세에는 비록 다른 계급을 가진 사람들이라 할지라도 종교의 신화적 세계관을 바탕으로 하나가 될 수 있었다. 그러나 종교에 기반을 둔 귀족 세력이 몰락하고 시민계급이 정치적 권력을 가지게 되자, 여러 계급을 아우를 새로운 패러다임이 다시 필요했고 문학은 이 역할을 가장 충실히 해 내게 된다.

> 문학은 하층계급을 하나 이상의 관점 즉 그들의 것 외에 고용주들의 관점을 인정하도록 설득하면서 다원주의적으로 사고하고 느끼는 습관이 그들의 몸에 배도록 할 것이었다. 문학은 그들에게 부르주아 문명의 도덕적 부를 전달할 것이며 중산계급이 성취한 업적들에 대한 존경심을 심어줄 것이었다. 그리고 독서는 본질적으로 고립되고 관조적인 행위이기 때문에 문학의 하층계급이 지닌 집단직 징치행동에로 이르는 불온한 경향을 억제할 것이었다
>
> —테리 이글턴, 1986

19세기 후반 영국의 문학교육이 갖는 목표를 수사 없이 직접적으로 드러낸 것으로, 여기서 각 계급들을 하나로 융합시키는 것은 교호작용을 통한 것이 아니라 하나의 계급(중산계급)이 다른 하나의 계급(노동계급)을 일방적으로 동일화시키는 것이다. 이런 기능을 수행하기 위해서는 문학은 사회적으로 갈등을 일으키는 소재보다는 인류 보편적인 가치를 중요시하게 되었다.

그러나 이러한 보편성은 모든 계급에 해당되는 것이 아니라 사실상 지배계급의 헤게모니를 보편성으로 탈바꿈시킨 것이다. 영문학의 정전 중 하나인 셰익스피어 희곡의 주인공들은 대부분이 왕이나 귀족이다. 그 텍스트들이 추구하는 가치 역시 귀족적이다. 그리고 셰익스피어의 일부 희극에서는 인종 차별적인 내용이나, 남성 중심적인 내용이 드러나 있는 경우도 있다. <베니스의 상인>에서 유대인 샤일록은 냉혈한으로 묘사되어 있으며 <한여름 밤의 꿈>이나 <말괄량이 길들이기>에서는 남성 중심의 가부장적인 내용이 주를 이룬다. 이렇게 텍스트가 추구하는 가치가 일부 계층의 이익에 한정되는 것임에도 영문학을 전공하는 사람들에게 보편적으로 가르쳐졌던 것이다.

또한 근대 문학교육에서 학습자는 수동적인 위치에 있다. 그런데 공산품의 소비자가 생산이나 유통과정에서는 배제된 채 완제품만을 구입할 수밖에 없듯, 문학교육의 학습자 역시 선정과 해석이 완료된 텍스트를 받아들일 수밖에 없다. 프레이리가 언급한 은행예금식 교육은 이를 효과적으로 비유한 것이다. 교육에서 학생들이 예탁소(預託所)가 되고, 교사가 예탁자가 되는 예탁 행위를 한다(파울로 프레이리, 1995). 의사소통 대신에 교사가 제시한 내용을 학생들은 이를 받아들이고 기억하고 재생하는 식의 교육이 최근까지 행해진 것이다. 이를 극복하기 위해 구성주의나 수용이론 등이 교실에 등장하였지만 아직 텍스트 선정의 문제는 아직도 학습자의 영역이 아니다.

선정과 해석의 과정에는 지배 이데올로기가 작용한다. 정전의 형성은 권력 투쟁 또는 지배계급의 사회통제방식으로 이루어진다는 것은 공동체의 문화적 표현과 그것을 평가하는 가치가 정치적으로 이루어진다는 것이다. 그리고 권력 투쟁의 결과 정전화된 것은 당연히 승리한 계급의 가치와 이념을 반영하기 마련이다(송무, 1997).

물론 이러한 가치가 반드시 부정적이지는 않다. 예를 들어 조선 시대 사대부들의 유교적 정전 구성은 불교로 대변되는 종교적이고 비합리적인 이념 체계에서 벗어나 어느 정도 현실적 합리성을 가지게 하였다. 다만 그것이 사대부들이라는 지배계급의 이데올로기임에도 불구하고 조선 시대 평민들이나 천민들에게까지 그 가치를 내면화시키려 한 점이 문제인 것이다. 이는 유교경전의 가치가 하층민에게는 부합되지 않음에도 불구하고 보편화시키려는 의도였다고 할 수 있다.

그러므로 보편화는 두 가지 방향으로 진행된다는 것을 알 수 있다. 첫째는 계급적 갈등을 담지한 텍스트보다는 인류 보편적인 정서를 담은 텍스트를 선정하는 것이고, 둘째는 텍스트가 가지는 가치가 일부 계급의 이익에 부합하더라도 이를 은폐하고 보편적인 가치로 탈바꿈시키는 것이다. 첫째가 텍스트의 선정에 관련되는 것이라면, 둘째는 텍스트를 해석하는 과정과 관련되어 있다. 보편성의 원리는 선정과 해석에 동시에 작용하고 있는 것이다. 우리 시교육에서도 이 같은 현상이 나타난다. 예를 들어 국가주의적 정권에 유리한 텍스트가 선정되고, 다양한 해석의 가능성을 지닌 텍스트라 하더라도 정전적 해석만이 중심이 되는 경우가 대부분이다.

나. 탈역사성

정전이 보편성을 획득하기 위해서는 그것이 구성된 역사적 맥락을 은폐할 필요가 있다. 역사적 맥락이 노출된다면 정전이 포함하는 역사적 가치를 노출시키는 것이 된다. 정전의 가치는 지배 이데올로기를 합법화하는 데 기여하는데, 이데올로기는 필연적으로 은폐적이다. 왜냐하면 그것이 오류임을 보여주는 사실들을 적대자들에게 감춰야 할 뿐만 아니라 무엇보다도 자신의 본색을 감추어야 하기 때문이다(올리비에 르블, 1994). 그럼에도 불구하고 이데올로기는 스스로 합리적이라고 주장해야 한다. 그렇지 않다면 사람들이 그것을 따르고 내면화할 수 없을 것이다.

이러한 이데올로기의 은폐적인 특성은 그것의 문학교육적 실현태인 정전에도 적용된다. 이데올로기가 과학적 합리성과 탈역사성을 통해 자신의 비합리성을 은폐하는 것처럼, 정전도 과학성으로 치장한 보편성과 맥락의 탈각을 통한 탈역사화를 통해 스스로를 합리화시킨다. 보편성을 과학적으로 치장하기 위해서는 해석의 과정에 개입하여야 한다. 특정 계급에 부합하는 가치라도 해석을 통해 보편적 가치로 치장하는 것이다. 이는 평론이나, 교과서, 교사 등이 교육 현장에서 실현하고 있다.

그런데도 이러한 맥락을 소거하여 탈역사적인 것으로 만들 때 그 가치는 신비화된다. 문학이 종교의 역할을 했다는 것을 상기할 때, 이러한 신비화는 필연적인 것이라 할 수 있다. 신비화는 낭만주의의 영향을 받은 것으로 문학은 종교와 같이 신비스럽고 분석할 수 없는 특질이 있다고 보았다. 그리고 신비화된 정전은 그것

이 가지는 역사적 맥락을 벗어나서 다시 보편적으로 작용하게 된
다. 종교가 그러하듯 문학 역시 그것에 내재하는 담론을 수동적으
로 소비하는 학습자에게 있어 그것이 가지는 역사적 맥락이나 기
원은 불가지의 대상이 되는 것이다. 이렇게 정전에 내재된 가치는
학습자들에게 아무 저항 없이 전달된다. 학습자들은 스스로 그 가
치를 내면화하고 동일화하여 종국에는 그 이념을 재생산하는 단계
까지 이르게 되는 것이다.

다. 재생산성

일단 승인된 정전은 하나의 권력으로 작용하여 이후 생산되는
텍스트들을 용인하거나 배제하는 역할을 하게 된다. 또한 정전이
일시적인 것이 아니라 적어도 일정 기간 동안은 배타적인 합리성
을 갖추게 된다. 이러한 합리성을 가지게 된 이유에는 교육을 통
한 재생산이 가장 큰 역할을 하였다. 문학의 생산자들도 교육을
통해 그 가치를 내면화하였기 때문이다. 학교는 공동체 공통의 문
화가 아닌 가상의 이데올로기를 투사한다. 물론 학교와 같은 재생
산 제도들이 지배계급에 직접적으로 봉사하여 사회관계를 재생산
하는 것은 아니다. 학교는 학교 제도 자체의 재생산을 첫째 목적
으로 삼음으로써 궁극적으로 지배계급에 봉사한다(송무 2007). 학교
나름의 상대적 자율성이 사회관계의 재생산에 기여하게 된다는 것
이다.

이렇게 재생산된 정전은 스스로 권위를 가지며 후에 생산된 텍
스트에게 자신의 가치를 부여하기 시작했다. 정전이 추구하는 가

치를 가지는 텍스트들은 비평이나 제도에 의해 더욱 부각되게 되며, 이것이 계속 진행되면 새로이 정전의 지위를 가지게 되는 것이다. 물론 정전 형성의 과정에는 여러 변인들이 고려되어야 한다. 정전이 지배계급의 필요와 목적으로만 형성되는 것은 아니라 그 속에 나름의 상대적 자율성을 가진 제도―평론, 교육, 출판 등―들의 간섭과 평가를 통해 이루어진다. 또한 지배계급도 자신들에게 적대적인 세력들이 가지는 가치와 교호작용이 필요하다. 그리고 우연적 요소도 정전 형성에 관여할 수 있다. 그러나 정전적 텍스트는 많은 잠재적 독자를 가지고 있기에 세상에 노출될 가능성도 더욱 커진다. 그러므로 보존될 가능성도 높고 재해석될 가능성도 높은 것이다.

교과서의 선택에서 이러한 문제의 일면을 찾을 수 있다. 검인정 교과서로 바뀐 2007 교육과정에서 교사들이 교과서를 선택하는 방식은 여러 가지가 있으나 비교적 익숙한 제재가 많이 실린 교과서를 찾는 경우도 많다. 익숙지 않고 새로운 텍스트가 많은 교과서를 선택한다면 수업 준비의 부담이 가중되기 때문이다. 이런 선택이 교과서의 개정에도 불구하고 기존의 정전을 유지시키는 하나의 기제로 작동하게 될 수 있는 것이다. 이렇게 우연적 요소가 정전의 유지와 재생산에 관여하게 됨도 사실이다. 이런 과정을 통해 교사나 학습자들은 자신의 의도와는 관계없이 정전의 재생산에 기여하게 되는 것이다.

재생산은 필연적으로 배제를 낳는다. 정전이 추구하는 가치에 부합되지 않는 것은 출판이나 교육에서 다루어질 가능성이 낮기 때문이다. 그러므로 새로운 작가군(群)이나 텍스트들이 정전의 목록에 추가될 때에는 정전 체계와 유사한 가치를 가진 것들이 선정되는 것이다. 정전이 생성된 맥락을 은폐하고 보편성을 강조할 때 기존 정전을 재생산하는 순환구조가 완성되는 것이다. 그러므로 정전의 재구성에 있어서는 이러한 고리를 느슨하게 하거나 깨는 방법을 찾는 것이 필요할 것이다.

3) 정전 재구성의 가능성

미국의 문학비평은 영문학으로부터 독립하기 위해 미국 문학의 우수성을 보여주는 기준으로 미국적인 것을 내세웠으나 그 민족주의적인 기준은 지극히 남성 중심적인 것이었다. 베임(Byme)은, 미국적인 것의 정의는 무수히 많을 수 있음에도 불구하고 평론계에서는 일부만을 미국적인 것으로 보고 있다고 하였다. 당시 미국 평단에서 관심을 받는 작가는 미국인을 다른 민족보다 부각시키고, 미국을 다른 국가들보다 두드러지게 하는 등 미국 특유의 경험과 인물에 대해서 써야만 했다. 이는 다양한 시공의 사람들에게 공통된 경험의 여러 측면, 즉 변화나 죽음, 사랑, 유년시절, 가족, 배신, 상실 등의 보편적인 이야기를 배제하게 된다(니나 베임, 1990). 구대륙과의 차이를 위해 미국이 가지는 특수한 측면을 부각시키기 위해 노력한 것이다. 그런데 이 과정에서 여성은 배제되었고, 황야나 자연 등 미국 남성의 특수한 체험을 발견하는데 치중했다는 문제점이 발생하게 된다.

황야에서 활약하는 기동적인 남성이 펼치는 멜로드라마에서 유혹적인 여성은 장애물의 역할이 주어진다. 동시에 황야 자체에도 여성적 특질이 짙게 묻어있다. 사회가 위협적이고 파괴적인 반면 자연풍경은 유순하고 부양하는 성격을 가지게 마련이다(니나 베임, 1990). 이는 여성의 반동성과 수동성을 동시에 반영한 것이다. 여성을 부차적이고 수동적인 존재로 묘사하는 텍스트들은 남성중심성을 가질 수밖에 없다. 문제는 이러한 성격의 텍스트가 당대 미국문학의 특질이 아님에도 미국의 문학비평에서 이러한 문학을 미국적인 훌륭한 문학이라 치켜세우며 정전화 시켰다는 데 있다.

이는 구대륙의 문학에서 벗어나고자 하는 탈정전의 흐름이 미국 문단에 존재했지만, 그 흐름 역시 기존의 남성 중심적인 사회의 틀을 벗어나지 못했다는 것을 의미한다. 다시 말해 기존의 권위를 무너뜨리기 위해 새로운 정전이 구성되었다 하더라도 기존 권위 바깥의 새로운 권위에 종속되는 정전이 구성되는 예라 할 수 있다. 이는 상대적 탈영토화라 할 수 있다. 기존의 권위에서는 벗어났지만 새로운 권위에 종속되었기 때문이다. 이 권위 역시 억압의 기제로 작동하기 때문이다. 정전이 구성된다는 것은 어떤 식으로라도 권력의 작동과 함께 나아간다.

이러한 현실을 바탕으로 정전을 재구성하는 것보다 개방하거나 해체하자는 주장도 많다. 그러나 결론적으로 정전을 개방한다는 것은 실제적으로 정전의 목록만 늘리는 일일 뿐, 정전의 재구성을 위해서는 아무런 도움이 되지 않는다. 읽을 수 있는 것, 가르칠 수 있는 것은 언제나 제한되어 있기 때문이다. 또는 새로 추가된 텍스트는 여전히 주변부에 존재하고, 기존의 정전이 중심부성을 가질 가능성도 높다. 후에 살펴보겠지만, 실제로 우리의 문학교육의 정전 역시 새로운 교육과정에 의해 다른 것들이 추가되기는 하였으나, 후에 살펴본 대로 순수시의 중심부성은 여전히 견고하다는 것을 알 수 있다.

영문학에서도 해체론은 한 때 근본을 뒤흔들어놓을 것처럼 보였으나 지금은 또 하나의 연구대상이자 설명의 수단이 되어 있다. 그에 대한 논란이 사라지지 않은 것은 아니지만, 그 전복력의 강도가 상당히 약해진 것은 사실이고 존폐 위협에 직면한 듯이 여겨졌던 영문학 연구는 끄떡없이 살아남아 있다(송무, 1997). 그들이 해체한 정전 위에 아무것도 세워놓지 않았기 때문이다. 기존 정전의 가치를 부정하면서 무중심적인 정전을 주장하였지만 이상적인 도서관과 같은 정전 구성은 물리적으로 존재할 가능성이 없으며, 인식론적으로도 불가능한 것이다. 해체주의는 연속적 비판만을 가함으로서 현실에 아무런 영향을 주지 못하고 공허하게 된다.(윤평중, 1996) 정전은 존재론적으로 없을 수 없다. 급진적인 정전 해체주의자들의 기획된 폐허는 그것이 가지는 인문학적 가치와 별개로 교육에서 받아들이기는 쉽지 않다. 교육은 근대적 기획이며, 당대의 사회나 시대가 원하는 목적이나 목표가 있기 마련이다.

또한 텍스트들을 선험적이고 객관적인 가치로 평가하는 것은 불가능하다. 우리는 개념의 창으로서만 개별적인 것을 이해할 수 있다. 각기 다양한 의미를 가지는 텍스트들을 각각 개별적인 의미에 귀를 기울이는 것은 가능할 것이라 생각되고 그런 읽기를 장려하는 것도 사실이다. 그러나 실제적으로는 몇몇 비평의 창으로서만 텍스트를 이해할 수 있다. 윤동주의 <쉽게 씌어진 시>를 이해할 때, 우리는 일반적으로 역사주의와 구조주의 등 기존의 비평적 잣대로 이해한다. 저항시, 부끄러움의 미학 등의 평가는 이러한 비평의 창을 통해 우리가 인식한 결과물에 지나지 않는 것이다. 이를 다르게 읽는다고 해서 비평의 틀을 무시하고 읽는 것은 불가능하다. 그렇다고 해서 다르게 읽기가 무가치한 것은 아니다. 새로운 해석의 방향을 제시하는 것은 기존의 권위를 해체하는 과정에 있기 때문이다. 정전 역시 마찬가지이다. 문학에서 정전은 '문학이란 무엇인가?'라는 물음에 대한 하나의 답이다. 즉 정전적 특성을 가지고 있는 것이 '진정한' 문학이라는 의미이다. '진정한'의 의미는 시대에 따라 다르지만 우리는 정전의 틀 속에서 어떤 것이 문학이라 불릴 수 있는가를 판단할 수 있다. 앞서 언급했듯 정전은 문학과 거의 동의어로 쓰이는 경우도 있기 때문이다.

그러므로 정전이 가지는 부정적 의미가 분명히 존재하지만, 정전을 개방하거나 해체하자는 것보다는 교육적 목적에 맞는 정전 구성이 필요할 것이라 본다. 개방이나 해체는 실질적으로 그 위에 아무것도 세워놓지 않은 채 기존의 것을 허무는 데만 더 큰 관심을 가지기 때문이다. 물론 정전 형성의 문제는 사회가 글읽기와 쓰기의 관행을 조직하고 규제하는 방식에 대한 더 큰 테두리의 역사적 측면이다(프랭크 랜트리키아, 1994). 정전 그 자체가 역사적 사건인 것이다. 정전의 구성은 가상적 회의[meeting]을 통해서 이루어지는 것이 아니라 문화적, 역사적 역학의 작용을 통해 나타난다. 물론 이때 문화적 엘리트층에 속하는 학계의 가치 생산 활동, 곧 교사들의 교육과 연구에 반복적으로 활용되면서 정전의 위상은 더욱 강화된다(송무, 1997). 교육에서도 이러한 점은 마찬가지이다. 크게는 분단의 역사부터 시작하여, 작게는 교사의 독서 경력까지도 정전에 영향을 미치는 것이다. 이러한 점은 정전의 재구성이 쉽지 않다는 것을 시사한다.

정전을 재구성하기 위해서는 사회적 합의가 있어야 한다. 그러나 이러한 합의는 현실적 제약이나 제도적 규제에 막힐 가능성이 높다. 하지만 현재의 정전 체계가 교육적으로 문제점을 지닌다면 한계를 적시하면서도 개선의 가능성 또한 놓지 않아야 한다. 현실의 정전이 나름의 가치 체계를 가지고 있지만, 그것이 반드시 정당하다고 할 수는 없으며, 정전이 형성되는 과정 역시 많은 모순점을 가지고 있다는 것을 알 수 있다. 그럼에도 문학교육을 위해서는 나름의 정전이 필요하다. 딜레마적 상황이지만 현실적으로 모든 문학 텍스트들을 가르친다는 것은 불가능하며, 교육의 목표 지향적인 특성에 비추어보아도 그러하다. 그러므로 이러한 부정적 가치들을 최대한 제거한 채, 문학교육의 당위적 목표에 잘 부합할 수 있는 정전 체계를 구성하는 것이 바람직할 것이다.

02 │ 시교육 정전의 사적 전개

이 절에서는 현재 우리 시교육의 정전들이 형성된 역사적 맥락을 소구하여 현재 시교육 정전의 모습에 대해 살펴보자 한다. 이를 탐구하다보면 정전이 가지는 가치가 드러날 것이며, 이것은 곧 우리 시교육의 정전 체계가 지향하는 가치를 알 수 있게 해 준다. 영미의 정전이 WASP 중산층 남성을 중심으로 구성된 것은 그들의 특수한 역사적 맥락이 작용했기 때문이다. 우리의 시 교육 정전 역시 해방과 분단이라는 특수한 역사적 맥락이 작용하였다. 그리므로 그러한 맥락이 우리의 시교육 정전을 어떻게 구성하였는지 밝히는 것이 이 절의 목적이다.

1) 형성기의 정전 체계 : 순수와 민족주의의 결합

『중등국어교본』은 우리가 미국식 학제를 받아들인 후의 최초의 국어과 교과서이다. 미군정청 학무국이 주관이 되어 제작하였으며 해방 후 미국식 이념이 일정 부분 투영된 교과서이기 때문이다. 이들 교과서가 임시 교재로 편찬되었지만 결과적으로 이 교재들이 당대 혼란한 시기의 교육공백을 최소화하는데 커다란 역할을 했다. 이전까지의 일제는 교과서 정책은 '조선적인 것'을 최소화하는 방향으로 나갔다. 한국인이 저술한 일체의 교과용 도서는 대부분이 압수나 발매·반포 금지 대상이 아닌 것이 없을 정도였다(이종국, 2001). 급기야 모든 '조선어' 교과서를 없애는 1938년 3월 3일 3차 '조선교육령'이 발표되었다. 이 교육령은 그 해 4월부터 시행되었는데, 이 중 소학교 및 중학교 규정에는 "국어(일본어를 말함)를 습득케 하여 그 사용을 정확히 하고, 응용을 자제(自在)케 하며, 국어교육의 철저를 기함으로써 황국 신민 된 성격을 함양하도록 힘쓸 것이다."(이종국, 2001에서 재인용)라고 규정했다. 그리고 조선어는 수의과(隨意科)로 한다며 다시 제한하였는데, 이는 선택과목을 이야기하는 것이다. 주지하다시피 이는 조선어를 완전히 없애겠다는 의도였으며, 이 무렵 조선총독부는 전국의 사립학교에 '조선어'를 과하지 말도록 강요했다는 사실(이종국, 2001)을 볼 때 이러한 의도가 구체적으로 드러나게 된다. 이후 1943년 3월 제4차 조선교육포교령의 공포는 조선어과목의 완전한 폐지를 천명한 발표이다. 이때부터 교수 용어는 모두 일본어로 바뀌게 된다.

당시 해방 정국의 당면과제가 일제 말기에 일본어로만 교육을 받았던 학생들에게 한글을 제대로 익히는 것이었고, 또한 1945년 9월 18일 미군정청 학무국에서 모든 학교의 학교용어는 한국어로 할 것(박붕배, 1987)이라는 지침을 내린 점에서 확인할 수 있다.[1] 『중등국어교본』은 『초등국어교본』과 함께 조선어학회가 저작한 6년제 중학교의 임시 국어교과서이다. 2개 학년에 1책씩 배당하여 상·중·하의 3권 3책으로 되었으며 조선교학도서주식회사에서 인쇄, 군정청 학무국이 발간하였다.

미군정기 역시 새로운 외세에 의한 통치가 시작되는 시기이다. 그러므로 대부분의 정치·사회적 정책은 미군정이 관할하였고, 교육 역시 그와 다르지 않다. 1945년 11월 14일 '조선교육심의회'의 제 9분과로 교과서를 정하고 최현배·장지영·조진만·조윤제·피천득·황신덕·김성달·J. C. Welch(미군 중위) 등을 담당 요원으로 선임하게 된다. 국어과 교과서는 이들로부터 위임을 받은 '조선어학회'에서 편찬 작업이 시작된다. 조선어학회는 '국어' 교과서의 편찬을 위임받은 후 '국어과교과서편찬위원회'를 발족시켜 그 임

---

1) 이는 한국인들을 위해서였기도 하겠지만, 속뜻은 당시 실질적 공용어인 한글을 통해 미국식 민주주의와 교육정책을 남한에 쉽게 정착시키기 위한 것으로 보인다. 1946년 7월 16일자 서신 "트루먼 대통령이 파리에 있는 에드윈 W. 포레 대사에게" 중에는 다음과 같은 내용이 있다. "친애하는 포레 대사에게 (중략) 나는 귀하가 적절하게 표현했듯이 한국이 '아시아에서 우리의 성공 전체가 달려 있을지도 모를 이데올로기적 전쟁'이라는 데 동의한다. (중략) 우리는 한국인들에게 우리 형태의 민주주의를 보급할 목적으로 홍보 및 교육 캠페인을 수행할 것이며 (하략)". 이나미(2004).

무를 시작하였는데, 국어과를 총괄했던 인물은 가람 이병기였다(강
진호, 2005). 가람 이병기는 이러한 제안을 받은 후 '조선문화건설중
항협의회'의 이원조를 만나서 구체적인 것을 상의하였는데, 이원
조는 이미 여러 문화단체와 상의하여 이 문제를 의논한 뒤 건의문
을 지었다고 대답했다. 이 건의문이 편수관들의 생각과 부합하였
기에 이병기는 위원 다섯만 추천해달라고 부탁한다(이병기, 1976). 이
러한 과정을 거쳐 최종적으로 중등 기초위원(집필위원)으로 이숭녕,
이태준, 이희승이 확정된다(이종국, 2001). 당시 이숭녕은 1933년 경
성제대 문학부를 졸업한 뒤 해방과 함께 서울대 문리대의 교수로
재직 중이었으며, 이태준은 조선문화건설중앙협의회의 후신인 조
선문학가동맹 소속이었다. 그리고 이희승은 1942년 조선어학회 사
건으로 옥고를 치른 후 해방 후 역시 서울 문리대 교수로 재직하
고 있었다. 주지하듯이 이숭녕과 이희승은 국어학자로서 민족주의
적 경향이 강한 인물이었고 이태준은 해방 공간에서 범당파적 민
족문학 지향의 문단인 조선문학가동맹의 간부였다. 그러므로『중등
국어교본』은 이들의 공통항, 즉 민족주의의 성향을 가지게 된다. 이
는 해방 직후라는 당대의 시대적 요구에 부합하는 것이기도 했다.

　세 기초위원의 학문적 위치를 볼 때, 이태준이 시와 소설 부분
에 많은 영향을 끼쳤으리라 짐작할 수 있다. 이숭녕은 거의 국어
학만을 연구했으며, 이희승은 고전문학도 연구했으며 시집과 수필
집을 내기도 했지만 주 연구 분야는 국어학이었다. 반면 이태준은
해방 직후 문단에서 가장 큰 영향력을 가지고 있는 조선문학가동
맹의 간부였다. 물론 위원들이 어떤 과정을 통해 집필하였는지 구
체적으로 알 수는 없다. 다만 이를 조감하기 위해서는『중등국어

교본』에 실린 각각의 작품을 분석해보면 어느 정도 추정이 가능하리라 본다.

당대 임화의 주도하에 건설된 조선문학건설본부와 이에 동조하지 않은 구 카프의 회원이 결성한 조선프롤레타리아문학동맹은 당대 민족문학의 논쟁에 선편을 잡고 있었다. 조선프롤레타리아문학동맹이 계급문학론의 연장선상에 선 반면, 조선문학건설본부는 계급문학이 아닌 인민문학을 내세웠다. 임화의 인민문학론은 당세의 정세분석에 의거하기보다는 해방을 맞은 우리 문학이 나아가야 할 커다란 방향성으로서 제시된 것이었다. 1945년 12월 두 조직은 조선문학가동맹으로 통합이 된다. 이 단체는 두 단체를 지양한 것이기보다는 조선문학건설본부가 조선프롤레타리아문학동맹을 흡수한 것으로 보인다. 조선문학가동맹의 노선이 사회주의 혹은 프롤레타리아적인 문화가 아니라 반제국주의적·반봉건적인 민주주의 문화요, 무산계급의 반자본주의적 문화가 아니라는 것은 통합조직을 건설한 지 두 달 후에 개최된 조선문학자대회의 두 문건에서 잘 드러나 있다. 이 대회에서 임화의 언실문인 <조신 민족문학 긴설의 기본과제에 대한 일반보고>가 발표되었고, 이즈음에 조선공산당 중앙위원회의 <조선 민족문화 건설의 노선(잠정안)>이 발표되었는데, 이 양자는 민족문학론의 정식화를 대표한다는 점에서 일정한 상응관계에 있다(민족문화연구소 편, 1994). 한편 조선문학건설본부 중심의 통합에 불만을 가진 이기영과 한설야는 이 대회에 참석치 않고 월북하고, 이에 비슷한 불만을 가진 문인들도 뒤따라 이에 호응한다. 이기영과 한설야는 북조선노동당에 기반을 둔 북조선예술총동맹에 가담하여 북한 문학의 중심축이 된다(문학과비평연구회,

2004). 임화가 주축이 된 조선문학가동맹은 흔히 이야기하는 사회주의 노선이 아니라 민족국가의 건설을 당시 문학운동의 목표로 삼았음을 알 수 있다. 비록 노동자 계급이 주가 된다고는 하지만 농민과 중간계층의 지식인 등 여러 계층과 함께 해방된 민족국가 건설을 이루고자 했다. 이는 조선문학가동맹이 사상적으로 당파성을 가진 것이 아니라 여러 이념적 단체를 아우르는 초당파적 조직을 지향했음을 보여준다.

또 하나 지적해야 할 사실은 이태준은 문장파의 일원이라는 점이다. 문장파는 잘 알려진 대로 전통추수적인 조직이라고 할 수 있다. 이태준과 친밀하게 지냈던 이병기나 정지용 등도 1930년대 후반에는 이미 서구추수주의를 버리고 동양적인 세계에 기울어지고 있던 때였다. 『문장』지가 전통에 대한 선호가 우세했음은 창간호 편집 체제와 내용에서도 드러난다. 『문장』의 창간호 제제는 추사 김정희의 작품에서 뽑았으며 표지화도 추사가 그린 난초를 이용한 것이며 표지에도 추사의 낙관이 선명하게 찍혀져 있다. 뿐만 아니라 혜경궁 홍씨의 <한중록>과 이희승의 조선문학연구초 첫 회인 <토끼화상>의 해설과 주석 역시 수록하고 있다. 이태준 역시 가람이 주도하는 매화, 난초 감상회 등의 자리에서 그의 호고벽(好古癖)을 만족시켰으며 골동품이나 도예품에 대한 경도 역시 대단하였다. 이러한 경향은 이후에도 계속되어 이태준은 창간호부터 한 호도 거르지 않고 우리 고전들을 전문가에게 위촉하여 주해·소개하였다(김용직, 1995). 이처럼 이태준은 『문장』에서 활약할 당시 전통에 대한 애호가 강했던 것이다. 이러한 성향이 『중등국어교본』에 일정 부분 반영되었다고 할 수 있다.

『중등국어교본』은 미군정청의 감독을 받아 제작된 것이다. 그러
므로 미국의 이익에 부합하는 방향으로 선정되었을 것이다. 그렇
지만 여기서 위원들의 영향력은 전혀 없었다고 볼 수 있을까? 미
군정청이 교과서 제작의 모든 부분에 개입했을 개연성은 거의 없
다. 혼란스러웠던 당대의 상황을 볼 때, 거시적 좌표는 군정청 학
무국이 지시했으리라 짐작되지만 그 세부를 완성해 나가는 것은
기초위원들일 것이다. 당시 진주한 미군은 민정 이양을 준비한 사
람들이 아닌 대부분이 전투부대였던 관계로, 한국의 교육을 어떻
게 풀어나갈 것인가에 대한 구체적인 계획을 갖고 있지 못하였다.
일제로부터 벗어난 상태였기에 미군정은 단지 일본식 교육을 청산
하고 미국식 민주주의의 이념을 적극적으로 도입하고 권장하는 수
준이었지 교재의 양과 분량이나 체제, 내용의 선호 문제는 고려할
여력이 없었다(박호근, 2000). 그러므로 교과서에는 집필진들의 시론
이나 시관이 틈입할 여지가 생기게 된다. 미국식 민주주의 교육이
라는 커다란 흑백의 밑그림 아래 집필진들의 색채로서 교과서를
세세한 부분을 완성할 자리가 생기는 것이나.

〈표 1〉『중등국어교본』의 근대시 텍스트 목록

권	텍스트	문인	장르
상권 1946. 9. 1.	빗소리	주요한	시
	나막신	이병철	시
	비갠 여름 아침	김광섭	시
	복종	한용운	시
	파초	김동명	시
	난초	정지용	시

권	텍스트	문인	장르
상권 1946. 9. 1.	엄마야 누나야	김소월	시
	경이	조명희	시
	가을	이병기	시조
	가고파	이은상	시조
	바다	김동명	시
	향수	김기림	시
	벗들이여	변영로	시
	우리 오빠와 화로	임화	시
중권 1947. 1. 10.	마음	김광섭	시
	아차산	이병기	시조
	녹음 애송시	정지용	시
	산촌 모경	백기만	시
	선구자	양주동	시
하권 1947. 5. 17.	그대들 돌아오시니	정지용	시
	석탑의 노래	오장환	시
	초혼	김소월	시
	마음의 태양	조지훈	시
	가신 님	정인보	시조

표에서 보듯이 『증등국어교본』 상, 중, 하에는 근대시 텍스트는 현대시조를 포함해서 총 24편이 실려 있다. 이 텍스트들을 살펴보면 해방 후 최초의 근대교과서가 가지는 시관(詩觀)에 대해 파악할 수 있다. 정전이 선택과 배제의 작용에 의해서 선정된 것은 이미 주지하는 사실이다. 그렇다면 선택된 정전이 어떠한 가치를 가지

고 있는지 파악하는 것이 다음 작업일 것이다.

정재찬(1996)은 산문정신과의 거리감, 고전에의 경도, 특히 시조에의 애호 등 문장파적 성향을 반영하고 있음을 보여준다고 했다. 특히 정지용의 시만이 유독 3편이나 실려 있고 이병기의 시조가 2편이나 실려 있는 것도 동일한 맥락에 의거한 것이라고 설명하였다. 교재의 목록을 보면 반론의 여지가 없지만 텍스트의 분류와 문인의 성향만으로 『중등국어교본』의 문학관을 파악하는 것보다는 거기에 실린 텍스트들을 분석한다면 좀 더 구체적인 가치를 찾을 수 있을 것이라 생각된다.

총 24편의 작품 중에 우선 당대 시대상을 반영한 텍스트들을 몇 편 찾을 수 있다. 해방이 주는 감동을 표현하거나 해방을 위해 분연히 죽어간 선구자들을 기리는 텍스트들인데 24편 중 2편이 여기에 속한다.

    백성과 나라가
    이적에 팔리고
    국사에 사신이
    오연히 앉은 지,
    죽음보다 어두운
    오호 삼십육 년……

    그대들 돌아오시니
    피 흘리신 보람 찬란히 돌아오시니

    허울 벗기우고
    외오 돌아섰던
    산하……이제 바로 돌아지라

자취 잃었던 물
옛 자리로 새 소리 흘리어라.
어제 하늘이 아니어니
새론 해가 오르라.

그대들 돌아오시니
피 흘리신 보람 찬란히 돌아오시니

-정지용 〈그대들 돌아오시니〉 부분

아아, 선구자여! 우리는 목마르면
자죽마다 흘린 그대의 피 마시고 가리만
대중이 함께 나아기는 날 우리들 중에는,
선구자란 이름 가진 이 찾으려야 찾을 길 없으리

-양주동 〈선구자〉 부분

민족주의적 성향이 강한 〈중등국어독본〉의 편수관들을 고려할 때, 이러한 텍스트들이 해방정국 아래에 교과서에 실린 것은 자연스러운 현상이다. 정지용의 〈그대들 돌아오시니〉는 1945년 12월 『해방기념시집』에 실렸던 작품으로 당대성을 잘 반영하고 있다. "재외 혁명동지에게"라는 부제에서 볼 수 있듯이 해방을 맞아 귀환하는 재외 독립운동가들에게 주는 헌사의 형식을 취하고 있으며 귀환의 감격을 "그대들 돌아오시니/피 흘리신 보람 찬란히 돌아오시니"라는 직설적 반복구를 통해 격정적으로 드러내고 있다. 양주동의 〈선구자〉는 1924년 〈여명〉에서 발표된 시이다. 이 텍스트는 〈그대들 돌아오시니〉처럼 당대의 작품은 아니지만 해방공간에서는 '돌아오지 못한 혁명동지'로 읽힐 수 있다. 텍스트가 제시되는 맥락에 따라 텍스트의 의미는 변할 수 있기 때문이다. 이 텍스트 역시 "아아"라는 감탄사를 사용하고 설의법이나 돈호법을 사용하여 감탄형의 문장으로 선구자들을 격정적으로 추도하고 있다. 두 텍스트 모두 감정의 과잉을 드러내고 있다. 정지용의 <그대들 돌아오시니>는 『해방기념시집』에 실렸던 다른 작품에 비하여 비교적 침착한 태도를 유지하고 있지만, 정지용의 다른 시에 비해 감정이 많이 노출되어 있으며, 양주동의 <선구자> 역시 비장한 감정이 과잉되어있다. 이러한 감정의 노출은 해방정국의 격동을 반영하는 지표가 된다. 그런데 이렇게 해방과 관련되거나 그렇다고 짐작되는 시편은 이 둘 정도이다. 다른 시들은 비교적 탈역사적이고 보편적인 정서를 취하고 있다. 이 텍스트들이 당대의 사회적 상황을 고려해서 선정되긴 했지만 시 텍스트의 본령과는 거리가 있다는 판단이 작용하고 있었음을 보여준다.

민족주의자로 구성된 집필진들은 자신의 성향을 교과서에 많이 반영하였다. 시와 소설을 제외한 다른 단원에서는 '민족주의'와 '민족문화'에 관한 단원들이 두드러진다. 일제에서 벗어난 감격을 표현하는 듯이 한글에 대한 사랑과 사부심, 그리고 우리 문화의 우수성과 유구성에 대한 글들이 교과서의 상당 부분을 차지하고 있다.2) 그리고 교과서의 또 다른 축이 되는 것은 전통문화에 대한 자긍심과 민족주의적 경향이다(강진호, 2005). 민족문화에 대한 자부심과 청년학도들에 대한 당부와 질책으로 채워진 교과서는 해방 후 새로운 사회를 만들기 위한 도구로서 교과서를 적극적으로 활용했다는 것을 알 수 있다. 그런데도 문예문에서는 이러한 경향이

---

2) 강진호(2005), 361~362쪽 참조. 한글에 대한 자부심은 <주시경>, <언어>, <한글 창제의 고심>, <문사 이야기> 등이 있다.

거의 탈색되어 있는 것은, 문학은 현실에 대해 다른 태도를 취해야 한다는 인식이 집필진들에게 있었다고 볼 수 있다. 이러한 점은 교과서의 편수주임을 맡은 이병기와 『중등국어교본』의 기초위원을 맡은 이태준의 성향에 반영되었다고 볼 수 있다.

『중등국어교본』에 실린 텍스트들의 성향은 문장파로서의 성향이 강하게 작용했다고 볼 수 있다. 이러한 성향은 <중등국어독본>에 실린 대부분의 문학 작품에 강하게 드러난다. 시조를 중심으로 한 고전시가 형식의 애호와 동양적 세계관 등은 이를 대표적으로 이야기할 수 있을 것이다. 필진들의 구성은 좌우를 가리지 않고 당대 명망 있는 작가들을 고르게 선별한 것에 비해, 텍스트의 성향은 고전적 세계관을 바탕으로 하는 순수문학 위주로 선정된 것이다.

서정 장르의 특징은 자아와 세계를 동일시하려는 세계관에서 발생하는데 동일성을 실현하는 양태는 두 가지로 나눌 수 있다. 하나는 자아를 세계 속에 포함시키는 조화로운 화합의 경우이다. 여기서의 자아는 매우 작으며 구체적으로 시 속에서도 언술행위의 주체를 포착하기도 어려운 경우도 많다. 반면 세계는 자아에 비해서 매우 거대한 존재가 되며, 자아는 세계 속의 존재일 뿐이다. 이런 경우 양자 간의 분별과 갈등이 없는 혼연일체를 이루는 것이 대부분이다. 조동일은 이황의 이기철학을 바탕으로 하여 본연지성(本然之性)과 기질지성(氣質之性)으로 나눈다. 본연지성이 동일·통일·보편화의 원리라면 기질지성은 차별·분별·특수성의 원리이다. 또한 실러는 '자연으로서의 존재'하는 시인과 '상실한 자연을 추구'하는 시인으로 나눈 다음 전자는 소박한 시인이고 후자는 감상적 시인이라고 하였다(김준오, 1991). 조동일이나 실러의 구분에서 전자에 해당하는 텍스트들은 조화로운 세계를 보여주며 자아는 세계와 합치가 되어 자아와 세계가 구분되지 않는 경지를 보여준다. 자연으로 표상되는 조화로운 세계 속에 화자는 거의 흔적을 드러내지 않거나 화자가 드러난다고 해도 역할이 두드러지지 않는다. 반면 후자의 경우, 즉 자아와 세계가 분리되었다는 인식을 바탕으로 동일성을 회복하고자 하는 텍스트들도 있다. 동일성의 회복은 시의 본래 모습이자 시원(詩源)이라 할 수 있다. 그러나 문명시대에서는 이러한 시도는 좌절되고 만다. 그러므로 시인은 이러한 좌절을 서정적인 방법으로 해결하고자 하는 것이다. 현실에서 불가능한 자아와 세계의 합일을 텍스트 속에서 가능하게끔 하는 것이다. 이런 경우 자아의 존재는 앞의 경우에 비해 두드러지게 된다.

전자의 현상은 시조로 대표되는 고전시가에서 두드러지게 드러난다. 시조를 통해 보자면 대부분의 작품이 유가적 세계나 도가적 세계 등 중세적 관념체계와 혼연일체가 된 모습을 주로 보여주기 때문이다. 대부분의 시소가 분리의 인식보다는 일체의 정서가 강하며 자아는 세계 속에서 아무런 갈등이 없이 세계와 혼연일체가 된 모습을 보여준다.

말업슨 靑山이요 태업슨 流水ㅣ로다
갑업슨 淸風이요 님즈업슨 明月이라
이重에 病업슨 이몸이 分別업시 늙으리라.

－成渾

아버님 랄 나흐시고 어마님 랄 기르시니
父母옷 아니시면 내 몸이 업실낫다

이 德을 갑ᄒᆞ려 하니 하ᄂᆞᆯ ㄱ이 업스샷다

ㅡ周世鵬

이 두 시조에 드러난 자아는 세계와 아무런 갈등도 하지 않은 몰주체적 자아이다. 성혼의 시조는 임자 없는 세계와 병 없고 분별없는 자아는 아무런 갈등도 없이 혼연일체를 이루고 있다. 이 속의 세계는 자연으로 대표되는 원초적 도교 세계이다. 그리고 주세붕의 시조도 유교 이념에 완전히 혼연 일치가 되어 있다. 하나는 강호한정을 읊은 것이고 하나는 유교 이념을 백성들에게 전파시키기 위한 목적시라는 점에서 차별을 보이지만 자아는 세계의 담론을 중심으로 아무런 분리 없이 일체가 되어 있는 것이다.

고전과 동양사상에 대한 애호가 깊은 문장파의 성향을 가진 이태준이라면 이러한 텍스트들에 많은 가치를 두었을 가능성이 높다. 특히 이태준의 고전문학 해제, 정리 작업은 조선왕조의 일부 작품에 국한되었으며(김용직, 1995) 시조 시인인 이병기와의 관련성을 생각해볼 때 이러한 특성을 시의 본령으로 생각했을 가능성이 높다고 하겠다.

> 비가 갠 날
> 맑은 하늘이 못 속에 내려와서
> 여름 하늘을 이루었으니
> 녹음이 종이가 되어
> 금붕어가 시를 쓴다

ㅡ김광섭 〈비 갠 여름 아침〉 전문

난초 잎은

드러난 팔ㅅ구비를 어쩌지 못한다

난초 잎에
적은 바람이 오다

난초 잎은
칩다.

— 정지용 〈난초〉 부분

나는 물 오른 풀잎을 깨물며
노래하는 아이 떼를 지나
흙내 나는 농부와 옷깃을 스쳐
물 긷는 아낙네 두런거리는 우물가를 지나
멍든 가슴을 만져 주는 달콤한 저녁을 마시며
아무 생각없이 황혼의 길을 걷고 있다

차차 이집 처마에
원시적 초롱이 내어 걸린다
그리고 울도 없는 집 마당에는
늙은이들이 끝 없는 담소에 즐거워한다
아아 평화롭다, 오직 태고성이 흐를 뿐이다
욕심도 없고 미움도 없고
어제도 없고 내일도 없고
산촌은 산과 함께 어두움에 잠기려 하도다

— 백기만 〈산촌모경〉 부분

어머니, 좀 들어주세요
손 잡고 귀 기울여 주세요
저 담 아래 밤나무에
아람 떨어지는 소리가 들립니다
뚝 하고 땅으로 떨어집니다.

시교육 정전 체계의 검토　53

> 우주가 새 아들 낳았다고 기별합니다
> 등ㅅ불을 켜가지고 오세요
> 새 손님 맞으러 공손히 걸어가십시다
>
> — 조명희 〈경이〉 부분

김광섭의 〈비 갠 여름 아침〉은 비 갠 후의 풍경을 시작(詩作) 행동에 비유하고 있다. 여름 아침에 내린 비가 개면 여름의 무더위보다는 상쾌한 기분을 들게 한다. 날이 개어 고요한 연못에는 하늘과 녹음이 비치고 있다. 그 못에서 금붕어가 움직이는 모습만이 유일한 파적일 것이다. 이런 유유한 파적을 시인은 "금붕어가 시를 쓴다"라고 형상화하였다. 비가 갠 상쾌한 여름 아침 연못의 풍경을 시작 행위로 변화시킨 것은 세계를 변형시켜 자아와 세계가 동일성을 이루게 하는 것으로, 서정시의 일반적인 세계관이라 할 수 있다. 그러나 이 텍스트에서는 화자는 드러나지 않는다. 화자를 드러내지 않는다는 것은 이러한 풍경에 어떠한 내적 단절도 없다는 뜻이다. 즉 이 텍스트에서 형상화되고 재구성된 풍경은 주체가 소멸된 주객합일의 경지를 보여주는 것이라 할 수 있다.

정지용의 〈난초〉는 난초를 의인화하였다. 작은 바람에도 추위하는 난초는 자연에 순응하는 사물의 모습이며 또한 난초를 보는 텍스트 바깥의 서정적 자아가 자연에 대응하는 방식이라고 할 수 있다. 이 텍스트 역시 바람에 대응하는 모습은 전혀 찾아볼 수 없으며 다만 '난초잎은 '칩다'라고 현상만을 기술하였다. 둘 모두 이미지를 중시한 모더니스트들의 텍스트임에도 불구하고 조화로운 동일성이 드러나 있다.

백기만의 〈산촌모경〉은 평화로운 산촌의 모습을 묘사하고 있

다. 서정적 화자는 산촌의 모습에 완전히 빠져들어 있으며 이 속
에서 개별적 자아로서의 존재감은 거의 상실하고 있다. "아무 생
각없이 황혼의 길을 걷고 있다"는 완전히 산촌의 풍경과 동화된
모습을 보여주며, "욕심도 없고, 미움도 없고/어제도 없고/내일도
없"는 산촌의 모습은 "태고정"의 모습과 같으며, 아무런 희로애락
에서 완전히 벗어난 모습을 보여주고 있다. 물론 "멍든 가슴을 만
져주는"이라는 표현이 드러나나 이 표현의 주체는 화자인 "나"인
지 아니면 산촌의 저녁이 가지는 속성인지 불분명하다. 하지만 시
의 전체적 내용은 태초의 세계같이 아무런 갈등이 없는 산촌의 저
녁 풍경이 이 시의 주된 내용임은 분명하다.

조명희의 <경이>는 황혼의 풍경에 대한 비유를 통해 황혼을
거대한 우주의 섭리로 경배하는 내용을 담고 있다. 황혼의 풍경은
"공손히 걸어가"며 맞아야 할 할 절대적인 존재로 나타내었다. 어
머니라는 가상의 청자를 등장시켜 경건한 어조를 사용한 것은 이
러한 분위기를 더욱 강조하고 있다. 모든 텍스트가 이러한 경향을
보이는 것은 이니지만, 민족주의적 성격을 가지시 않은 내부분의 텍
스트들은 이렇게 물아일치, 주객합일의 경지를 보여주고 있다.『중
등국어교본』에 실린 텍스트들은 이렇게 갈등이 없는 세계를 지향
하고 있다. 이렇게 세계가 중심이 된 순조로운 합일의 정서는 문
장파가 애호하는 고전의 취향과 가깝다고 할 수 있다.

이를 통해 볼 때,『중등국어교본』이 가지는 성격은 단순한 순수
시 위주의 구성이 아니라 자아와 세계의 순조로운 합일을 지향하
는 텍스트들로 구성되어 있는 것이다. 이태준의 개인적 성향이 텍
스트에 많이 반영되고 있는 것이다. 그러므로『중등국어교본』을

분석한 글에서 필진의 구성은 좌우의 합작이지만, 텍스트에서 계급적 성향을 배제한 것을 두고 당대 필진들의 균형 감각이나 정치적 타협의 산물(정재찬, 1996)이라고 주장하는 것은 재고의 여지가 있다. 1945년 8월 15일 해방을 맞아 미국에서 가장 중요시한 것은 모든 교육을 한글로 하는 것이었다. 앞서 언급했듯 이는 미국식 교육을 한국에 효과적으로 주입하기 위한 의도도 있었다. 그리고 실제로 교과서에 관여한 미국인들은 모두 군인이었는데 이들이 한국의 시인에 대해 자세하게 파악하고 있었을 가능성도 별로 없다. 또한 교과서가 국어 한 권 뿐도 아니었던 점 등을 볼 때, 실제로 편찬 작업은 필진들이 주도했을 가능성이 높다.

그런 촉박한 일정 속에서 집필진들은 당대 명망 있는 작가들을 선호했을 것이고, 다만 텍스트 선정에서는 이병기와 이태준으로 대표되는 문장파의 성향이 강하게 작용했을 것이다. 이를 반증하는 것이 바로 모더니즘 성향을 가진 텍스트의 부재이다. 만약 사회주의적 이념을 가진 텍스트들만 제거했다면 정치적으로 큰 문제가 없는 모더니즘의 텍스트들이 실리지 않을 이유가 없다. 그러나 미문 중심의 고답적 세계관을 가지는 문장파들에 있어 도시적 이미지의 모더니즘 텍스트들은 문학의 본령이 아니라고 생각했을 것이다. 1930년대 도시적 모더니즘시들은 주지적 경향이 강했으며, 엑조틱한 시어의 선택하고, 세계에 소외된 자아를 표현하였다. 김광균의 <추일서정>이나 정지용의 <카페 프란츠>, 오장환의 항구 시편 등이 그러한 특징을 잘 나타낸다. 그러나 이러한 특성을 가진 시들은 배제되고 합일을 강조하는 시들이 선별된 것은 배제의 원리보다는 선별의 원리가 더욱 두드러졌다고 할 수 있다.

물론 모든 텍스트가 이렇게 갈등이 없는 세계를 드러내고 있는 것은 아니다. 대표적인 예는 김소월의 <초혼>과 임화의 <우리 오빠와 화로>이다. <초혼>은 사랑하는 사람과의 사별이 주 모티브이다. 『중등국어교본』에 수록된 대부분의 시 텍스트들은 감정을 전면에 드러내지 않고 있다. 주체가 소멸된 경지를 지향하는 텍스트들이라면 이는 당연한 것이다. 그러나 <초혼>은 비탄의 절정을 노래하고 있다는 점이 다른 텍스트들과 차이를 보인다. 양주동의 <선구자>도 감정의 과잉을 드러내나 그것은 추상적 측면이고 내용도 추모에 더 가깝다면, <초혼>은 사별을 정확히 실감하고 있으며 그것이 주는 절망감을 '초혼'이라는 의식을 통해 절절히 표현하고 있는 것이다. 이 텍스트에서는 세계와 화합할 수 없는 서정적 자아의 모습이 드러난다. 임과의 사별을 초혼의식을 통해 더욱더 실감나게 확인하고 있으며, 어떠한 방법으로도 그것을 되돌릴 수 없다는 자각이 시를 이끌어가고 있는 것이다. 그렇다면 이질적인 텍스트가 『중등국어교본』에 실린 이유는 무엇일까? 이는 <선구자>가 실린 이유와 비슷한 맥락, 즉 민족주의 정신의 발로라고 할 수 있다. 초혼이라는 소재는 전통적인 것이다. 문학 외의 텍스트, 즉 수필류(논설문, 감상문, 설명문 등 비문예적 텍스트를 포함)를 통해 살펴보면 해방공간에서 요구되는 민족의 주체성 확립을 위한 전통에 대한 존중3)에 관한 것이 대부분이다. 이와 비슷한 맥락으로 김소월의 <초혼>이 교과서에 실렸다고 볼 수 있는 것이다.

임화의 <우리 오빠와 화로>는 <중등국어독본>에서 매우 이질

---

3) 한글 창제의 고심, 강서의 삼고분, 불국사에서, 석굴암(이상 중권), 백제의 미술, 신라의 금철공예 고려의 부도미술(이상 하권) 등의 단원이 그 예에 속한다.

적인 텍스트이다. <조선지광>에 1929년 발표되었는데, <조선지광>은 마르크스주의에 의존한 텍스트가 많이 실리던 잡지였다. 그러므로 원래 발표되었을 당시의 의도는 '근로 인민'에게 사회적 모순을 인식케 하고자 하는 것이었다. 그러나 후에 센티멘털리즘이라고 비판받으며 임화 스스로도 근로 인민에게 직접 영향을 끼치지 못했으리라고 통렬히 자아 비판했던 것처럼 오빠의 행동은 구체성을 띠지 못하며, 동생의 편지글 속에서 관념적으로 서술되어 있을 뿐이다. 또한 누이와 남동생(영남)의 결의도 구체적인 맥락 속에서가 아니라 낭만적인 충동을 통해 다져질 뿐이다. 그러나 이 부분이 바로 <우리 오빠와 화로>가 『중등국어교본』에 실릴 수 있는 이유라 할 수 있다. 구체성이 결여되었다는 것은 이 텍스트에 다양한 독법을 적용할 수 있다는 것이기도 하다. 즉 사회주의 의식을 고양하기 위한 텍스트가 아니라 민족주의 의식을 고양하기 위한 텍스트로도 읽힐 수 있다는 뜻이다.

그러므로 『중등국어교본』에 실린 시 텍스트는 두 가지 성향을 지닌다고 할 수 있다. 교재 전반을 지배하는 민족주의적 성향이 그 하나라면, 세계를 중심으로 갈등 없는 합일을 지향하는 전통적 서정의 정조가 나머지 하나라고 할 수 있다. 민족주의적 성향이 해방 공간이 요청하는 시대적 요구에 호응하는 것이라면, 전통적 서정의 정서는 당대 교과서 집필진들이 선택한 것이라고 할 수 있다.

<표 2> 『중등국어 1, 2』의 근대시 텍스트 목록

권	텍스트	문인	장르
중등국어 1 1948. 1. 20.	복종	한용운	시
	나막신	이병철	
	장날	노천명	
	산수도	신석정	
	봄	이병기	시조
	봄	이은상	시조
	봄	김기림	시조
	어린이와 꽃	김상옥	시조
	벗들이여	변영로	
	엄마야 누나야	김소월	
	바다	김동명	
	가고파	이은상	시조
	비 갠 여름 아침	김광섭	
	천마산협	이병기	시조
중등국어 2 1948. 8. 19.	기회 산유하	김소월	
	선구자	양주동	
	춘설	정지용	
	들길에 서서	신석정	
	고향	정지용	
	고향생각	이은상	시조
	탱자	박종화	
	마음의 태양	조지훈	
	돌	신석정	

권	텍스트	문인	장르
중등국어 2 1948. 8. 19.	어머니 회갑에 비 맞고 온 벗에게	조운	시조
	못	김기림	
	녹음애송시	정지용	
	계곡, 가섭봉	이병기	시조
	계곡	이병기	시

<표 2>의 '『중등국어』 1, 2'는 미군정에서 간행한 『중등국어교본』에 이어서 독립 정부 수립 이전에 구제로 남아있는 4년제 중학교를 위해서 한 학년당 1권의 책으로 편찬되었다(박붕배, 1987). 이 역시 정부 수립 전의 교과서로서 『중등국어교본』의 영향력이 많이 남아 있다고 할 수 있다. 노천명, 조운, 박종화를 제외하고는 대부분 『중등국어교본』에 실린 문인들이며, 텍스트도 대동소이하다. 그리고 시조가 많다는 점까지 비슷하며, 좌익 계열의 문인들이 여전히 존재하고 있다. 『중등국어교본』의 개정판에 가까울 정도로 유사한 점이 많기에, 둘 사이에 유의미한 차이점을 찾기란 쉽지 않다. 다만 이념의 갈등이 점점 깊어감에 따라 임화나 조명희, 등 월북한 좌익계의 문인이 줄고 노천명이나 박종화 등 우익계의 문인이 늘어났다는 점에서 약간의 차이를 보인다. 조운의 경우 한국전쟁을 전후로 해서 월북했지만 당시에 특별히 문제될 점이 없으며, 시조라는 장르적 특성 때문에 교과서에 수록된 것으로 보인다.

대추 밤을 돈사야 추석을 차렸다
二十里를 걸어 열하룻장을 보러가는 새벽

막내딸 이뿐이는 대추를 안준다고 울었다

절편 같은 ¥달이 싸릿문 위에 돋고
건너편 성황당 사시나무 그림자가 무시무시한 저녁
나귀방울에 지껄이는 소리가 고개를 넘어 가까워지면
이뿐이보다 삽살개가 먼저 마중을 나갔다

— 노천명 〈장날〉 전문

새로 수록된 노천명의 텍스트는 장날의 풍경을 묘사하고 있다. 1연에는 농촌의 고단한 삶이 어느 정도 드러나 있다. 대추와 밤을 팔아야 추석을 쇨 수 있는 가난한 농가의 살림살이를 아이에게 줄 대추도 없다는 표현으로 드러낸다. 하지만 이 시에서 두드러지는 것은 가난한 농민의 삶이라기보다는 오히려 그러한 궁핍함 속에서 보이는 "이뿐이"의 천진난만함이다. 마지막 행에서 "이뿐이보다 삽살개가 먼저 마중을 나갔다"라는 표현은 이뿐이의 천진난만함을 더 강화시켜준다. 그러므로 이 텍스트 역시 가난한 현실과 자아가 갈등을 빚는 것이 아니라, 어린아이의 순수함을 강조함으로서 갈등을 무화시키고 있는 것이다. 가난은 삶의 질곡이 아니라 농촌 마을의 순수함을 강조하기 위한 풍경으로 제시되고 있을 뿐이다. 이는 『중등국어교본』의 세계관과 큰 차이가 없다고 볼 수 있다. 이처럼 『중등국어교본』과 미군정판 『중등국어』에서의 시 텍스트는 공통적으로 갈등이 없는 세계를 지향한 순수를 지향하고 있다.

이상을 정리하면, 미 군정기의 교과서는 필진들의 문학적 취향과 해방 직후라는 시대적 상황이 동시에 고려된 것을 알 수 있다. 문장파적 취향이 전통적 서정성을 담지한 순수시들과 현대시조들을 많이 수록했다면, 해방정국이라는 시대적 조건은 민족주의적 텍스트를 선택했다. 하지만 이러한 성격의 교과서는 말 그대로 임시적인 운명을 가질 수밖에 없었는데, 이는 남한의 단독정부 수립으로 인한 정치적 환경의 변화 때문이라 할 수 있다. 이념이 골이 더욱 깊어짐에 따라 교과서에서도 좌익계 문인들은 배제되고 순수를 기반으로 한 우익계 문인들만 나타나게 된다. 그러나 미군정기의 교과서가 가지는 특성도 이후에도 일부 계승되게 된다. 그것은 순수시의 중심부성이다.

2) 권위주의 시절의 정전 체계 : 순수와 국가주의의 결합 시기

단독정부 수립 이후 1949년에 제작된 『중등국어』 1~6까지를 보면 이전까지와 전혀 다른 성격의 텍스트들이 실려 있다.

<표 3>『중등국어 1~6』의 근대시 텍스트 목록

문교부 『중등국어』 1~6 *6권은 고전 텍스트만 수록 1949년	1권	가고파	이은상	시조
		박꽃	이희승	
		봉숭아	김상옥	시조
		해바라기	윤곤강	
		벗들이여	변영로	
	2권	겨레의 새해	김영랑	
		들길에 서서	신석정	
		민족의 축전	김광섭	
		고향 생각	이은상	시조

문교부 『중등국어』 1~6 *6권은 고전 텍스트만 수록 1949년	3권	마음의 태양	조지훈	
		계곡, 가섭봉	이병기	시조
	4권	해방의 노래	김광섭	
		국화 옆에서	서정주	
		승무	조지훈	
		오륙도, 성불사의 밤	이은상	시조
		모란	김영랑	
		매화사	정인보	시조
	5권	청자부	박종화	
		해	박두진	

남한에서 이승만 우익 단독정부가 수립되면서부터 좌익 계열 문인들의 텍스트는 완전히 사라져 버렸다. 단독정부의 수립은 좌우 이념의 골을 더 이상 메울 수 없음을 극명하게 표현하는 정치적 사건이다. 이러한 사태 앞에서 문인들은 개인의 미학적 표지에 의해서 규정되는 것이 아니라 좌우라는 이념적 표지로 분류되게 되었다. 좌익이라는 표지는 이후 40년간 남한 사회에서 언급되어서도 안 되고, 언급될 수도 없다는 것을 의미했다. 문학가동맹 회원들에 대한 체포령이 발효되고, 좌익 문인에 대한 자수 권유(1949. 11. 5.), 저작 활동 및 저서 판매 금지(11. 8.) 등이 연속적으로 이어졌다. 이 시기에 『중등 국어』가 편찬되었다. <표 3>에서 알 수 있듯 교과서에서 월북한 작가는 모두 삭제되었고, 보도연맹에 가입한 작가들까지 대부분 삭제되었던 것이다. 이는 향후 30년 이상 우리의 문학과 문학교육이 반쪽짜리가 될 수밖에 없음을 의미하는 사건이

었다.

단정 후 좌익 계열의 문인들이 배제되면서 그 빈 곳을 차지한 것은 당시의 신세대라 불릴 수 있는 조지훈, 박두진, 서정주 등이었다. 1945년, 문학가동맹에 맞서 박종화, 김광섭이 주축이 되어 조촐하게나마 문을 연 최초의 우익 문인단체인 중앙문화협회(1945. 9. 18)는 이후 조선문필가협회의 모체가 된다. 조선문필가협회의 경우 회장에는 정인보, 부회장에는 박종화가 자리하고 있었으며, 김광섭은 결성대회에서 그 취지서를 기초하였다. 이 단체는 1947년 2월 전국문화단체총연합회로 확대 개편되게 된다. 거기에는 서정주, 박두진, 박목월 등이 주축이 된 조선청년문학가협회(1946. 4. 4.)가 가담하게 된다. 그리하여 마침내 남한 대부분의 문인들을 포괄하는 한국문학가협회(1949. 12. 9.)가 박종화, 서정주, 김광섭, 박목월 등을 주축으로 해서 탄생하게 된다. 이들이 중심적인 역할을 할 수 있었던 것은 해방 공간에서 이념적 대립이 무너지고 우익이 주도권을 잡게 되면서부터라 할 수 있다. 이전까지 문단의 중심이었던 문인들이 대부분 좌익으로 배제되자, 그 무주공산을 신진 우익 문인들이 점령하게 된 것이다. 1949년 제작된 『중등국어』는 이러한 영향이 그대로 문학교육에 파급된 것이라 할 수 있다.

이러한 과정은 우익 인사들이 조직적으로 개입한 것을 확인할 수 있다. 그런 사실은 편수 업무를 담당했던 편수관의 회고를 통해서 드러나는데, 당시 실무를 총괄했던 인물은 초등학교 교사 출신의 최태호와 연희전문 교수인 홍웅선이었다. 최태호가 1948년에서 1963년까지, 홍웅선이 1948년에서 1961년까지 국어과 편수 업무를 담당했는데, 이들이 중심이 되어 단정기의 『중등국어』가 편찬된 것이다. 당시의 편수 업무를 회고하면서 최태호는 교과서를 만드는 과정에서 우익인사들의 "전국문화단체총연합회 총회에서 결의된 건의문"을 반영하지 않을 수 없었고, 그들의 의사에 따라 "좌익작가들을 몰아내는 시책"을 펴지 않을 수 없었다고 한다. 그런 까닭에 이 교과서 필자의 대부분은 이승만 정권의 실세들과 전국문화단체총연합회 등의 간부로 채워지는 기현상을 보여준다(강진호, 2005).

이들이 문단의 헤게모니를 잡게 되면서 순수주의는 미학적 발전을 가져오게 된다. 하지만 순수문학의 미학적 고찰은 대부분 반근대적이며 회고적인 논의의 수준이었으며 현실과 유리된 미학이었다. 김동리는 순수문학과 민족문학이 본질적으로 별개의 것이 아니라고 역설하였다. 이는 문학가동맹과의 차별성을 강조하기 위한 것이라 할 수 있다. 반공이 스스로의 토대를 마련하지 못하는 불구적 이념으로 시작하였듯이, 김동리의 순수 역시 문학가동맹이 가지는 사회과학적 사고에 대척되는 위치에서 출발하고 있는 것이다. 문학가동맹이 근대 민족국가 선실을 위해서 문학의 역할을 모색하고 있을 때, 김동리는 근대를 투철히 인식했음에도 불구하고 반근대의 길로 나아갔으며, 문학가동맹이 정치 우위의 논리에서 자신들의 문학론을 개진할 때, 김동리는 현실의 당위를 제쳐두고 문학의 본질을 천착하고 있었다(정재찬, 1996). 근대적 문학을 하면서 근대를 부정한 것은 자기기만이라 할 수 있고 현실을 배제한 문학 본위의 천착은 순수 역시 낭만주의에 기초한 근대의 산물이라는 것을 인식하지 못한 소치라 할 수 있다.

이러한 허약한 문학관에도 불구하고 순수문학은 교과서의 정전으로 자리잡게 되는데, 이는 정권의 요구에 부응한 것이라 할 수 있다. 카프로 대표되는 좌익 계열의 문학은 현실의 질곡에서 벗어날 수 없는 리얼리즘의 미학이었기에, 이에 반하는 것만이 우익의 문학이 될 수 있었던 것이다. 다만 해방을 맞은 지 얼마 되지 않은 현실에서 민족 문제에 대한 관심으로 현실을 바라보게 하는 것이 또 하나의 방편이라고 할 수 있다. 단정기의 『중등국어』에서도 여전히 민족주의적 텍스트는 존재하고 있다. 앞에서 살펴 본 변영로의 <벗들이여>나 김영랑의 <겨레의 새해>, 그리고 김광섭의 <민족의 축전>, <해방의 노래> 등은 해방의 감격을 노래하고 있다. 아직까지는 해방의 감격이 아직 피부로 느껴졌을 때이다. 그러나 다른 글들은 이승만 정권의 정당성을 부여하고 그를 중심으로 국가를 건설해야 한다는 정치적 의도를 강하게 드러낸다. 당시 문교장관이었던 안호상의 글에서 이러한 점을 찾아볼 수 있다.

『중등국어』 1~6에 수록된 안호상의 글은 총 네 편으로 모두 일민주의(一民主義)를 옹호하고 이승만을 중심으로 일치단결해야 한다는 내용이다. 여기서 특히 시선을 끄는 글은 <일>과 <학생의 사상>이다. 일에서는 "우리는 일민이다."라는 전제를 바탕으로 "일도 같이, 놀기도 같이, 웃음도 함께, 울음도 함께, 이와 같이 모든 것을 같이 하며 함께 하여 오직 하나로 된다는 것이 우리 일민주의의 명예요 운명이다."라고 말한다. 그것이 곧 빈부와 귀천의 차별을 없애고 궁극적으로는 공산주의를 이기는 길이라는 것, 말하자면 지도자를 중심으로 일치단결할 때만이 '일민주의'를 구현하고 공산주의를 무찌를 수 있다는 내용이다. <학생의 사상>에서는 공산주의와 물질주의(유물론)를 비판하고 '민족주의 사상에 철저'할 것을 주문한다. "대한 민족주의는 대한 사람의 제 사상이요, 또 대한 사람의 제 정신이다. 이러한 제 사상과 제 정신이 없는 대한사람은 외래의 사상을 비판적으로 받아들일 수도 없고 또 동시에 물리칠 수도 없다."는 것, 따라서 개인과 민족 전체가 잘 살기 위하여 민족주의로 무장해야 한다는 것이다(강진호, 2005).

이는 겉으로는 민족주의를 옹호하는 있는 것처럼 보인다. 그러나 내용을 뜯어보면 지도자를 중심으로 하여야 한다는 점에서 독재나 국가주의적 요소가 강하며, 공산주의를 무찌르자는 것은 반공주의를 강화시키겠다는 시도이다. 안호상이 강조한 일민주의는 민족주의의 외피를 쓴 전체주의라 할 수 있는 것이다. 이런 주장이 국어교과서에 중심으로 제시되었다는 것은 교육이 학습자를 위해 존재하는 것이 아니라 정권을 위해 존재한다는 것을 극명하게 보여준다 하겠다. 그럼에도 『중등국어』의 시 텍스트에서 이러한 반공주의적 내용을 찾아 볼 수 없는 것은 이러한 사상을 가진 시 텍스트가 존재하지 않았기 때문이다. 한국전쟁이 나기 전까지는 공산주의에 대한 적개심이 시로써 창작될 만큼 이념의 골이 깊지 않았다. 또한 일민주의라는 이념 자체가 가지는 경직성은 문학적으로 형상화될만한 것이 되지 못했다.

하지만 전쟁 중 제작된 교과서에 실린 시들은 국가의 이념을 충실히 반영한다. 당대 최우선 이념이었던 반공의 강조이다. 1952년부터 1953년 동안 전시 또는 전쟁 직후에 간행된 교과서에 실린 시 텍스트는 다음과 같다.

〈표 4〉 전시기 교과서의 근대시 텍스트 목록

〈중학 국어〉 1-1~3-2 1952년	1-1	가고파	이은상	시조
		무궁화	조지훈	
		봉숭아	김상옥	시조
		해바라기	윤곤강	
	1-2	조국에 바치는 노래	이은상	
	2-1	청노루	박목월	
		하늘	박두진	
		빛을 찾아가는 길	조지훈	
		마음	김광섭	
		원수의 피로 씻는 지역	유치환	
	3-1	멧새알	김상옥	시조
		국군은 죽어서 말한다	모윤숙	
전시기 〈고등 국어〉 1952년	1-1	해방의 노래	김광섭	
		승무	조지훈	
		성불사의 밤, 오륙도	이은상	시조
		매화사	정인보	시조
		금잔디 엄마야 누나야 산유화 산 가는 길	김소월	
		모란	김영랑	
	1-2	해	박두진	

한국전쟁은 이념의 대립이 극한에 치달았음을 극명히 보여주는 현상이었다. 애초에 통일정부의 수립에 대해 부정적인 입장이었던

이승만 정권은 단독 정부의 수립 이후에도 '반공'에만 촉각을 곤두세우고 좌익은 물론 일반 민중들의 욕구분출을 억누르는데 온 힘을 쏟고 있을 뿐이었다. 더구나 난립하고 있던 각 정파들은 대립과 분열을 거듭하고 있었다. 한민당계와 이승만 계열의 대립은 그 단적인 예라고 할 것이다. 그만큼 남한 내부의 정치구도는 일정 정도 다양성을 가지고 있었다고 평가할 수도 있는 현상이었다. 남한사회가 앞으로 어떻게 발전할 것인가 시험대상에 올라 있던 그러한 시기였다. 그런데 그 발전의 경로가 차단되고 분단이 결정적으로 고착되는데 커다란 영향을 행사하는 것이 바로 한국전쟁이었다(한국사특강편찬위원회 편, 1990). 이제 분단은 돌이킬 수 없는 현실이 되었고, 남한은 전쟁 와중에 부산정치파동(1951)으로 대표되는 이승만의 반공독재체제가 강화되었으며, 반공이념의 강화와 군대의 폭발적 성장이 있었다(김인걸 외, 1998). 미국을 대표한 UN은 전쟁 중 남한 사회에서 공산당 관계자와 전쟁부역자를 처단하고, 우익 조직 부흥 등을 꾀했다. 전쟁 발발 직후부터 보도연맹 관련자들이 저형되었으며 서장 등 여러 지역에서 국군에 의한 양민 학살이 연이었고, 인천상륙과 퇴각하는 북한군에 의해 대전에서만 수천 명의 양민이 학살되었다. 살인, 방화, 약탈 등 전쟁이 가져올 수 있는 모든 참화는 누가 시작했는가에 상관없이 확대보복과 무차별 대응의 연쇄반응을 가져왔다(김인걸 외, 1998).

한국전쟁이 일어난 시점부터 1951년 1·4 후퇴 때까지는 남한에서의 교육과정 운영은 거의 전폐 상태였다. 모든 학교의 수업이 중단되었고, 정부 또한 피난 수도 부산으로 소개(疏開)된 처지였다. 그러다가 1951년 2월 25일 당시 문교부장관 백낙준이 '전시하교육특별조치요강'을 제정·공포했는데, 이로 하여 피난 학생들이 피난지에 개설된 원주(原主) 학교에 등록하여 수업을 받을 수 있었다. 이 조치는 전시 체제하에서의 전수 교육을 수행하기 위한 비상 교육 방침으로 일선 학교와 그 학생들에게 적용되었다. 이를 기반으로 한 시책도 잇달아 발표되었는데 대부분은 반공 이념의 구축에 주된 목표를 두고 있었다. 한국의 교육 과정·교과서사에 있어, 반공·승공 이념을 전면적으로 강조하고 있었던 것도 이 무렵이었다.

전시에 편찬된 교재는 전시 생활을 지도하기 임시 교과서로서 중등학교용 전시 독본인 『침략자는 누구냐?』 등 3집 3책을 편찬하여 공급이 가능한 수복 지역 일원에 보급했다. 전시 교재의 편찬은 최현배 편수국장의 주관으로 최병칠, 최태호, 홍웅선 세 편수관이 담당했다. 특기할 것은 교과서 이름이 탱크, 군함 등의 전쟁 수단으로 매겨졌다는 것이다. 이는 전쟁 이념의 극단적이 표현이 이들 전시 교재 이름들에서도 나타나고 있는 것이다(강진호, 2005). 그런데 이런 와중에서도 중학교용과 고등학교용 '국어' 교과서가 두 종이나 발간된 것을 알 수 있다. 그런데 중학교용 1952년 도 발간된 것과 1953년도에 발간된 것은 중·고용 모두 내용과 필자가 거의 같고 배치만 다소 다를 뿐이다. 그런 사실을 입증하듯 1953년판 『고등국어』의 목차 하단에는 "이 교과서는 작년에 발간한 교과서의 내용과 크게 다름이 없으므로, 작년도에 발간한 교과서로서 이 교과서를 대용하여도 무방함"이라는 <비고>가 수록되어 있다(이종국, 2002).

전쟁기 교과서는 단정기의 것과 그리 큰 차이를 보이지 않는다.

다만 비문학 제제에서 새로 추가된 글을 보면 당시 미국의 영향을 많이 받은 것이라는 것을 알 수 있다. 그 중 짧은 글 세 편이 수록된 <유·엔과 우리나라>(『고등국어』 1-2)에서는 UN의 역할과 사명, 우리 나라와의 관계 등을 설명하고 있다. 이는 유엔의 원조 없이는 하루도 살아가기 어려웠던 당시의 현실을 암시하고 있다. UN의 직접적 수혜자였던 우리의 현실을 상기하자면, 이들의 격양된 어조는 충분히 이해됨직 하다. 하지만 그런 심리와 함께 글의 한 편에는 공산주의자에 대한 강한 적개심을 담고 있어서 반공주의가 한층 공고화되었음을 보여준다(강진호, 2005). 이러한 경향은 시 텍스트에서 마찬가지이다. 이전까지 보이지 않았던 반공적이고 국가주의적인 텍스트가 등장하기 시작했다.

악마의 발 아래
너는 지금 짓밟히는데,
버리고 어이 가랴
같이 안고 내 목숨 바치리라
  조국아, 내 불타는 사랑
  오직 너밖에 또 뉘게 주랴?

네가 괴로울 때
내 영광, 내 행복 어디있나?
네가 없다면
구구한 내 일생 무엇하리
  조국아, 내 불타는 사랑
  오직 너밖에 또 뉘게 주랴

-이은상 〈조국에 바치는 노래〉 부분

원수 너희
열 번을 무도히 침노하여 무찔러 보라.
열 번을 반드시
너희의 피로 씻어 돌려야 될 지역이어니

　　　　　　　　 －유치환 〈원수의 피로 씻는 지역〉 부분

내게는 어머니, 아버지 귀여운 동생들도 있노라.
어여삐 사랑하는 소녀도 있었노라.
내 청춘은 봉우리지어 가까운 내 사람들과 함께
이 땅에 피어 살고 싶었었나니
아름다운 저 하늘에 무수히 나르는
내 나라의 새들과 함께
나는 자라고 노래하고 싶었노라.
나는 그래서 더 용감히 싸웠노라. 그러다가 죽었노라.
아무도 나의 주검을 아는 이는 없으리라.
그러나 나의 조국, 나의 사랑이여!
숨지어 넘어진 내 얼굴의 땀방울을
지나가는 미풍이 이처럼 다정하게 씻어주고
저 하늘의 푸른 별들이 밤새 내 외롬을 위안
해 주지 않는가?
(중략)
이 원수의 운명을 파괴하라. 내 친구여!
그 억센 팔 다리. 그 붉은 단군의 피와 혼,
싸울 곳에 주저말고 죽을 곳에 죽어서
숨지려는 조국의 생명을 불러 일으켜라.
조국을 위해선 이 몸이 숨길 무덤도 내 시체를 담을
작은 관도 사양하노라.

오래지 않아 거친 바람이 내 몸을 쓸어가고
저 땅의 벌레들이 내 몸을 쓸어가고
저 땅의 벌레들이 내 몸을 즐겨 뜯어가도
나는 즐거이 아들과 함께 벗이 되어 행복해질

조국을 기다리며
이 골짜기 내 나라 땅에 한 줌 흙이 되기 소원이노라.

－모윤숙 〈국군은 죽어서 말한다〉 부분

〈조국에 바치는 노래〉의 서정적 화자는 조국에 헌신하는 감동을 감탄과 설의법으로서 과장되게 노래하고 있다. "조국아, 내 불타는 사랑/ 오직 너밖에 또 뉘게 주랴?"라는 후렴 반복구는 이러한 정서를 반복적으로 고양하고 있다. 조국이라는 거대한 대타자 앞에 개인적 내면의 자아는 존재하지 않고, 오직 대타자에 예속된 자아만이 존재하는 이러한 정서는 당시 전쟁으로 인한 국가주의적 사고를 적실하게 보여준다고 하겠다. 또한 인용한 부분에서 보이는 "악마의 발 아래/ 너는 지금 짓밟히는데"라는 부분은 전쟁 막바지라는 당시를 고려할 때, 이는 공산주의에 대한 적개심을 가장 적나라하게 표현하다고 볼 수 있다. 시적 자아의 정서적 내면은 전무한 채, 국가라는 전체주의적 존재에 대한 일방적 합일만이 존재하는 이러한 숭고적 미의식은 이전에 보았던 순수시의 미의식과 별다를 것이 없다. 다만 합일의 대상인 '조국'의 속성은 사대부들의 시에서 드러난 성리학적 이상향이나 도가적 세계보다도 훨씬 평면적이며 속물적이다.

〈원수의 피로 씻는 지역〉은 〈조국의 바치는 노래〉처럼 한국전쟁이라는 구체적인 사건을 드러내지는 않는다. 하지만 유치환이 1951년 부산에서 문인구국대를 조직하고 육군 제 3사단에고 복무할 당시 쓴 『보병과 더불어』라는 전쟁시집에 수록된 작품이다. 제목처럼 "원수의 피로 씻는"다는 선정적인 표현이 중학생들을 대상으로 한 교과서에 실렸다는 것은 공산주의에 대한 정부의 적개심을 쉬이 알 수 있다. "일월과 같은 드높은 성문들이 깨뜰리고", "종루가 불살리고", "백만 장안이 죄다 그슬렸다 치더라도" "조국에의 갸륵한 우리의 단심(丹心)은", "다시 기와와 재목과 벽돌을 실어다/ 연월에 아늑히 은성(殷盛)하는 강구(康衢)를 꾸미리니"라는 표현에서 사흘만에 함락된 서울을 재건하고자 하는 의지를 드러내고 있다. 그러나 이러한 지역을 원수를 피로 씻어야 한다는 것은 결국 복수의 다짐뿐이다. 이러한 날 것의 정서를 가진 텍스트를 선정한 것은 전시라는 특수성을 고려한 것이라고 볼 수밖에 없다.

이는 『보병과 더불어』라는 시집의 특징을 살펴보면 더욱 그러하다. 유치환은 전쟁 자체에 회의를 품고 전쟁을 반대하거나 전쟁의 고통에 대해 노래하였다. 동 시집에 실려 있는 <들꽃과 같이>나 <휴전선에서>는 적에게 연민을 갖던가("쓰러져 남은 적의 젊은 시체 하나/ 호젓하기 한 떨기 들꽃같아", <들꽃과 같이>) 최소한 적에게 증오의 감정을 느끼지 않음을 표현하고 있다.("나는 나의 적에게 조금치도 증오라든가 분노 같은 감정은 느끼지 않는다.", <휴전선에서>) 그럼에도 굳이 적개심을 강조하는 텍스트를 선정한 것은 전시 학생들에게 반공주의의 이념을 심어주기 위해서이다.

모윤숙의 <국군은 죽어서 말한다>도 싸워서 이겨야 한다는 승전의식만이 강조되며, 적에 대한 동포애나 동정심은 전혀 발견되지 않는다. <국군은 죽어서 말한다>는 "광주 산곡을 헤매다가 문득 혼자 죽어 넘어진 국군을 만났다"라는 부제처럼, 산골짜기에서 죽은 국군을 만났다는 상황을 가정하고 쓰인 것이다. 서정 장르로선 굉장히 긴 호흡을 보여주는 시인데, 그럼에도 구체적인 상황보다는 국군이 말하는 추상적인 애국심만이 드러나 있다. 이 텍스트에서 죽어 넘어진 국군은 자신의 개인적인 소망보다는 원수를 물리쳐야 한다는 국가적 당위성만을 강조하고 있다. 조국을 위해선 관도 필요치 않으며, 다른 이에게도 죽어서 조국을 구하라는 표현은 그 극단이라고 할 수 있다. 개인의 행복보다는 국가의 안녕이 더 중요하며 이를 다른 이에게까지 요구하는 것, 국가를 위한 죽음을 즐거워하는 것은 인간의 기본적인 삶의 욕망까지도 국가에 귀속시키고자 하는 시도에 다름아니다. 8연의 "나는 조국의 군복을 입은 채/ 골짜기 풀숲에 유쾌히 쉬노라"라는 표현은 이러한 인식의 극단을 보여준다고 하겠다. 죽은 이가 "유쾌히" 쉰다는 표현은 현실에서 극단적인 고통을 받은 상황에서만 가능한 시적 표현이라 할 수 있다. 하지만 사랑하는 가족과 연인이 있는 젊은 사람이 죽음을 유쾌히 받아들일 수 있다는 표현은 완전한 기만이라고 할 수 있다.

그리고 이 시에서 말하는 존재는 국군이 아니라 시적 화자이다. 시적 화자가 주상하는 언어들을 죽은 국군의 말이라고 언술 주체를 바꾸어 언술의 효과를 높이기 위한 방편으로 삼은 것이다. 이 역시 기만적인 방법이이라고 할 수 있다. 국군이 죽으면서 어떠한 생각을 했는지는 가장 친한 가족이나 연인이라도 예측하기 어려울 것이다. 그런데 문득 만난 국군의 시체가 이러한 언술을 했다고 하는 것은 이념을 위해 문학적 진실을 버린 것이라고밖에 할 수 없다. 문학은 인간의 삶을 '진실되게' 표현해야 한다는 기초적인 대명제마저 무시한 이러한 시적 인식은 전후 문학의 극단을 보여주며, 교육에서조차 이러한 인식이 허용되는 것은 당시 문학교육이 이념을 전파하는 도구밖에 되지 않았다는 것을 적실하게 보여준다고 할 수 있다.

하지만 이러한 반공 이념은 전후 체제가 안정되어 가면서 최소한 문학에서 만큼은 조금 더 세련되게 보여주고 있다. 1956년 이후 1차 교육과정이 확정되면서 제작된 교과서에 수록된 시 텍스트는 다음과 같다.

〈표 5〉 1955년 발간된 교과서의 근대시 텍스트 목록

〈고등 국어〉 1956년 개발	1	금잔디 엄마야 누나야 산유화 산	김소월	
		모란	김영랑	
		승무	조지훈	
		오륙도, 성불사의 밤	이은상	시조
	2	해방의 노래	박두진	

이 교재는 1955년 8월 1일에 제정된 제1차 교육과정이 공포된 직후에 공급된 교재이지만, 1950년대 전반기의 편찬 수준에서 크게 발전을 보지 못한 교과서이다. 문학 제제 역시 이전의 것들을 그대로 가져다 쓰고 있다. 또한 개별 과 단위의 단원 편제법을 쓰고 있으며, '학습 지표문'이나 '익힘 문제', '주(註)' 등이 전혀 배려되지 못한 편찬법의 교과서에 머무르고 있다. 그러므로 이 교과서는 당년으로 끝나고 다시 1957년에 개편을 보게 된 것이다.[4] 반면

---

4) 박붕배(1997), 122쪽.

중학교 교과서는 1956년에 제작되어 한 동안 쓰이게 된다. 1956년에 제작된 중학교 교과서와 1957년에 제작된 고등학교 교과서에 실린 시 텍스트의 목록은 다음과 같다.

〈표 6〉 1차 교육과정기의 근대시 텍스트 목록

『중등국어』	1-1	새벽종	강소천	
		끝없는 강물이 흐르네	김영랑	
		물새알 산새알	박목월	
		울릉도	유치환	
		달, 포도, 잎사귀	장만영	
		산방	조지훈	
		빗소리	주요한	
		가고파	이은상	시조
	1-2	송화강 뱃노래	김동환	
		산유화	김소월	
		산딸기	김영일	
		책	박목월	
		산길	양주동	
		그리움	이원수	
		잠자리	장만영	
	2-1	사향도	김광균	
		봄소식	유치환	
		새로운 길	윤동주	
		박연폭포	이병기	시조
		봄	이영도	시조
		달밤	이호우	

『중등국어』	2-1	백담계곡	이희승	
		춘일	정훈	
『고등국어』	1	금잔디	김소월	
		청포도	이육사	
		혼자 앉아서	최남선	시조
		깨진 벼루의 명(銘)	최남선	시조
		이른 봄	정인보	시조
		아차산	이병기	시조
		꽃	이병기	시조
		비	이병기	시조
		이 마음	이은상	시조
		단풍 한 잎	이은상	시조
		고지가 바로 저긴데	이은상	시조
		옥저	김상옥	시조
		십일면 관음	김상옥	시조
		백자부	김상옥	시조
	2	알 수 없어요	한용운	
		깃발	유치환	
		빼앗긴 들에도 봄은 오는가	이상화	
		진달래꽃	김소월	
		파초	김동명	
		모란이 피기까지는	김영랑	
		마음	김광섭	
		푸른 오월	노천명	
		광야	이육사	
		나비	윤곤강	

상술했듯이 전쟁이 끝나자 이승만의 독재 체제는 더 강화되었다. 한국전쟁은 내부의 문제로 인해 붕괴 위험이 있던 이승만 체제를 더욱 안정시켜 주었고, 이러한 안정감은 최소한 서정 장르에서는 이념의 선정적 전달을 지양하게 해 주었다. 이은상의 <고지가 바로 저긴데>를 제외하고는 국가주의적 이념을 포함한 것은 보이지 않으며, 반공이 직접적으로 드러난 것은 아예 없다고 할 수 있다.

고난의 운명을 지고 역사의 능선을 타고
이 밤도 허우적거리며 가야만 하는 겨레가 있다
고지가 바로 저긴데 예서 말할 수는 없다.

넘어지고 깨지고 라도 한조각 심장만 남거들랑
부둥켜안고 가야만 하는 겨레가 있다
새는 날 핏속에 웃는 모습 다시 한 번 보고 싶다.

-이은상 〈고지가 바로 저긴데〉

<고지가 바로 저긴데>는 분단된 한반도의 현실을 의지와 부지로 극복하고자 다짐하고 있는 텍스트이다. 시조에서 보기 어려운 역동적인 시어들은 현실 극복의 강렬한 의지를 잘 전달하고 있으며, 미래에 대한 낙관적인 모습을 기대하되, 현실의 어려움을 잊지 않는 비교적 적절한 현실 인식 수준을 보여주고 있다. 하지만 "고지", "능선", "핏속에"라는 어휘들은 전쟁의 기억을 강하게 환기시킨다. 따라서 '고지'가 미래의 낙관적 모습, 남북통일이라는 민족적 염원을 상징한다고 해도 이는 당시 이승만 정권이 주장했던 북진통일에 가깝다. 하지만 추상적 언어의 사용으로 인해 다양한 해

석이 나올 수 있으며, 이전에 실렸던 <국군은 죽어서 말한다>나 <원수의 피로 씻는 지역> 등의 텍스트와 비교해 볼 때 선정적이거나 직접적인 반공 이념을 표현하고 있지는 않다.

반면 단독 정부 수립 이후 완전히 배제된 좌익 계열의 작가들의 빈자리를 그 논의에서 자유로운 다른 작가들로 채워지게 된다. 이전까지 보이지 않았던 윤동주, 김광균, 이상화, 김동환, 최남선 등이 새로 등장을 하게 되고, 이전 교과서에서 빠져있던 한용운, 주요한 등도 다시 등장하게 된다. 주지하다시피 이들의 공통점은 좌익 논의에서 자유로운 문인들이라는 점이다. 즉 해방 이전에 사망했거나, 해방 후 남한에서 작품 활동을 하거나, 아니면 김광균처럼 미국으로 건너간 인물들이다. 그리고 해방 후에 문단의 헤게모니를 쥐게 된 한국문학가협회의 문인들—박종화, 서정주, 김광섭, 박목월 등—이 대거 등장하게 된다. 서정주는 빠진 것처럼 보이나, 2학년 과정에서 <시의 운율>이라는 설명문 텍스트로 교과서에 실린다. 앞서 1956년에 제작된 『고등국어』에서도 <시작과정>이라는 설명문이 『고등국어』 1에 수록되어 있다. 이 글은 <국화 옆에서>를 쓰는 과정을 보여주고 있다. 단원의 표제로서 서정주의 시가 실리지는 않았지만 교과서에 수록이 되어 있음을 나타내는 것이다.

1차 교육과정기에 수록된 작가들은 한 동안 정전적 지위를 가지게 된다. 즉 문장파, 청록파, 생명파 등 순수문학 계열의 텍스트가 중심부를 형성하고 민족주의 계열이나 국가주의적 이념을 전파하는 텍스트가 주변부에 자리잡게 된 것이다. 이은상의 <고지가 바로 저긴데>는 민족주의적인 내용이라기보다는 한국전쟁의 여파로 인한 국가주의적 성향의 텍스트이다. 그러나 이상화의 <빼앗긴 들에도 봄은 오는가>나 이육사의 <광야>, 한용운의 <알 수 없어요>는 비록 구체성의 층위가 다르긴 하지만 일제 시대의 민족주의를 포괄하고 있음을 알 수 있다. 이상화의 <빼앗긴 들에도 봄은 오는가>는 비교적 구체적이고 직접적으로 침탈된 민족의 아픔을 표현하고 있다. 이육사의 <광야>나 한용운의 <알 수 없어요>는 구체적으로 민족 현실을 드러내고 있지는 않다. 그러나 비유적으로 "지금 눈 내리고/ 매화 향기 홀로 아득하니/ 내 여기 가난한 노래의 씨를 뿌려라"(<광야>)라는 표현이나 "타고 남은 재가 다시 기름이 됩니다./ 그칠 줄 모르고 타는 나의 가슴은 누구의 밤을 지키는 약한 등불입니까."(<알 수 없어요>)에서 지사적인 민족주의의 모습을 감지할 수 있다.

시조에서는 『중등국어교본』의 비문학제재와 비슷하게 전통적인 소재를 다룬 시들을 많이 수록하고 있다. 최남선의 <깨진 벼루의 명>이나 김상옥의 <옥저>, <십일면 관음>, <백자부> 등이 그 예이다.

다 깨어지는 때에 혼자 성킬 바랄소냐
금이야 갔을망정 벼루는 벼루로다
무른 듯 단단한 속을 알 이 알까 하노라

– 최남선 〈깨진 벼루의 명〉

찬서리 눈보라에 절개 외려 푸르르고
바람이 절로 이는 소나무 굽은 가지
이제 막 백학(白鶴) 한 쌍이 앉아 깃을 접는다.

드높은 부연(附椽) 끝에 풍경 소리 들리던 날
몹사리 기다리던 그린 임이 오셨을 제
꽃 아래 빚은 그 술을 여기 담아 오도다

갸우숙 바위 틈에 불로초 돋아나고
채운(彩雲) 비껴 날고 시냇물도 흐르는데
아직도 사슴 한 마리 숲을 뛰어 드노다.

– 김상옥 〈백자부〉

불 속에 구워 내도 얼음같이 하얀 살결
티 하나 내려와도 그대로 흠이 지다.
흙 속에 잃은 그 날은 이리 순박(淳朴)하도다.

지긋시 눈을 감고 입술을 축이시며,
뚫린 구멍마다 임의 손이 움직일 때
그 소리 은하 흐르듯 서라벌에 퍼지다.

끝없이 맑은 소리 천 년을 머금은 채,
따스히 서린 입김 상기도 남았거니,
차라리 외로울망정 뜻을 달리 하리요!

– 김상옥 〈옥저〉

의젓이 연좌(蓮座) 위에 발돋움하고 서서,
속눈섭 조으는 듯 동해(東海)를 굽어 보고
그 무슨 연유(緣由) 깊은 일 하마 말씀하실까.

몸짓만 사리어도 흔들리는 구슬소리,
옷자락 겹친 속에 살결이 꾀비치고,
도도록 내민 젖가슴 숨도 고이 쉬도다.

해마다 봄날 밤에 두견(杜鵑)이 슬피 울고,

허구헌 긴 세월(世月)이 덧없이 흐르건만,
황홀한 꿈 속에 쌓여 홀로 미소(微笑)하시다.

─ 김상옥 〈십일면 관음〉

<깨진 벼루의 명>은 전통적인 소재를 사용하였지만, 전통의 미를 강조하는 것이 아니라 서정적 자아의 내면을 드러내는 소재로 사용되었다. 모두가 부서지는 와중에 스스로는 금 밖에 가지 않았다는 것은 스스로의 자긍심을 드러내는 정도의 수준이라고 할 수 있다. 김상옥의 시조는 백자나 피리, 석굴암의 관음상을 소재로 하여 과거의 전통이 현재에도 여전히 이어지고 있음을 보여주고 있다. <옥저>에서 "끝없이 맑은 소리 천 년을 머금은 채,/ 따스히 서린 입김 상기도 남았거니,/ 차라리 외로울망정 뜻을 달리 하리요!"라는 2연의 내용은 과거와 현재를 단절이 아닌 연속으로 파악하고 있으며, <십일면관음>에서도 오랜 세월이 지난 지금에 "숨도 고이 쉬"며, "허구헌 긴 세울 덧없이" 흘러도 "홀로 미소"할 수 있게 하는 것이다. 서정 장르는 본질적으로 현재 시제의 장르이다. 과거의 사건을 서술할 때도 현새로 파악하는 깃이다. 이러한 시적 인식은 단순히 자아와 세계를 동일화시키는 것을 넘어서 과거와 현재를 동일화할 수 있게 한다. 서사에서는 과거가 현재가 인과를 이루지만, 서정에서는 과거와 현재가 하나로 인식된다. 이런 경우 과거의 화려한 문화를 현재에 재인식하면서 민족적 자부심을 가지는 동시에 피폐한 현재를 외면하게 하는 효과를 가진다.

이러한 시도는 미군정기의 『중등국어교본』에서도 행해졌다. 하지만 『중등국어교본』에서의 전통 상기는 갓 독립한 신생 국가로서

시교육 정전 체계의 검토　　83

36년 간 잃어버렸던 전통을 복원하는 과정이었다면, 이미 이승만 정권의 1950년 후반에서는 이와는 다른 목적을 가지고 있다. 찬란했던 과거를 현재와 동일시하게 하는 것이다. 그리하여 학습자는 현실의 모순을 외면한 채 과거의 찬란한 모습이 현재에도 유지된다는 인식을 내면화하게 되는 것이다. 이는 학습자들을 과거에 매이게 하여 현재의 모순을 외면하게 하는 결과를 낳는다. 즉 현재의 부실한 상황을 과거의 화려한 문화유산으로 덮게 만드는 것이다.

그런데 시조가 다른 장르에 비해 교과서에 많이 실리게 되는 이유는 무엇일까? 『중등국어교본』에서부터 시작하여 거의 모든 교과서에 시조 작품은 많은 비중을 차지하고 있다. 특히 수록된 작품의 수만 보자면 1차 교육과정기의 『고등국어』에서는 시조 텍스트가 50% 가까이 된다. 해당 장르가 교과서에 실리게 된다는 것은 당대 문단의 실제적이면서도 담론적인 우위에 서 있다는 뜻이다. 표면적인 이유는 전통의 옹호라고 할 수 있다. 시조 장르가 '조선의 국민문학'이라는 최남선의 선언이 많은 한계를 안고 있었음에도 불구하고 당시 다수의 전문 학자나 작가로부터 그 정당성을 추인받았다(이형대, 2005).

물론 시조는 본질적으로 사대부의 문학이다. 카프의 논객 김동환이 지적하였듯이 시조는 기실 기층민중의 생활정감과는 거리가 먼 상층사대부의 문학이었으며, 조선후기에 이르러서야 중간계층들이 새롭게 향유층으로 진입하게 된 것이다. 그러므로 이는 문화적 민족주의자들의 기대지평 속에서 국문문학으로 새롭게 인식된 것이다. 근대 계몽기 공간에서도 시조의 주 창작자는 계몽지식인들이었고 그 이후에도 마찬가지였다. 평민과의 연관성을 굳이 찾자면 그 기원이나 내용, 미학 쪽에서 근접했던 사설시조를 꼽을 수 있다. 그러나 이 당시 시조부흥론자들은 사설시조의 가치를 평가절하하고 평시조 중심의 부흥론을 제기하였다. 이병기 역시 '엇時調나 辭說時調는 짓기도 어려우며 자래로 名作을 볼 수 없다. (중략) 나의 經驗과 意見으로서는 엇時調・辭說時調보다는 平時調 형식으로 하여 아무리 긴 것이라도 쓸 수 있다.'(이병기, 1926. 12. 13. 동아일보)라고 하였다.

또한 한국 근대학문연구 출발단계에서 초기 학자들의 학적 관심은 주로 고전에 있었고, 그 중에 시가 부분의 시조 장르에 쏠려있었다. 1922년 안확의 『조선문학사』에서도 시조는 실려 있다. 그리고 조윤제 등에 의해서 시조사의 전체 윤곽이 드러나게 되며, 강호가도와 같은 문예현상의 원리가 논리적인 설명의 틀을 갖추며 해명되었던 것이다(이형대, 2005). 그렇게 해서 『중등국어교본』에서 시조는 주요 장르로 취급되게 된다. 이는 문장파의 거두인 이병기가 편수 책임자였으며, 집필진에 이병기와 함께 문장지에서 활동했던 이태준이 포함되어 있었기에 가능했을 것이다. 시조의 본래 존재양식을 생각할 때, 국민문학이라는 과장된 명칭에도 불구하고 문학교육에서 하나의 정전으로 자리잡게 된다. 또한 시조에 관심이 많았던 문인들 대부분이 우익측 인사였기 때문이기도 할 것이다. 조운을 제외한 대부분의 시조 시인들은 남쪽에 남은 것이 이를 증명한다. 물론 이병기는 한 때 『중등국어교본』에 좌익 작가들을 실었다는 이유로 좌익으로 몰리기도 했지만, 이는 당대의 좌익몰이가 비정상적임을 증명하는 것밖에 되지 않는다.

하지만 더 중요한 것은 시조의 장르적 특성이다. 조선시대 사대부의 세계관을 표현하는데 가장 적절했던 시가 장르로서 민중적 발랄함보다는 사대부의 진중한 가락에 어울리는 장르이다. 4음보의 리듬은 불안정적이고 변혁적인 3음보에 비해 안정적이며 보수적이다. 이병기 등이 시조를 근대화하기 위해서 힘썼다고 하나, 이는 근대적 소재를 사용했을 뿐 정서나 미적 범주는 사대부들의 텍스트와 대동소이하다. 그리고 앞에서 언급했듯이 고시조는 서정장르의 일반적 특성인 자아와 세계의 동일화가 드러나 있는데, 특히 자아는 세계에 일방적으로 합일되는 경지에 가깝다. 그리고 대부분의 시조 시인들이 반공이나 애국주의의 주제로 창작 활동을 해온 경우도 이를 통해 설명할 수 있다. 고시조가 유교이념이나 도가적 세계에 대한 자아멸각의 세계를 주제로 다루었음은『중등국어교본』의 미의식을 설명하면서 상술한 바가 있다. 전쟁 후 나타나는 이러한 시조시인들의 경향은 결국 중세의 대타자(大他者)였던 유교이념이나 도가적 세계를 전통적 세계로 치환한 것이라 할 수 있다. 이러한 치환이 손쉬웠던 것은 시조가 가지는 담론의 영향이 크기 때문인 것이다. 정전이 가지는 동일성의 미학과 거의 차이가 없다는 점과, 전통적 세계와의 결합이 현실의 모순을 잊게 해 준다는 점에서 시조가 거부감 없이 받아들여졌을 가능성이 크다.

1차 교육과정기의 시 텍스트들을 공통적으로 묶을 수 있는 것은 바로 순수시라는 범주이다. 상술했듯이 미군정기에 제작된 교과서에서도 민족주의의 텍스트와 세계 중심의 주객합일의 원리를 지향한 순수시 텍스트, 그리고 현대시조가 주류를 이루었다. 하지만 이는 어떠한 정권의 차원에서 관리한 것이 아니라 집필진들의 개성과 인맥이 많이 반영되었다고 보는 것이 옳을 것이다. 하지만 단정기를 지나면서 정치적 이해관계에 따라 월북, 납북, 재북의 작가들이 모두 배제되었으며 그 빈자리를 청록파나 생명파 등 당시 신진 세력들이 차지한 형국이 되었다. 민족주의적 텍스트, 순수시 텍스트, 현대시조는 여전히 정전적 자리를 유지하고 있다. 전시기 발간된 교과서에는 반공주의와 국가주의적 텍스트들이 일부 수록되었지만, 이는 전쟁 중의 특수한 경우이며 휴전 후 발간된 교과서에서는 자취를 감추고 만다.

단정기 이후 순수시 텍스트들이 많이 실리게 된 것은 김동리를 중심으로 한 순수문학 논의를 바탕으로 한 것이다. 한국문학사에서 순수문학이 논의의 중요한 쟁점으로 떠올랐던 것은 대체로 세 번의 국면을 통해서였다. 첫째는 해방 직후 김동리를 중심으로 주창된 '순수문학'이다. 이때는 '조선문학가동맹'의 '민족문학론'에 대응하는 우파 문학 이론의 핵심으로 문학사에 제출되었다(한수영, 2006b). 겉으로는 조선문학가동맹에 맞서는 새로운 민족문학론을 주창하고 있지만 그 내면은 순수문학에 대한 옹호였다.

> 문학정신의 본령이 인간성 옹호에 있다고 볼 때 오늘날과 같은 민족적 현실에서의 인간성의 구체적 양양은 조국애나 민족혼을 통하여 발휘되는 것이며 이것의 진정한 문학적 구현이야말로 문학 이외의 목적의식에서 硬化한 것이 아니라면-참된 순수의 정신에도 통해 있다고 하지 않을 수 없을 것이다
>
> —김동리, 1952

김동리가 해방기에 본격적으로 주장하게 되는 순수문학의 내용은 해방 전 언급했던 것과 본질적으로 다른 것은 없다. 하지만 주

변의 상황은 달라져 있었다. 세대론의 대상은 경향문학의 퇴조 이후 갈팡질팡하던 선배문인들이었고, 이 시기 김동리가 다투어야 하는 대상은 이념에 대한 확신을 가지고 있던 좌파 문인이었다. 세대론의 경우 비록 유진오와 논쟁을 하기는 했지만 변화된 현실에 대한 반응이라는 점에서 앞선 문인들과 굳이 적대적인 관계가 될 필요는 없었다. 이에 비해 해방기의 논쟁은 사활을 건 치열한 것이었다. 문학만으로 그칠 수 없는 환경이 강요되고 있던 셈이다(김한식, 2005).

분단과 전쟁을 거치는 동안 김동리를 비롯하여 서정주, 조연현 등이 이른바 해방 직후에 결성된 '청년문학가협회' 출신의, 당시로는 소장파 문인들이었던 사람들이 핵심으로 부상하게 되었고, 문학이론에서도 이들의 주요 무기였던 '순수문학'이 문단 및 저널리즘 뿐 아니라 문학교육 영역, 즉 제도교육의 지배적인 미학으로 자리잡게 되었다. 순수문학이 문단 권력 및 담론 권력을 동시에 누리게 되면서, 문학 및 예술에 대한 심각한 편식과 인식의 불균형이 나타나게 되었다. 우선 인간의 역사가 순수문학 특유의 운명론 내지는 숙명론에 의해 해석됨으로서 자신을 속박하고 있는 역사적 제약과 한계를 극복하려는 인간의 모든 의지와 행위가 무망한 것이 되었으며, 무엇보다도 큰 피해는 역사와 현실에 대한 인간의 자기인식이 드러나는 문학 및 예술은 '문학(예술)'이 아닌 것으로 간주되기 시작했던 것이다(한수영, 2006b).

이러한 경향이 남한에서 주류로 등장하게 되면서 해방 이후 씌어진 대부분의 시들은 순수시의 경향을 가지게 된다. 이러한 정전의 목록이 주는 효과는 비교적 간명하다. 서정 장르에서는 세계의 자아화를 통해 세계를 자아가 원하는 모습으로 변형시키는 방법으로 현실과의 갈등을 무화시킨다. 이러한 미적 인식은 현실은 생각하기 나름이라는 사고를 길러주게 된다. 실재보다 그것을 인식하는 정신이 우선한다는 일종의 관념론적 사고를 학습자들은 가지게 되는 것이다.

또한 일부 순수시에서 자아는 세계 속에서 아주 작은 모습으로 드러나거나, 세계 속에 함몰되어 그 존재마저 보이지 않는 경우가 있다. 자아는 세계라는 거대한 대타자에 완전히 동일화된다. 이러한 경우 학습자는 자아의 의지보다는 자아 바깥에 있는 세계의 의지를 중요시하게 된다면, 자아는 결국 세계에 순순히 따라야 된다는 의식을 습득하기 쉽다. 즉 개인은 현실과 갈등을 일으키는 존재가 아니라 세계의 법칙에 종속되어 있는 존재로 인식하게 되는 것이다. 이러한 인식은 학습자로 하여금 순응주의적 주체를 형성하게 만드는 것이다.

1차 교육과정기에 형성된 정전은 그 후 4차 교육과정기까지 계속되게 된다. 1963년에 공포된 2차 교육과정기의 고등학교 국어에 실린 시의 목록을 보면 1차 교육과정기의 작가와 대동소이하며 작품의 경향도 큰 차이가 없다는 것을 알 수 있다.

〈표 7〉 2차 교육과정기의 근대시 텍스트 목록

		금잔디	김소월	
『고등국어』	1	청포도	이육사	
		봄길	최남선	시조
		혼자 앉아서	최남선	시조

『고등국어』	1	이른 봄	정인보	시조
		근화사 삼첩	정인보	시조
		아차산	이병기	시조
		비	이병기	시조
		심산 풍경	이은상	시조
		고지가 바로 저긴데	이은상	시조
		옥저	김상옥	시조
		백자부	김상옥	시조
		개화	이호우	시조
		균열	이호우	시조
	2	알 수 없어요	한용운	
		진달래꽃	김소월	
		모란이 피기까지는	김영랑	
		파초	김동명	
		광야	이육사	
		깃발	유치환	
		사슴	노천명	
		그 먼 나라를 알으십니까	신석정	
		국화 옆에서	서정주	
		도봉	박두진	
		나그네	박목월	
		승무	조지훈	
		별 헤는 밤	윤동주	

이 단계까지 현대시조는 꾸준히 수록되어 왔고 김소월, 한용운, 김영랑, 이육사, 윤동주 등은 이제 정전적 작가로서 확고한 위치를

차지하기에 이른 것으로 보인다. 이들을 정점으로 하는 순수시와 민족시 계열에 문협정통파에 해당하는 청록파와 생명파가 다시 합세하게 되면 이 당시 문단의 주류는 거의 포괄되게 되는바, 그것이 이루어진 것이 바로 이 2차 교육과정기의 일이다. 이 교과서는 상상적인 총체로서 정전이 집약되어 외현된 것이라 해도 별로 지나침이 없을 정도다. 그리고 위와 같은 작품 수록 현황은 이후 수차의 개정에도 불구하고 별로 변화가 발견되지 않는다는 점에서 하나의 전범을 보이는 것이라 할 수 있다(정재찬, 1996). 즉 4차까지 이러한 필진들의 텍스트들이 어느 정도의 부침을 거듭하면서 계속 실리게 되는 것이다.

　1974년 개정 고시된 3차 교육과정은 문학의 사회적 기능이 보다 확대되어 나타났다. 말하기, 듣기, 읽기, 쓰기 등 4개의 영역으로 구분했다지만 교과서의 구성은 철저하게 주제 중심이다. 문학 역시 국가주의적 가치관의 형성과 관련된 내용이 주가 된다. 그러므로 3차 교육과정기 역시 수록된 텍스트는 그리 변화가 보이지 않으며, 다만 새로운 작가군이 등장하고 있을 뿐인데, 이늘의 텍스트 역시 이전의 미의식과 별로 차이가 없다.

<표 8> 3차 교육과정기의 근대시 텍스트 목록

		3월 1일의 하늘	박두진	
		고지가 바로 저긴데	이은상	시조
『고등국어』	1	봄비	이수복	시조
		살구꽃 핀 마을	이호우	시조
		난초	이병기	시조

『고등국어』	1	개화	이호우	시조
		가던 길 멈추고	김해강	시조
		나도 푯말이 되어 살고 싶다	조종현	시조
		동백	정훈	
		산	김광림	
		고무신	장순하	
		설날 아침에	김종길	
	2	광야	이육사	
		알 수 없어요	한용운	
		어머니	정인보	시조
		진달래꽃	김소월	
		울릉도	유치환	
		모란이 피기까지는	김영랑	
		국화 옆에서	서정주	
		벽공	이희승	시조
		승무	조지훈	
		가을에	정한모	
		낙조	이태극	시조
		나그네	박목월	
		사슴	노천명	
		파초	김동명	
		고향으로 돌아가자	이병기	시조
		사향	김상옥	시조
	3	아침 이미지	박남수	
		의자	조병화	
		참회록	윤동주	
		조국	정완영	시조
		부다페스트에서의 소녀의 죽음	김춘수	

여기서 특기할 사실은 1950년대 이후 전후파 시인으로 불리는 신세대가 교과서에 등장한다는 것이다. 전후파 시인들의 면모를 포괄적으로 드러내는 <한국전후문제시집>(신구문화사, 1964년)에 등장하는 시인들의 텍스트가 일부 교과서이 실리게 되는 것이다.[5] 김광림, 김춘수, 정한모, 조병화 등의 작품이 그 예라고 할 수 있다.

정한모는 서정성에 기반을 두면서도 꾸준한 인간애를 추구하는 작가이다. 특히 원초적인 인간의 모습과 순수의 본질을 찾아나서며 인간의 생명에 대한 경외감과 그것을 예찬하는 것을 주로 하고 있다. 그의 이러한 시적 경향을 집약적으로 보여주고 있는 것이 '아가'이다. "흔들리는 종소리의 동그라미 속에서/ 엄마의 치마 곁에 무릎을 꿇고/ 모아 쥔 아가의/ 작은 손아귀 안에서/ 당신을 찾게 해 주십시오"라는 시 구절 속에서 아가의 심상이 지니고 있는 시적 의미는 순수와 본능 그 자체이다. 물론 그의 시 속에서는 이러한 순수를 위협하는 현실이 보이고는 있지만 이러한 현실은 순수함을 강조하기 위한 시적 장치일 뿐, 구체적인 현실과의 연관성은 전부한 추상석 자원의 피동일 뿐이다. <의자>와 같이 일싱의 체험에서 주로 소재를 찾는 조병화는 인간의 삶을 긍정하고 현실의 안위를 추구한다. 그러므로 그의 시에는 고통이나 갈등이 존재하지 않는다. <의자>는 아무런 갈등이 없이 과거의 것이 미래로 전해지는 보편성만을 추구하고 있다. "지금 어디메쯤/ 아침을 몰고

---

5) 여기에 실린 시인으로는 고원, 고은, 구상, 구자운, 김관식, 김광림, 김남조, 김수영, 김윤성, 김종문, 김종삼, 김춘수, 민재식, 박봉우, 박성룡, 박양균, 박인환, 박재삼, 박태진, 박희진, 성찬경, 신동문, 신동집, 유정, 이동주, 이원섭, 이형기, 전봉건, 전영경, 정한모, 조병화, 조향, 황금찬 등이 수록되어 있다.

오는 어린 분이 계시옵니다./ 그 분을 위하여/ 묵은 의자를 비워드리겠어요// 먼 옛날 어느 분이/ 내게 물려주듯이"라는 부분에서 이러한 인식이 드러나 있는 것이다. '영원한 현재'는 변화를 인정하지 않는 보수주의적 인식이며, 현실에 대한 긍정성만이 드러난 것이다. 김광림의 <산>은 눈 내리는 가야산에 충만해 있는 불가적 세계를 그린 것으로, 종교적 깨달음의 세계를 회화적 이미지로 표현한 텍스트이다. 한여름에서 눈 내린 겨울에 이르는 계절의 변화와 매화에서 노승으로 이어지는 시선의 변화가 중첩되어 있는 이 텍스트에서 현실 세계의 모습은 어떤 곳에서도 드러나지 않는다. 다만 현실 바깥에서 도를 깨달은 노승의 눈매에 보이는 작은 웃음에 시상이 집약되어 있을 뿐이다.

반면 김춘수의 <부다페스트에서의 소녀의 죽음>은 긴 호흡을 가진 텍스트이다. 이러한 텍스트가 교과서에 실린 것은 반공의 이념을 강화하기 위한 것이다. 물론 <부다페스트에서의 소녀의 죽음>이 반공의 담론을 강화하기 위해 씌어진 것은 아니다. 헝가리에서 일어난 민주화 운동에서 소련군에 의해 죽음을 당한 소녀를 우리의 현실과 병치함으로서 인류 보편적인 정의인 자유와 그것을 억누르는 자들에 대한 분노를 표현하고자 한 것이다. 그러나 이것이 교육 현장에서 다루어질 때에는 소련으로 표현된 공산주의자들의 만행에 대한 것으로 가르칠 공산이 높다. 이는 반공 이념을 정당화하기 위해 문학을 왜곡 해석한 것이 된다.

반면 고은, 김수영, 박봉우, 박인환 등의 필진들은 당대의 명망에도 불구하고 제외되어 있는데, 이는 아직 모더니즘이나 분단을 정면으로 다루는 텍스트들이 빠져 있음을 드러내는 것이다. 즉 순수나 반공 국가이념의 색채가 담겨 있는 텍스트들은 선별을 통하여 교과서 내에 수록될 수 있으나, 그 외의 것들은 완전히 배제되었음을 알 수 있다. 특기할 것은 2차 교육과정기의 교과서보다 국가주의 이념을 더욱 강조했다는 것을 알 수 있는데, 이는 10월 유신 때문이다. 3차 교육과정은 10월 유신과 더불어 출범한 4공화국의 영향 아래서 개정되었기 때문이다. 이 시기에 이르러 박정희 정권은 정치, 경제, 사회, 문화, 교육 등 거의 전반적인 부분에서 자신의 독재적 입지를 성공적으로 다져나가기 시작한다. 이로 인해 국민교육헌장의 내용을 교육에 구현하기 위하여 각급 학교의 교육과정에 '국민윤리과' 즉 '도덕과'를 신설하여 10개의 덕목을 국민 생활의 행동에서 실행하여 사회의 민심과 행동을 통제하는 교육을 담당시켰다(박붕배, 1997). 이는 교육을 통해 유신 정권을 정당화하고 장기 독재의 기반을 다지려는 의도를 포함한 것이었다. 국어과 역시 이전보다 더 국가주의의 이념을 많이 반영한 제재를 교과서에 반영하였으며 이런 원인으로 해서, 3차의 국어교과서가 등상하게 된 것이다. 특히 현대시조에서 이러한 경향을 많이 보이는 것은 앞서 서술한 시조 장르의 한계를 여실하게 드러내는 부분이다.

3차 교과서 역시 필진들의 추가가 이루어지긴 했지만, 그 안의 정서는 1차나 2차의 정서와 별반 다를 것이 없다는 것을 확인하였다. 여전히 교과서 시 텍스트의 논리는 시는 순수해야 하지만, 국가의 안녕을 위해서는 떨치고 일어나야 한다는 것이다. <3월 1일의 하늘>, <고지가 바로 저긴데>, <나도 푯말이 되어 살고 싶다>, <울릉도>, <조국>, <부다페스트에서의 소녀의 죽음> 등

맹목적 애국심이나 반공의식을 강조하는 텍스트들로 조직된 것이다. 종합적으로 볼 때, 3차 교육과정기의 문학 정전은 국가주의의 영향을 가장 강하게 받았다는 것과, 순수시 위주의 정전 체계는 작가의 변화에도 불구하고 부동의 입지를 가지게 되었다고 정리할 수 있다.

1981년에 개정 고시된 4차 교육과정기 역시 지나치게 국가주의를 표방했던 작품들을 제외하고는 대부분이 거의 동일한 구도로 시 텍스트를 싣고 있다. 고등학교 국어 교과서에 수록된 해방 후 작가의 텍스트 12편은 청록파와 생명파, 그리고 김춘수를 벗어나지 못했다. 다만 근대시에서는 김현승과 김남조가 그리고 현대시조에서는 이영도가 추가로 들어가게 되는데 이들이 가진 시적 경향을 생각해 볼 때, 이 역시 3차 교육과정기와 대동소이하다는 것을 알 수 있다. 이는 정전의 재생산적인 측면이라고 할 수 있다. 정전이 추구하는 가치를 담지하는 텍스트들을 목록에 포함시켜 스스로를 확장시키는 현상이다.

<표 9> 4차 교육과정기의 근대시 텍스트 목록

『고등국어』	1	3월 1일의 하늘	박두진	
		빼앗긴 들에도 봄은 오는가	이상화	
		깃발	유치환	
		광야	이육사	
		가을의 기도	김현승	
		성탄제	김종길	
		난초	이병기	시조
		나도 푯말이 되어 살고 싶다	조종현	시조

『고등국어』	1	달밤	이호우	시조
		사향	김상옥	시조
	2	진달래꽃	김소월	
		그 먼 나라를 알으십니까	신석정	
		모란이 피기까지는	김영랑	
		나그네	박목월	
		국화 옆에서	서정주	
		가을에	정한모	
		낙조	이태극	시조
		낙화	이영도	시조
		조국	정완영	시조
	3	님의 침묵	한용운	
		서시	윤동주	
		승무	조지훈	
		꽃	김춘수	
		겨울바다	김남조	

단정기부터 5공화국의 수립과 함께 시작된 4차 교육과정기까지의 시 장르는 상대적으로 큰 변화 없이 지속되어왔다는 것을 알 수 있다. 이는 정부수립이후 계속적으로 국가의 이념이 교과서에 반영되었다는 것을 의미한다. 그리고 이러한 순수와 국가주의의 결합은 교육의 차원에서만 실현된 것이 아니라, 문학계에서 이러한 현상을 이끌었다는 점에서까지 이는 권력과 지식의 구조가 매우 밀착되어 있음을 보여준다.

40년 가까이 되는 이 시기가 중요한 것은 순수시 중심의 정전구조가 완성되었다는 점이다. 정전은 작품 스스로의 권위로서 형성되는 것이 아니라 그것이 가능하게 하는 정치, 사회적 조건 속에서 만들어진다. 『중등국어교본』은 혼란했던 군정기에 만들어진 임시적 성격의 교과서였기에 권력의 작용보다는 집필진의 미감이 더 강하게 작용했다. 그러나 해방 후 단독 정부의 수립으로 인해『중등국어교본』이 지향하였던 범문단적 성격의 민족주의는 더 이상 교육에서 받아들여질 수 없게 되었다.

우리나라에서의 민족주의는 일제강점과 분단이라는 근대사의 질곡에서 민족의 주체성을 제고하기 위한 일종의 자발적 담론이었다. 그러므로 민족주의가 가지는 일부의 부정적 측면에도 불구하고 민족주의의 텍스트는 여전히 현재 사회에서 유효한 가치를 가지고 있었다. 그러나 국가주의는 독재 정권 아래 국민을 국가에 귀속시키고 국가를 위해 개인을 희생시키려는 폭압적 담론이었다. 개인적 의식적·무의식적 욕망까지 국가에 귀속시켜려는 전체주의적 발상인 것이다. 권위주의 정권은 이러한 부정성에도 불구하고 문학정전을 통해 이 가치를 주입시키려 하였다. 새로 생산된 텍스트 중에서도 동일한 가치를 지닌 것만을 정전 체계로 편입키면서 담론을 더욱 공고히 하였다. 즉 정전이 가진 선택과 배제의 원리를 통하여 순수문학과 일부의 국가주의 텍스트만을 교육의 중심에 놓게 한 것이다.

3) 5차 교육과정기 이후의 정전 체계 : 사회참여시의 부가

1988년에 개정 고시된 5차 교육과정에서 고등학교의 경우 문학은 크게 비중이 줄었다. 이는 국어과 교육이 기능주의적 관점이 도입됨과 동시에 고등학교의 경우 국어에서 문학 부분을 8종의 검인정 교과서로 대폭 이양했음을 알 수 있다. 그러므로 고등학교 국어 교과서 내의 문학은 그 입지가 현저히 줄었으며 서정 장르도 몇 개의 시 텍스트만이 실려 있을 뿐이다. 고등학교에 수록된 시 텍스트는 김소월의 <길>, 김수영의 <폭포>, 한용운의 <찬송> 뿐이다. 반면 중학교에서는 많은 시 텍스트가 나타나며 이는 4차 와는 다른 양상을 보인다는 점에서 주목을 요한다. 주지하다시피 5차 교육과정의 시기는 1987년 6월 민주화항쟁으로 5공화국이 무 너지고 6공화국이 들어서면서이다. 그러므로 이전까지의 국가주의 적 이념을 전달하려는 교육이 시대의 변화에 따라 다른 양상을 보 여주며 시교육 역시 마찬가지이다. 5차 교육과정기에 국정 중학교 국어교과서에 실린 시 텍스트는 다음과 같다.

<표 10> 5차 교육과정기의 근대시 텍스트 목록

중학국어	1-1	엄마야 누나야	김소월	
		놀낡에 속삭이는 햇발	김영랑	
		물새알 산새알	박목월	
		풀잎	박성룡	
		해바라기	윤곤강	
	1-2	언덕	김광균	
		저녁에	김광섭	
		밀고 끌고	정훈	
		부자상	정완영	시조
		해	박두진	
		소년을 위한 목가	신석정	

		해마다 봄이 되면	조병화	
중학국어	2-1	파랑새	한하운	
		꽃	김요섭	
		낙화	이형기	
		어머니	정한모	
		가난한 사랑노래	신경림	
	2-2	복종	한용운	
		논개	변영로	
		고풍	신석초	
		다보탑	김상옥	시조
		겨울밤	박용래	
	3-1	청포도	이육사	
		아기	유치환	
		열매 몇 개	고은	
		고향	정지용	
		너를 위하여	김남조	
	3-2	승무	조지훈	
		강강술래	이동주	
		플라타너스	김현승	
		오라, 이 강변으로	홍윤숙	
		자화상	윤동주	
		산에 언덕에	신동엽	

　두 가지 특기할 사실이 보이는데 월북의 혐의로 금지되었던 정
지용이 복권되었다는 점과, 신경림의 <가난한 사랑노래>와 신동

엽의 <산에 언덕에>, 그리고 고은의 <열매 몇 개>가 국정교과서에 수록되었다는 점이다. 정지용이 복권되었다는 것은 해금작가들이 본격적으로 교육의 장에 진입했음을 알리는 것이다. 이후 김기림(6차, 〈바다와 나비〉), 백석(7차 〈여승〉) 등도 해금시인으로 국정교과서이 실리게 된다. 이는 이제까지 완고했던 분단 이데올로기가 일정 부분 허물어졌음을 의미하는 것이다. 둘째 이제까지 금기시되던 신경림과 신동엽은 민주화 운동의 결과로서 개선된 국정교과서의 모습을 일정 부분 상징하게 되었다. 신경림의 <가난한 사랑노래>는 이제까지의 금기시되었던 계층 간의 갈등을 정면으로 다른 텍스트라 할 수 있으며, 신동엽은 좌익 시비가 끊이지 않았던 작가6)란 점, 고은 역시 시국 사건으로 연행된 적이 있는 인물이다.

　그리고 이전까지 보이던 국가주의적 텍스트는 완전히 사라졌다. 조종현은 교과서에서 빠지고 과도하게 애국심을 강조했던 정완영의 <조국>이나 박두진의 <3월 1일의 하늘> 역시 교과서에서 빠지면서 다른 텍스트로 수록되었다. 그리고 이전까지 금기시되었던 통일 문제를 추상적이나마 다른 홍윤숙의 <오라 이 강변으로>도 수록되게 되었다. 이와 같이 새로운 선택과 배제는 문학교육이 이전까지의 국가주의적 교육에서 벗어나게 되었다는 참고할 만한 증

---

6) 신경림(1998), "그것이 첫 번째로 구체화되었던 것이 <진달래 산천> 시비가 아니었나 싶다. (중략) '잔디밭에 장총을 버려 던진 채/ 당신은 잠이 들었죠'란 대목을 가지고 한 시인이 시비를 걸어온 것이다. 시비는 문공부로까지 번져 마침내 문공부는 이 시의 해석을 조지훈, 구상 등 원로시인에게 의뢰했다. 다행히 보수주의자들이면서도 이들은 비유며 상징 등 시의 특권을 들어 이 표현을 옹호함으로써 신동엽 시인은 위기를 넘길 수 있었지만, 끝내 그의 시집 (창작과비평사 간 『신동엽전집』)은 유신체제 아래서 불온문서로 붉은 줄이 그어져 판금이 되고 말았다."

거가 된다. 국가주의적 텍스트가 사라지면서 그 자리를 민족의 보편적 가치라 할 수 있는 통일문제나 사회적 문제를 다룬 텍스트들을 수록하고 있는 것이다. 이러한 변화는 교육에서 정권적 차원의 가지적인 권위와 통제가 약해지고, 문학 내적 논리가 일부 반영되었음을 증명하는 현상이다. 이전까지 보였던 국가주의 이념의 틈입은 어느 정도 차단된 것을 알 수 있다.

그럼에도 5차 교육과정기에서도 순수시 위주의 정전구성의 여전히 변하지 않고 있다. 미 군정기 이후 과도기 교육과정 그리고 1차부터 4차 교육과정기까지 변하지 순수시 중심의 정전 체계는 5차 교육과정기에서도 여전히 그 근골을 유지하고 있기 때문이다. 비록 주변부의 정전 체계가 부가되기는 했지만, 그것이 중심부에 균열을 가져다 줄 정도가 되지는 못했다. 그리고 이러한 경향은 7차 교육과정기의 현재까지도 지속되어 이어오고 있다. 이후 두 차례의 교육과정 개정을 통해 일정한 변화가 감지되긴 하지만 아직 순수시의 중심성에 균열을 낼 정도는 아니다. 이를 구체적으로 살펴보기 위해서는 2종 교과서인 <문학>을 검토하는 것이 효율적이다. 문학교과서는 국정 교과서의 이념 안에서 다양한 텍스트를 다루고 있다. 현 정전 체계의 공시적인 면을 모두 보여주고 있다고 해도 과언은 아니다.

검인정 교과서는 문학교육의 목표에 맞추어 나름의 교과서 편찬 방향을 제시하였다. 예를 들어 금성출판사에서는 수준별 교육과정의 정신을 반영하고, 교수-학습 과정을 중심으로 놓았으며, 창의력과 사고력, 탐구력을 기를 수 있는 재미있는 교과서를 추구하였다. 디딤돌에서는 이 외에도 7차 교육과정의 정신을 반영하고, 학습자

활동 중심을 추구하였으며, 문원각에서는 실제적 삶의 반영을 강조하였다. 실제적으로 교과서가 표방하는 방향이나 이념이 실제 교과서에 특징적으로 반영되기도 하였다. 그렇지만 교과서 편찬 과정에서 검정의 부담 등이 현존하고 있으며 결국 모든 교과서가 대동소이한 모습을 보여준다. 그 결과 18종 교과서가 각각의 개성을 지니지 못하고 목차까지 거의 비슷해졌다. 실제로 교과서를 검토한 교사들의 반응도 다 엇비슷하다는 쪽이었다.

각각의 문학교과서가 가지는 편찬 이념이 존재함에도 현실적 권력인 교육과정과 검정의 압박에 실제로 구현되는 교과서에서 유의미한 차이를 찾기는 쉽지 않다. 다만 문학교과서는 검인정으로 국어교과서보다는 '문학' 자체를 중심에 놓는 경우가 많다. 이는 교재 구성을 문학의 본질이나 특성 등 이론적인 항목에서 시작하여 문학사적 흐름이나 문학의 수용과 창작, 삶과의 관련성 등을 논하는 식으로 한 점을 보아 알 수 있다.[7] 그러나 문학사적 구분이나 장르적 구분을 통해 비교적 많은 텍스트를 수록하고 있다는 점에서 좋은 참고가 될 수 있다. 즉 교육과정을 교조적일 정도로 충실하게 반영하면서도 다양한 텍스트가 존재하기 때문에 정전 체계를 검토하기에는 매우 좋은 자료라 할 수 있다.

7차 교육과정기의 국정 교과서나 검인정 교과서의 시 텍스트들은 다양한 주제와 정서를 드러내고 있다. 통일을 주제로 한 시, 사

---

7) 18종 교과서 모두 상권의 1장은 문학의 이론에 대해 설명한 장으로 할애하고 있다. 제목은 문학의 본질, 문학이란 무엇인가, 문학의 이해, 문학의 특성 등 약간의 차이는 보이지만, 내용은 모두 문학이론이다. 그 다음 장부터는 문학사적 기술이나, 장르별 기술 등 약간의 차이는 보이지만 전체적으로 매우 유사한 모습을 보인다.

회의 어두운 면을 형상화한 시 등이 많이 늘어났으며, 월북한 작가들의 시 등, 이전까지 볼 수 없었던 텍스트들과 작가들도 새로이 반영되었다. 가장 최근에 나온 7차 문학교과서는 이러한 변화의 정도가 가장 크다고 할 수 있다. 이전까지의 문학교과서가 1970년대까지의 작품을 하한선으로 문학계, 또는 문학교육에서 정전으로 다루어진 작품을 다시 다루고 있는 것이 보통이다. 그러나 새로 제작된 7차 문학교과서는 시기적으로 제한을 두지 않고 비교적 최근의 텍스트들을 수록하고 있으며, 단순한 월북 작가의 작품뿐 아니라 좌파적 성향을 명시적으로 가지고 있는 문인들도 많이 수록되었다. 그리고 1970~80년대의 민중 문학적 계열에 속하는 현실 참여적인 텍스트도 적지 않게 포함되었다. 이는 순수문학 일변도의 문학교과서에 새로운 변화라고 할 수 있다.

시기적으로 보면 1980년대나 1990년대 발표된 텍스트들이 많이 수록되어 있다. 황지우의 <새들도 세상을 뜨는구나>나, 강은교의 <우리가 물이 되어>는 1980년대 텍스트지만, 6개 이상 문학교과서에 수록되어 있고 그 외에도 기형도의 <엄마생각>이나 곽재구의 <사평역에서> 등이 복수의 문학교과서에 수록되어 있다. 1990년대의 텍스트는 그 수가 많지는 않지만 김기택의 <바퀴벌레는 진화 중>이나 천양희의 <한계> 등이 수록되어 있다. 그리고 유하의 <생>이나 길상호의 <그 노인이 지은 집>은 2000년대 이후의 텍스트들이다. 이는 예전의 경직된 정전 체계에서 일정 부분 벗어났다는 것을 의미한다. 문학교육에서 가까운 시대의 텍스트를 수록하는 것은 학습자들에게 문학은 지나간 것들이 아니라 현재의 삶 속에서도 유효하다는 인식을 줄 수 있기에, 이는 바람직한 현상이다. 그러나 2000년대 이후의 텍스트들이 언어적으로 이전과 다른 새로움을 일부 보이지만, 시의 주제나 소재 면에서는 당대성을 가지지 못한다는 한계를 가지고 있다. 당대성이 담보되지 않는다면 최근의 시가 아니더라도 비슷한 주제나 소재의 텍스트들이 많았을 것이다. 그러므로 최근의 텍스트들을 실어서 얻을 수 있는 효과를 제대로 누리지 못한 경우가 된다.

좌파 문인은 이용악, 임화 등의 텍스트가 수록되어 있고, 현실 참여적인 민중 문학적 성격을 지닌 최두석, 곽재구 등의 텍스트가 수록되어 있다. 이는 정전적 작가군의 확장이라는 긍정적 의미가 있다. 이들 작가군이 이전에는 완전히 금기시되었다는 측면에서 더욱 그렇다. 또한 이들의 경향에 맞게 민중적 성격이 강한 텍스트들이 선정되어 수록되었다.

그리고 기존 문단 밖의 텍스트들이 많이 수용되었다. 이는 창작을 중요시한다는 점에서 수록되었을 가능성이 높다. 인터넷 문학 동호회에 올라온 비전문가의 소설이라든지, 톨킨의 <반지의 제왕> 등과 같은 텍스트들도 극소량이지만 수록되어 있다. 이것은 학생들의 공감을 유도하고 창작활동을 고무시킬 수 있다는 점에서 시도되었다고 할 수 있으나 아직은 시작 단계라 할 수 있다.

이러한 변화는 이제까지 순수시 위주의 정전 구성이 무너지고 정전의 다양성이 실현된 것으로 보인다. 하지만 이러한 변화가 근본적인 구조적 변화라고 할 수 있는지는 조금 더 검토해 보아야 한다. 실제로 반복해서 많이 수록되고 있는 작가와 텍스트는 다음과 같다. 7차 교육과정기의 18종 문학교과서에서 본문 및 학습활동에 5회 이상 수록된 현대시 텍스트는 다음과 같다.

〈표 11〉 7차 문학교과서의 텍스트 목록(5회 이상 수록 텍스트를 중심으로

작가	텍스트	수록횟수	비고
이중원	동심가	7	창가
이필균	애국하는 노래	8	
최남선	해에게서 소년에게	13	신체시
주요한	불노리	5	
김소월	진달래꽃	9	
	가는길	6	
	접동새	5	
	산유화	7	
이상화	빼앗긴 들에도 봄은 오는가	11	
한용운	나룻배와 행인	6	
	님의 침묵	11	
	알 수 없어요	5	
김동환	국경의 밤	6	
	산너머 남촌에는	7	
정지용	유리창	6	
	향수	11	
이상	거울	8	
김상용	남으로 창을 내겠소	11	
김광균	추일서정	7	
김영랑	모란이 피기까지는	10	
백석	여승	11	
함형수	해바라기의 비명	5	
김동명	내 마음은	6	
이용악	낡은 집	5	

작가	텍스트	수록횟수	비고
유치환	깃발	6	
	바위	6	
김기림	바다와 나비	5	
조지훈	봉황수	5	
	승무	8	
이육사	교목	8	
	절정	15	
	광야	5	
박목월	나그네	8	
	청노루	6	
윤동주	서시	8	
	쉽게 씌어진 시	8	
	십자가	7	
	참회록	8	
심훈	그날이 오면	9	
김상옥	사향	5	현대 시조
이병기	난초	6	
박두진	어서 너는 오너라	6	
	해	8	
신석정	꽃덤불	6	
서정주	국화 옆에서	8	
	추천사-춘향의 말 1	5	
	신부	7	
구상	초토의 시	6	
박봉우	휴전선	6	

작가	텍스트	수록횟수	비고
김수영	눈	8	
	풀	10	
김현승	가을의 기도	5	
	눈물	8	
김춘수	꽃	12	
박재삼	추억에서	7	
신동엽	껍데기는 가라	15	
김광섭	성북동 비둘기	8	
김종길	성탄제	6	
신경림	목계장터	6	
	농무	11	
천상병	귀천	11	
정희성	저문 강에 삽을 씻고	6	
김지하	타는 목마름으로	9	
곽재구	사평역에서	5	
강은교	우리가 물이 되어	6	
황지우	새들도 세상을 뜨는구나	10	

해방 이전까지의 시인은 이용악과 백석을 제외하고는 이전까지의 정전 구성과 큰 차이가 없다. 그러나 해방 이후 박봉우, 김수영, 신동엽, 신경림, 정희성, 김지하, 황지우, 곽재구, 등이 중요한 위치를 차지하게 된다. 이들은 현실 문제에 많은 관심을 기울인 시인이라는 점에서 이전까지와는 다른 양상을 보인다고 할 수 있다. 그러나 해방 이후에도 순수시라고 할 만한 신석정, 구상, 김현승, 박재삼, 김춘수, 김광섭, 황동규, 천상병, 김남조, 박목월, 정한모,

서정주, 박용래 등의 텍스트들도 여전히 반복해서 수록되고 있다. 이를 통해 볼 때, 비순수시 즉 사회적 참여의식이 높은 텍스트들이 많이 수록되었지만, 순수시가 여전히 압도적인 양상이라고 볼 수 있다.

2007 교육과정에 의한 국어교과서도 살펴볼 필요가 있다. 7차 교육과정기까지는 국어 과목은 국정교과서로서 전국의 학생들이 모두 같은 교과서로 공부했었던 시기이다. 그러나 2007 교육과정부터는 국어 과목도 문학이나 독서 등과 마찬가지로 검인정 제도로 변화하였다.

국어과가 국정 체제에서 검인정 체제로 변화하게 된 것은 학습자의 선택권을 존중한다는 대의적·추상적인 명분에 더하여 ①경쟁에 의해 다양하고 질 높은 교과서를 개발할 수 있다는 의견, ② 지역적인 특성을 반영할 수 있는 교과서가 된다는 의견, ③내용이 다양해지므로 창의력을 기를 수 있게 된다는 의견 등이 있었다. 그리고 다양한 전문가 집단이 교과서 집필에 참여할 수 있어 교육과정에 대한 다양한 해석이 가능하게 되고, 교과서가 교육과정의 유일한 구현체가 아니라는 인식의 확산을 통해 교육내용의 해석과 교육방법의 다양성을 가질 수 있다(한국교육과정평가원, 2004)는 점도 고려된 듯하다.

총 16종의 교과서에서 표제로 소단원에 수록되어 있는 시는 총 44편이다. 이 시들은 교과서에서 가장 비중 있는 텍스트들이며 현장에서 수업을 할 때 이 시들이 중점적으로 가르쳐진다. 그러므로 이 텍스트들의 분석을 통해 현재 시교육에서 어떤 텍스트들이 중요시되고 있는지를 살펴 볼 수 있으며, 또한 이를 통해 일차적으로 국어교과서의 시 텍스트가 어떻게 변화하는지를 개략적으로 살펴볼 수 있을 것이다. 16종 교과서에는 총 44편의 시가 실려 있다.

<표 12> 2007 개정 고등학교 국어 교과서 시 목록

출판사	저자	대단원	작품	작가
교학사(상)	조남현 외	1.문학과 삶	봄길	정호승
교학사(상)	조남현 외	3.문학과 예술	두보나 이백같이	백석
교학사(상)	조남현 외	6.문학과 표현	절정	이육사
교학사(하)	조남현 외	4.감상과 평가	유리창	정지용
금성(상)	윤희원 외	1.문학과 삶	슬픔이 기쁨에게	정호승
금성(상)	윤희원 외	1.문학과 삶	대장간의 유혹	김광규
금성(하)	윤희원 외	4.독서와 비평	추억에서	박재삼
두산동아(상)	우한용 외	4.내 눈으로 작품 보기	우리가 어느 별에서	정호승
두산동아(하)	우한용 외	1.노래의 울림과 이야기의 힘	플라타너스	김현승
디딤돌(상)	이삼형 외	1.문학, 희망을 열다	희망을 만드는 사람이 되라	정호승
디딤돌(하)	이삼형 외	1.문학, 삶을 이야기하다	여승	백석
디딤돌(하)	이삼형 외	3.예술이 내게로 왔다	우리가 물이 되어	강은교
비유와 상징(상)	한철우 외	2.삶의 언어 문학	산에 언덕에	신동엽
비유와 상징(상)	한철우 외	2.삶의 언어 문학	고향	백석
비유와 상징(상)	한철우 외	2.삶의 언어 문학	쉽게 씌어진 시	윤동주
신사고(상)	민현식 외	1.삶을 머금은 문학	광야	이육사
신사고(상)	민현식 외	1.삶을 머금은 문학	그대 생의 숲속에서	김용택
신사고(상)	민현식 외	1.삶을 머금은 문학	파밭 가에서	김수영
중앙교육(상)	박호영 외	2.문학의 가치	절정	이육사
중앙교육(상)	박호영 외	2.문학의 가치	찔레	문정희

출판사	저자	대단원	작품	작가
중앙교육(하)	박호영 외	2.전통의 향기	춘향유문3	서정주
지학사(상)	박갑수 외	1.문학이 주는 선물	광야	이육사
지학사(상)	박갑수 외	1.문학이 주는 선물	숲	정희성
지학사(상)	방민호 외	1.문학과 삶	서시	윤동주
지학사(상)	방민호 외	1.문학과 삶	선운사	최영미
지학사(하)	박갑수 외	5.삶을 비추는 거울	땅끝	나희덕
창작과 비평(하)	문영진 외	1.문학을 통한 삶의 길 찾기	수라	백석
창작과 비평(하)	문영진 외	5.감상과 비평	우리가 물이 되어	강은교
천재교육김(상)	김대행 외	1.문학으로 깨닫는 삶	타는 목마름으로	김지하
천재교육김(상)	김대행 외	5.감상의 길	유리창	정지용
천재교육김(하)	김대행 외	6.예술과 비평	진달래꽃	김소월
천재교육김(하)	김대행 외	6.예술과 비평	남신의주유동박시봉방	백석
천재교육박(상)	박영목 외	1.문학과 수용	꽃	김춘수
천재교육박(상)	박영목 외	1.문학과 수용	서시	윤동주
천재교육박(하)	박영목 외	1.문학과 개성	춘천은 가을도 봄이지	유안진
천재교육박(하)	박영목 외	1.문학과 개성	교목	이육사
천재교육종(상)	김종철 외	1.문학과 개성	우리가 물이 되어	강은교
천재교육종(상)	김종철 외	1.문학과 개성	인동차	정지용
천재교육종(상)	김종철 외	6.삶과 문학	광야	이육사
천재교육종(하)	김종철 외	4.한국문학의 전통	진달래꽃	김소월
해냄에듀(상)	오세영 외	1.개성과 표현	서시	윤동주
해냄에듀(상)	오세영 외	1.개성과 표현	겨울-나무로부터 봄-나무에로	황지우
해냄에듀(하)	오세영 외	1.나와 세상	담쟁이	도종환
해냄에듀(하)	오세영 외	7.예술의 감상과 비평	성탄제	김종길

여기서 확인할 수 있는 것은 대부분의 텍스트들이 현재 문학사적으로 가치를 인정받은 작가들이라는 것을 알 수 있다. 해방 이전에는 김소월(2회), 백석(5회), 윤동주(4회), 이육사(6회), 정지용(3회)이 2회 이상 수록되어 있으며, 해방 이후에는 강은교(3회), 정호승(4회)이 2회 이상 수록되어 있다. 각각의 작가들은 문학사적으로 중요한 위치를 점하는 작가라는 점은 쉽게 알 수 있다. 반면 교과서에 한번도 실리지 않았던 작가도 존재한다. 문정희, 최영미, 유안진은 이전 교과서에서 볼 수 없었던 새로운 작가들이다. 교과서가 새로 제작될 때마다 새로운 작가들이 등장하는 것은 일반적인 일이다.

이는 다양성을 표방하는 검인정 체계에서도 이전의 교과서의 그늘이 짙게 드리워졌음을 증명하고 있다. 이는 일차적으로 교과서 검정 절차와 관련될 수 있다. 검정에 통과되지 못하면 그 동안의 노력이 허사가 되기 때문에 출판사 입장에서는 안전한 길을 택할 수밖에 없다. 이전에 실렸던 텍스트를 다시 싣는 것은 검증받은 텍스트를 싣는 안전한 방법 중 하나이다.

이러한 문제 외에도 교과서의 문학 텍스트는 여러 요인에 의해 통제된다. 이를 교육 내적 요소에 의한 것과 외적 요소에 의한 것으로 나누어볼 수 있다. 교육 내적 요소라는 것은 학생들의 발달 단계, 교육과정과의 관련성, 검정 절차 등을 들 수 있고, 외적 요소는 당대의 사회상, 문학 비평의 흐름 등이 있다. 1차부터 4차 교육과정기까지8)의 시 제재를 보면 외적 요소의 개입이 두드러지는데, 이는 문학교육은 교육 목표에 종속되어 있었고, 교육은 당대의

---

8) 1956년부터 1987년까지. 이 시기는 이승만-박정희-전두환으로 이어진 권위주의-군부 정권 시대였고 정치적 통제가 사회 전 방위에 이루어진 시기였다.

정치적 향방에 의해 좌우되었기 때문이다. 그래서 그 동안의 순수-참여 논쟁 등 여러 문학적 이슈가 있었음에도 정치적 요구와 맞아떨어진 순수시 중심의 제재가 중심이 되었다. 그러나 1987년 고지된 5차 교육과정기 이후 텍스트 선정에 있어서 어느 정도 변화가 나타났다. 사회 변화와 맞물려 해금된 시인들이 등장했으며, 텍스트가 추구하는 가치 역시 이전에 보기 어려웠던 사회비판적 시가 일부 실리기도 하였다.9) 그러나 이는 주변적인 변화이며 순수시 중심의 정전체계는 여전하다. 그러나 5차 교육과정기 이후 정치적 개입보다는 교육적 논리가 중요시되었다. 국가수준의 개입에서는 어느 정도 자유로워지게 된 것이다.

교과서 제작에 가장 직접적으로 작용하는 것은 국가가 고시한 교육과정이다. 교육과정을 해석하는 일이 필요하고 거기에 따라 교과서의 방향이 약간 변할 수 있으나, 실제 검인정 체제에서 교육과정이 구현한 내용과 방법을 크게 벗어나기란 어렵다. 그 중 제재와 가장 밀접한 관련을 가지는 것은 성취기준일 것이다. 예를 들어 2007 개정 중학교 교육과정에서 " 【7-문학-(3)】 역사적 상황이 문학 작품에 어떻게 나타나는지 이해한다."라는 항목이 있다. 이 성취 기준과 그에 속한 내용 요소의 예를 교과서에 반영하기 위해서는 역사적 상황이 드러나는 작품을 선택해야 한다. 이는 순수서정의 심미적 세계를 그린 텍스트보다 우리나라의 역사적 개별성에 작동하는 상상력의 텍스트를 선정할 수밖에 없다는 것을 의미한다. 그러므로 여기서도 개정 교육과정의 성취기준을 살펴보는

---

9) 중학교 교과서에 정지용이 실리고, 신경림의 <가난한 사랑노래>나 홍윤숙의 <오라 이 강변으로>가 실려 있다.

일이 필요하다.

〈표 13〉 2007 개정 국어과 교육과정 10학년 문학 부분 성취기준

성취 기준	내용 요소의 예
(1) 문학이 인간의 삶에 미치는 긍정적인 의미와 효과를 발견한다.	○ 문학의 효용에 대해 이해하기 ○ 작품 읽기로 인해 나타나는 긍정적 효과에 대해 토론하기 ○ 작품을 읽고 자신의 삶에 어떤 변화가 있었는지 말하기
(2) 문학 작품에 드러난 작가의 개성을 이해한다.	○ 작가의 성격, 취미, 인생관 등이 드러난 부분 찾기 ○ 작가의 개성을 자신의 체험에 비추어 이해하기 ○ 여러 작가의 작품을 읽고 성격, 취미, 인생관 등을 비교하기
(3) 인간의 보편적인 삶의 조건에 비추어 문학 작품을 이해한다.	○ 인간의 문제 상황에 대한 문학적 해결 방안 이해하기 ○ 문학을 통한 자신의 삶과 주위 세계 성찰하기 ○ 문학 작품의 의의를 인간의 삶의 문제 속에서 파악하기
(4) 문학 작품에 대한 비평적 안목을 갖춘다.	○ 비평은 작품에 대한 주체적인 판단임을 이해하기 ○ 작품에 대한 판단의 근거 마련하기 ○ 적절한 근거를 제시하면서 비평문 쓰기
(5) 수용과 전승 과정에 유의하여 한국 문학의 전통을 이해한다.	○ 문학적 전통의 개념과 의미 파악하기 ○ 과거의 문학적 전통과 오늘날의 문학적 전통 비교하기 ○ 문학사적 전통을 계승하고 있는 다양한 작품 감상하기

현 국어교과서와 관련된 10학년의 문학 부분 성취기준을 보면 제재에 영향을 미치는 부분이 다수 드러나 있다. (1)은 문학의 효용론과 관련된 항목이다. 문학의 효용은 쾌락과 교훈으로 나누는 것이 일반적이다. 그런데 내용요소의 세 번째 항을 보면 주로 교훈적 측면에 무게를 두었으며 교육과정 해설서에서도 이를 언급하고 있다. 그러므로 주로 교훈적 주제를 가진 텍스트를 필요로 할 것이다. (2)는 작가의 개성과 관련한 표현론적 관점이다. 즉 작품을 통해 작가의 개성을 이해하고 이를 자신의 삶이나 개성과 비교하고 나아가 여러 작가들의 개성을 비교하는 활동을 지향하고 있다. 그러므로 작가의 개성이 잘 드러나되, 학생들의 생활과 관련된 텍스트가 필요할 것이다. (3)은 문학의 반영론적 관점이다. 그런데 여기서는 보편적 특징을 중요시하고 있다. 문학은 특수성과 보편성을 동시에 가진다. 김소월의 <진달래꽃>을 예로 들자면 이별의 상황 속 정한이라는 보편적 특성과 한의 정서라는 민족의 개별적이고 특수한 정한도 담고 있다. 물론 보편성의 범위를 민족 개념으로 한정할 때는 이러한 정서가 보편적 정서가 될 수 있을 것이다. 해설서에서는 이러한 부분을 서술하지는 않았지만, "다양한 사회·문화적 맥락을 참조"[10]하라고 하였고 삶과 문학작품의 상호 참조를 중시하기는 했다. 그러므로 텍스트는 삶의 모습이 드러난 필요할 것이다. (4)는 다양한 해석이 가능한 텍스트가 필요할 것이고, (5)는 문학사적으로 가치를 인정받은 텍스트가 필요할 것이다.

그런데 이러한 성취기준은 시 뿐만 아니라 소설이나 희곡, 시나

---

10) 고등학교 국어과 교육과정 해설, 55쪽.

리오, 수필 등 다양한 문학 장르를 통해 달성할 수 있는 것이다. 꼭 시가 아니어도 된다는 것이다. 그러므로 각각의 성취기준과 관련하여 시 부분이 어떻게 선정되었나를 알 필요가 있다. 이를 정리하면 다음과 같다. (괄호 안 숫자는 중복되는 수)

〈표 14〉 성취기준과 해당 텍스트

성취 기준	제제
(1) 문학이 인간의 삶에 미치는 긍정적인 의미와 효과를 발견한다.	봄길(정호승), 슬픔이 기쁨에게(정호승), 대장간의 유혹(김광규), 희망을 만드는 사람이 되라(정호승), 쉽게 씌어진 시(윤동주) 광야(이육사), 절정(이육사), 찔레(문정희), 숲(정희성), 서시(윤동주2), 수라(백석), 꽃(김춘수), 담쟁이(도종환)
(2) 문학 작품에 드러난 작가의 개성을 이해한다.	플라타너스(김현승), 인동차(정지용), 고향(백석), 우리가 물이 되어(강은교), 춘천은 가을도 봄이지(유안진), 교목(이육사), 겨울-나무로부터 봄-나무에로(황지우), 서시(윤동주)
(3) 인간의 보편적인 삶의 조건에 비추어 문학 작품을 이해한다.	두보나 이백같이(백석), 여승(백석), 절정(이육사) 광야(이육사2), 산에 언덕에(신동엽), 파밭 가에서(김수영), 그대 생의 숲속에서(김용택) 땅끝(나희덕), 타는 목마름으로(김지하), 선운사(최영미)
(4) 문학 작품에 대한 비평적 안목을 갖춘다.	유리창(정지용2), 추억에서(박재삼), 우리가 어느 별에서(정호승), 우리가 물이 되어(강은교2), 진달래꽃(김소월), 성탄제(김종길)
(5) 수용과 전승 과정에 유의하여 한국 문학의 전통을 이해한다.	절정(이육사), 춘향유문3(서정주), 진달래꽃(김소월),

교과서에 따라 하나의 텍스트로 둘 이상의 성취기준과 연관된 경우도 있다. 예를 들어 비유와 상징(한철우)의 경우 소단원에 수록

된 3편의 텍스트가 성취기준 (1), (2), (3)과 모두 관련을 가지고 있다. 이 경우 어느 하나의 성취기준에 포함시키기 어려웠으나, 텍스트의 성격과 학습활동을 고려하여 가장 적합하다고 판단되는 성취기준에 하나씩만 포함시켰다. 이 외에도 몇 텍스트에서 비슷한 경우가 있었으나, 이 경우 적용학습11)을 참고하여 적절한 곳에 포함시켰다.

표에서 알 수 있는 것은 교육과정이 제시한 성취기준과 텍스트 사이에 유의미한 관련이 보인다는 점이다. 즉 각각의 성취기준을 전제조건으로 볼 때 그에 해당되는 텍스트과 통일성을 가진다는 것이다. 성취기준 (1)의 문학의 효용성과 관련해서 볼 때, 그에 해당되는 텍스트들은 대부분 교훈적 성격을 가진다. 그 외의 성취기준도 마찬가지이다. 사실 이는 교과서 제작의 기본적인 작업이라 할 수 있다. 그런데 성취기준과의 관련성을 제외하고는 각각의 시들이 가지는 시대적 공통점을 별로 찾아볼 수 없다. 성취기준과 관련된 교집합적 성격을 제외하고는 다양한 시기의 작품들이 선정되어 있다. 좀 더 넓게 봤을 때 하나의 성취기준 속 각각의 텍스트들은 사실상 성취기준만이 유일한 기준이 되는 것이다.

그런데도 아까 언급했듯이 실제로 수록된 텍스트들은 경향성을 가진다. 이는 바로 서정을 기반으로 하는 순수시와 민족주의적 성향이 혼재되어 있는 것이다. 새로운 작가군이 등장하고 2000년대 이후의 시들도 수록되어 있지만(유안진, 〈춘천은 가을도 봄이다〉, 2007년 발표) 시의 경향은 이전과 별반 차이가 없다. 이는 현재 16종 교과서

---

11) 명칭은 교과서마다 조금씩 다르지만 교육과정의 성취기준과 내용요소를 달성하기 위한 활동을 말한다.

에 수록된 시들이 결국 시교육 정전의 영향을 받고 있음을 뜻하며, 기존 정전이 가지는 문제점을 그대로 답습하고 있음을 알 수 있다. 개정 교육과정의 교과서를 보면 위의 논의와 그리 다를 것이 없다는 것을 알 수 있다. 44편의 시에서 순수서정과 민족주의의 시가 대다수을 차지한다는 것을 쉽게 알 수 있을 것이다. 사회적 상상력을 가진 것은 내용을 중심으로 해서 볼 때 7편 정도이다.[12]

<표 15> 사회적 상상력의 시

금성(상)	윤희원 외	1.문학과 삶	슬픔이 기쁨에게	정호승
금성(상)	윤희원 외	1.문학과 삶	대장간의 유혹	김광규
디딤돌(하)	이삼형 외	1.문학 삶을 이야기하다	여승	백석
비유와 상징(상)	한철우 외	2.삶의 언어 문학	산에 언덕에	신동엽
지학사(상)	박갑수 외	1.문학이 주는 선물	숲	정희성
천재교육(상)	김대행 외	1.문학으로 깨닫는 삶	타는 목마름으로	김지하
해냄에듀(상)	오세영 외	4.읽으며 생각하며	풀	김수영

---

12) 작가의 경향으로 따지면 더 있을 수 있으나 교사의 보충 지도가 없는 상황에서 학생들은 텍스트를 개별적으로밖에 볼 수 없기 때문에 작가의 경향을 따지는 것은 중요하지 않다. 예를 들어 정호승이 민중적 정서를 주로 노래했다고 할지라도 교과서에서 그것이 드러난 것은 <기쁨이 슬픔에게>밖에 없다. 나머지는 화자의 주관적 정서를 표현한 것이다. 최영미 역시 <서른 잔치는 끝났다>와 같이 90년대의 사회상을 주로 다루었으나, 여기서는 <선운사>라는 최영미의 경향과는 약간 동떨어진 시가 선정되었다. 반면 백석은 주로 향토성에 기반하여 원시적 공동체에 대한 그리움을 노래하였으나, 여기서는 <여승>이라는 리얼리즘 경향의 시도 수록되었다. 이를 볼 때 작가의 경향과 텍스트의 선정이 별개로 여겨지는 경우가 있다고 할 수 있다.

플라스틱 물건처럼 느껴질 때
나는 당장 버스에서 뛰어내리고 싶다
현대 아파트가 들어서며
홍은동 사거리에서 사라진
털보네 대장간을 찾아가고 싶다

- 김광규 〈대장간의 유혹〉 부분

　김광규의 시는 사람이 물화되는 자본주의적 상황을 극복하기 위해 서민적이고 전통적인 것에서 가치를 찾으려고 한다. 이는 자아의 주관적 내면에만 초점을 다루는 순수서정과 다른 시세계를 보여준다. 성취기준 (1)에 해당하는 시에서도 이런 시가 들어가지 말아야 할 이유는 없다. 마찬가지의 이유로 각각의 성취기준에서 아이러니시, 모더니즘시, 풍자시 등을 넣지 말아야 할 이유는 없다. 성취기준이 요구하는 조건은 하나이기 때문이다. 그럼에도 순수시와 민족주의 중심의 텍스트 구성, 전통을 중요시하는 구성이 계속되는 것은 정전 체계가 아직도 유효함을 보여준다.

　물론 이런 경향이 지속되는 것은 교과서를 제작하는 데 있어서 당국의 충분한 지원이 부족함도 이유일 것이다. 한정된 시간과 인력과 경비를 감안한다면 검정의 여러 조건이 부합하면서도 기존과는 텍스트를 찾기는 쉽지 않을 것이다. 또한 우리 사회가 아무리 유연해졌다고 해도 반공 이데올로기는 여전히 민감한 주제이다. 이용악이나 임화 등 서정성 짙은 리얼리즘 시를 썼던 시인이 등장하지 않는 것을 그 이유로 생각하는 것은 억측일 수도 있겠지만 충분히 가능하다. 전체 수록된 225편에서 이용악은 1편(〈그리움〉, 디딤돌) 뿐이고, 임화와 오장환 등 다른 사회주의 계열의 시인은 단

하나도 없다. 이는 7차 교육과정기보다도 후퇴한 듯 보인다.

또한 정전 체계라는 것은 기본적으로 무의식에 자리하고 있는 것이다. 현재의 체계에 대해서 회의하고 재인식하지 않는 이상 기존의 체계를 승인하는 것이 자연스러운 현상이다. 우리는 학교에서 반복교육을 통해 시라는 것의 정의를 순수서정이라고 무의식적으로 인정하고 있다. 여기에 대한 전복적 사유가 일어나지 않는 한 이러한 인식은 계속 될 것이다. 이를 실재적으로 증명하는 것이 인터넷에서 찾을 수 있는 자작시나 학생들의 글쓰기이다.

그렇다면 이런 현상을 과연 정전의 다양화나 개방으로 볼 수 있을까? 그렇지 않다. 이는 단정기부터 4차에 이르기까지 국가주의적 성향의 텍스트가 사라지고 그 자리를 사회참여적인 시가 들어섰다는 것을 의미한다. 이런 텍스트들의 수가 많이 늘었으며 교육현장에서 중요하게 다루어지고 있는 것은 사실이다. 이는 시대의 변화에 따른 긍정적인 측면일 것이다. 그럼에도 위의 표에서 보듯 참여적 텍스트들보다 순수시 텍스트가 월등히 많다는 것은 순수시의 중심부성이 여전히 존재하고 있음을 알 수 있다. 기존의 정전 체계를 지향하는 구심력과 지양하는 원심력이 문학 교과서에 동시에 드러나는데, 아직은 구심력이 더 강하다고 할 수 있다.

이를 알아보기 위해 순수문학의 기원과 그것이 우리나라에 어떻게 정착했는지를 살펴볼 필요가 있다. 순수문학의 가장 커다란 대의는 문학과 현실의 분리이다. 이는 예술사적으로 고찰할 수 있다. '예술을 위한 예술'의 관념은 19세기에 들어와서야 비로소 생겨난다. 계몽주의의 반대에서 처음으로 '순수'하고 '비실용적'인 예술이 생겨난 것이다(아르놀트 하우저, 1999). 이러한 관점이 우리나라에 전해져 왔을 때는 어떠한 변화를 겪었을까? 김동리로 대표되는 순수문학론은 반공 이념의 강화라는 정치적 상황이 낳은 산물이었다. 1930년대 김동리의 순수문학론은 세대론의 성격을 띠고 있었다. 그는 기성의 작품에는 어떤 우상적인 이념에 지배되어 있음에 비해 신세대의 작품에는 개성과 구경에 대한 탐구가 두드러진다는 주장을 내 놓는다. 여기서 김동리가 말하는 우상은 근대정신의 일정한 흐름 전체를 말한다. 그는 자본주의의 물신주의나 마르크시즘, 그리고 일본의 군국주의조차 근대정신의 흐름으로 비판한다(김한식, 2005). 서구적 근대의 형상을 가진 모든 것이 비판의 대상이 되는 것이다.

사실 김동리의 순수문학은 근대 일반을 비판하면서 시작된 것이라는 것은 주지의 사실이다. 그가 말하려던 최초의 순수는 상대방을 배제하려는 의도보다는 주체성 정립을 위한 시도에 가까웠다. 그가 말하던 민족 본래에 것에 대한 추구는 외래의 것을 받아들인 당대 상황을 극복하여 새로운 민족문학의 창조를 정립하려고 한 것이다. 그러나 이러한 경향은 곧 굴절되고 마는데 이는 해방기에 이르러서이다. 이 당시 문학가들은 어느 한 쪽을 선택해야만 했다. 체제 선택이 가능한 희유한 역사공간이라는 점이 이 시대의 특징이었던 만큼(김윤식, 1989) 체제를 선택한다는 것은 문학적 방향도 그에 따라야 했다. 그러나 선택지는 단 둘 뿐이었고 하나의 선택은 필히 하나의 배제를 의미했다.

물론 김동리가 그의 '순수문학론'을 처음으로 한국문학사에 제출했던 것은 해방 전인 1939년 무렵부터였다. 물론 이 무렵의 그의 문학론은 분명한 체계와 논리를 갖춘 것은 아니었다. 비록 논리적으로는 완결된 형태는 아니었지만, 이 무렵부터 이미 '인간성 옹호'라든지 앞 세대 문학에 대한 강한 환멸의식 같은 것을 숨김 없이 드러내고 있음은 분명하다. 그는 1946년부터 해방전에 시론(試論) 형태로 제출했던 '순수문학론'의 체계와 구조를 구비한다. 해방전이나 해방 직후나 모두 김동리의 문학론이 체계를 갖추는 과정은 동시대의 문학 논쟁을 통해서였다. 해방전에는 유진오나 임화 등 앞 세대 문학가들과의 논쟁을 벌였고, 해방 직후에는 주로 '문학가동맹'을 중심으로 한 좌파 문학론과 이론 투쟁을 했다(한수영, 2006b).

이러한 계급문학에 맞서는 논리는 민족문학이었다. 이 논리는 1930년대 주장한 순수문학론과 크게 다르지 않다. 즉 민족의 당면한 현실에 대한 대응을 우선으로 생각하는 것이 아니라 민족애나 조국애 등 추상적이고 관념적인 지향을 우선시하는 것이다. 이러한 관념은 당대를 문학적 관심에서 소거함으로서 현실에 대한 대응의 문학을 배제하는 논리로 나아가게 되는 것이다. 플로베르나 보들레르가 자신의 상아탑에 갇혀 세상사에 개입하지 않는 방향으로 나아가 당대 지배계급의 이익과 부합하였다면(아르놀트 하우저, 1999), 김동리는 스스로 지배계급의 이익을 대변하는 방향으로 나아간 것이다. 이러한 경향은 1970년대 이후 문단 내에서 순수문학의 설득력이 약해져 있을 때, 상대방에 대한 비논리적 인신공격까지 서슴지 않는데서 확인할 수 있다.

자기가 공산체제를 원하든 원하지 않든 자유체제를 공격하는 일이 자유체제를 육성시키고 발전시키는 것보다 반대 체제에 함수관

계로 플러스하는 것이 열에 아홉입니다. 그래서 작가가 어두운 면
을 보는데 문제가 있다고 봅니다

-김동리, 백철 대담, 1979, 김한식(2005)에서 재인용

비록 수세적인 위치에서 자신들의 문학을 옹호하고자 하는 의도
였기는 하지만, 여기서 보이는 논리는 자신들의 문학관 이외의 것
은 철저하게 배제되어야 한다는 것이다. 정권의 옹호를 바탕으로
하여 스스로가 문단의 지배세력이 된 김동리는 그것을 지키기 위
해 자신들을 지켜준 체제를 옹호할 필요가 있었던 것이다.

김동리로 대표되는 이러한 순수문학론은 결국 현실의 어두운 면
을 언급하는 것을 부정하고 문학이란 순수해야만 한다고 주장하고
있는 것이다. 하지만 이러한 주장은 결국 내적 논리의 우수성 때
문이 아니라 정권과의 관계를 통하여 형성되었다는 점에서 정당성
을 인정받기가 어렵다. 정권의 도움에 의해 순수문학론 자체가 권
력-지식이 되었던 것이다. 김동리의 순수문학론은 권위주의 정권
하에서 지식을 권력 관계에 반영한 것 뿐 아니라, 그 자체 내에 권
력을 소유하고 있있다. 그럼에도 남한의 문학교육에서는 이러한
것이 마치 절대적 진리인 양 신봉되어서 가르쳐졌던 것이다. 문제
는 이러한 문학교육이 학습자들에게 긍정적인 영향을 준 것이 아
니라는 데 있다. 문학의 소비자로서의 학습자는 일부 음식만 강제
급식 당하여 영양실조에 걸린 아이들처럼 편향된 사고방식을 가져
인간과 세계에 대한 올바른 이해를 하지 못하게 된다.

물론 정전의 중심부를 차지하고 있는 순수문학은 그 안에서 다
채로운 차이가 있다. 시문학파, 문장파, 문협정통파에 이르는 순수

문학적 담론의 계보는 세부 국면에서 유파간의 차이가 있는 것이다. 역사적으로 보아 이들은 각각 뚜렷한 경쟁적 담론 상대를 가지고 있었고 그 타자와의 대립과 투쟁을 통해 자신의 담론을 성장시켜 온 대타규정적 존재들이었다고 할 수 있다. 시문학파의 경우 카프와 모더니즘이 그러하였고 문장파는 파시즘과 인문평론이 그 대상이었으며, 문협정통파는 조선문학가동맹의 인민민주주의 민족문학론과 부단한 헤게모니 쟁탈을 수행하였던 것이다(정재찬, 1996). 이는 각 유파간의 차이를 일정 부분 드러낸다. 그러나 이들이 한데 묶일 수 있었던 것은 결국 반근대적이고, 반사회적인 순수라는 공통된 틀이 있었기에 가능했을 것이다.

위와 같은 순수문학론의 문제에도 불구하고 순수문학은 문학교육의 주체인 교사나 학생들에게 기원을 은폐한 채로 내면화되었다. 그리고 이를 재생산하여 40여 년 동안 순수문학의 중심부성은 확고히 건설되었던 것이다. 오랜 기간 동안 보편화, 탈역사화, 재생산을 반복해 온 순수문학 중심의 정전 체계가 사회가 변했다고 해서 갑자기 바뀔 수는 없다. 순수문학 중심의 담론의 지원군인 권위주의적 정권은 사라졌지만, 담론은 문학교육의 주체들에게 꾸준히 작동하고 있었던 것이다.

물론 순수문학처럼 보이지만 김동리의 권력-지식 관계에서 벗어나 있는 텍스트들도 있다. 박재삼이나 박용래처럼 순수문학의 적통을 이어가는 것 같지만, 권력의 틀 안에서 관제화된 순수와는 다른 모습을 보여준다.

울엄매의 장사 끝에 남은 고기 몇 마리의

빛 발(發)하는 눈깔들이 속절없이
은전(銀錢)만큼 손 안 닿는 한(恨)이던가.

울엄매야 울엄매,
별밭은 또 그리 멀리
우리 오누이의 머리 맞댄 골방 안 되어
손시리게 떨던가 손시리게 떨던가,

진주 남강(晋州南江) 맑다 해도
오명 가명
신새벽이나 별빛에 보는 것을,
울엄매의 마음은 어떠했을꼬

— 박재삼 〈추억에서〉 부분

늦은 저녁 때 오는 눈발은 말집 호롱불 밑에 붐비다.
늦은 저녁 때 오는 눈발은 조랑말 발굽 밑에 붐비다.
늦은 저녁 때 오는 눈발은 여물 써는 소리에 붐비다.
늦은 저녁 때 오는 눈발은 변두리 빈터만 다니며 붐비다

— 박용래 〈저녁눈〉

　박새삼의 〈추억에서〉는 섬세한 언어와 서정적 감각이 두드러지지만, 가난 때문에 힘들게 사는 어머니의 모습을 잘 형상화하였다. 얼핏 보면 가족 간의 사랑을 다룬 것이지만, 찬찬히 살펴보면 한스러운 어머니의 삶에 중심을 두고 있다. 박용래의 서정은 시골로 향하고 있다. 대표작인 〈저녁눈〉은 시골장터의 마굿간에 내리는 눈을 형상화하였다. 분명 서정적 풍경을 담고 있지만, 현실에서 벗어난 초월적 아름다움을 다룬 것이 아니라 서민들이 흔히 접할 수 있는 시골 장터의 마굿간을 형상화했다는 점, 그 속에서 민중

적 삶의 활력이 존재한다는 점(여물 써는 소리)에서 시문학파나 청록파들의 고답적이고 귀족적인 취미와는 다른 모습을 보인다는 것을 알 수 있다. 이외에도 후술할 문태준이나 나희덕 등도 순수문학이면서도 동일성에 함몰되지 않는 시를 보여준다는 점에서 권력-지식 관계에서 벗어나고 있다. 그러나 이러한 텍스트들은 거의 교과서에는 거의 실리지 않거나 실린다고 해도 아직 주류라고 할 수 없을 정도이다. 다만 이러한 텍스트들이 의미하는 것은 순수시는 모두 권력화된 것이 아니라 그 나름의 탈영토화된 가치를 가진다는 점이라 할 수 있다.

어쨌든 정전이 부가되었다고 해도 정전의 중심부성은 영향을 받지 않는다. 오히려 주변부에 있는 다른 정전을 밀어내는 것이 보통이다. 한정된 실라버스 내에서 새로운 강자가 들어온다면 기존의 존재 중에서 제일 약자가 나가게 되는 것이다. 시교육 정전에서 사회비판적 텍스트가 새로 정전 체계에 편입이 되자, 사회적 정당성이 가장 약했던 국가주의적 텍스트가 먼저 퇴장했을 뿐, 순수시의 중심성은 건재한 것이다.

물론 현재의 정전 체계가 가지는 가치는 분명히 있다. 이전의 순수와 민족 담론의 결합은 집필진들의 성향이나 국가적 요구에 의해서 설정된 것이라면, 현재의 정전 체계는 문학교육에 대한 반성적 성찰에서 나온 것이기 때문이다. 그럼에도 순수시 중심이 유지되는 것은 40년 이상 진행되어온 공교육의 정전 체계가 완전히 내면화되었기 때문이다. 현재의 정전 체계 아래서 문학을 공부해 온 사람들은 정전 체계 내의 문학이 보다 가치 있다고 생각할 것이며, 새로운 문학을 접할 때에도 기존 정전과 비교해 가치를 평가할 것이다.

  이상을 요약하면, 우리 시교육의 정전 구조는 중심부의 순수문학이 존재하고 주변부는 민족주의나 반공 이데올로기를 중심으로 한 국가주의에서 시의 사회적 역할을 강조한 텍스트로 교체되었다는 것을 알 수 있다. 하지만 순수문학 중심의 정전 체계는 불변한 것으로 파악된다. 7차 교육과정기 이후로 주목할 만한 변화가 생겼다고는 하지만 주변부의 텍스트에만 한정되어 있을 뿐이다. 백화점에 비유하자면 1층 가운데에는 여전히 명품관이 존재하고 있지만, 입구에 있는 품목을 계절이나 날씨에 따라 장갑이나 우산 등으로 바뀌는 상태라 할 것이다. 시대의 변화에 따라 주변부의 정전 체계는 부침을 겪지만 중심부는 일부 작가나 텍스트의 변화에도 불구하고 여전히 순수문학이 자리를 지키고 있는 것이다.

시교육 정전 체계의 가치와 효과

이 장에서는 현재 우리 시교육 정전이 추구하는 가치와 그 효과에 대해 연구하려고 한다. 앞 절에서 살펴본 바 시교육의 정전 체계는 순수문학이 중심부를 차지하고 있고, 다른 경향의 텍스트는 주변부를 형성하고 있음을 보았다. 이러한 정전 체계가 추구하는 가치는 어떤 것인지 살펴보고 이러한 가치가 학습자들에게 미치는 영향을 분석해보고자 한다. 이를 위해 텍스트 속의 사아와 세계의 관계를 중심으로 하여 고찰하고자 한다.

01 │ 관념성이 형성하는 탈사회화된 주체

1) 관념의 우위를 통한 자아 중심의 시적 인식

관념(성)이란 철학의 관념론에 기댄 용어이다. 관념론이란 객관적 실재를 이념, 정신, 이성으로 규정하는 사유이며, 이 때 물질도 정신의 현상으로 간주된다. 관념론은 물질 자체는 결코 인식될 수 없으며, 현상의 인식에 만족해야 한다는 인식으로 발전하게 되며, 결국 자아의 절대적인 행위만을 강조하는 피히테의 사유까지 닿게 된다(한국문학평론가협회 편, 2006). 관념론은 유물론적 입장과는 반대로 정신주의적 측면을 추구한다는 것이다. 관념의 주체인 자아는 스스로를 규정하는 것을 넘어서 타자도 규정하는 존재이다. 그러므로 관념은 물질(세계)에 비해 우위에 선 주체로 인정된다. 관념의 우위성을 가진다는 것은 세계보다는 자아를 중시하는 입장과 맞닿아 있음을 알 수 있다.

순수시 위주의 정전이라는 것은 순수문학의 지향점이 문학교육의 지향점과 닿아 있음을 의미한다. 이러한 점에서 순수 문학론에 내재하고 있는 가시적·비가시적 가치를 파악함으로 순수문학 위주의 정전 구성이 요구하는 학습자는 어떤 모습인지를 구성해 낼 수 있을 것이다.

순수시의 주요한 특성은 동일성을 기반으로 한 세계의 자아화이다. 본래 동일성의 지향은 세계의 상실과 자아의 상실이라는 두 개의 위기감에서 비롯된다. 전자의 경우 세계와의 일체감, 결속감으로서의 동일성의 문제로, 후자의 경우 자아의 재발견이라는 개인적 동일성의 문제로 집약된다. 그러나 이 둘은 분리된 별개의 것이 아니라 한 화폐의 양면이다. 왜냐하면 자아가 세계와 교섭해 가는 과정은 곧 개인적 동일성의 문제로 연결되기 때문이다. 특히 이것은 산문 소설과는 구별되는 장르적 특징으로서 시의 원리가 된다(김준오, 1991). 그러므로 주체로서의 자아는 타인들 또는 외부세계와 조화를 이루지 못하고 있음을 인식하고 이를 극복하여 주객 일치를 이루고자 하는 것이다.

그러나 실제로 시에서 이러한 분리의 모습은 명확하게 나타나 있지 않다. 하나의 텍스트에서는 보통 분리의 상황보다는 통합된 모습이나 통합을 지향하려는 의지가 주로 드러난다. 한 작가의 시를 전체적으로 조감한다면 분리의 원인이나 분리의 고뇌 등이 드러날 수도 있다. 그러나 교과서에서는 보통 하나의 텍스트가 실리는 것이 보통이며 대표작이라 부를 수 있는 것이 실린다. 앞서 살펴보았듯이 현재 교과서에서는 보통 주객분리의 갈등보다는 그것이 어떻게 극복되는지에 중점을 둔 텍스트들—우리가 흔히 순수서정시라 부르는 것들—이 대부분이다. 실제 내용에서는 주객갈등을 전제로 화해를 소망하는 정서가 충만할지라도 결국 동일성에 매몰되는 현상이 나타나는 것이다.

이는 다시 말해 현재의 정전 체계는 자아와 세계 간의 화해로운 조화가 중심이 되며, 갈등은 존재하지 않거나 미미한 것으로 파악된다. 이러한 장르적 특성은 시에 대해 편향된 생각을 가지게 하는데, 대표적인 것이 바로 관념적인 세계 인식이라고 할 수 있다. 세계가 자아를 통해 변형될 수 있다는 것은 세계를 인식하는 주체에 중심을 둔 것이다. 이러한 인식은 당위의 차원에서 설명되기도 한다. 즉 문학에서는 있는 것과 있어야 할 것 두 가지가 표현될 수 있는 데, 주체의 의지로 세계를 변형시키는 것은 있어야 할 것, 즉 당위적 현실을 표현한 것이라는 주장이다. 이러한 주장은 일견 맞는 듯해 보인다. 하지만 이러한 이분법적 사고는 플라톤의 이데아론에 기댄 것이며, 이는 곧 당위적 현실을 그리는 것이 더 가치 있다는 인식을 기저에 숨기고 있다. 정전 체계가 추구하는 가치도 그리 다르지 않는데, 앞서 김동리가 말한 대로 세계의 어두운 면을 보여주는 것은 옳지 않다는 인식이 강하게 자리잡고 있었기 때문이다.

여러 번의 교육과정에서 반복해서 수록되고 있는 박목월의 <나그네>를 통해 이를 살펴보도록 하자.[1]

길은 외줄기
남도 삼백리

술 익는 마을마다
타는 저녁놀

구름에 달 가듯이
가는 나그네

−박목월 〈나그네〉 부분

<나그네>에서 형상화된 세계는 이상적으로 그려지는 한 폭의

---

1) 박목월의 나그네는 2,3,4,6차 교육과정기의 교과서에 수록되어 있다. 2,3,4차에서는 고등학교, 6차에는 중학교 교과서에 수록된 대표적 정전의 하나라고 할 수 있다.

그림과도 같은 텍스트이다. 이러한 풍경은 암울했던 1940년대의 현실과는 완전히 괴리된 모습이다. 이 텍스트에 대한 비판은 이러한 관점에서 주로 제기되었다.2) 그렇다면 이 텍스트에서 보이는 풍경은 서정적 자아의 관념 속에서만 존재하는 것이다. 그런데 이 풍경은 매우 아름답다. 나그네라는 어휘를 사용한 것도 그렇고3) 남도의 외줄기 길을 구름에 달 가듯이 유유히 떠나가는 나그네의 모습은 현실에서 초월한 아름다움이 느껴진다. 현실은 존재하지 않고 관념이 빚어낸 환상적 세계만 존재하는 것이다.

김준오(1991)는 이 텍스트에 대해 미학적인 방어와 역사주의적인 방어를 동시에 취한다. 김준오에 의하면 대응이론이 물질적인 것과 현실적인 것을 중시한 데 반하여, 통일이론은 의식적이고 상상적인 것을 중요시한다. 통일이론에서 현실은 작품에 선행하는 것이 아니라 창조된 것이며, 현실은 고차원적인 질서로 변형되고 창조된다(김준오, 1991). 그리고 일제 말기라는 당대의 상황을 고려해야 한다고 주장하였다. 당대는 역사적·사회적 현실을 정면으로 재현

---

2) 성내운 외 문학교육연구회(1987)에서는 다음과 강한 어조로 같이 비판하고 있다. "이 때의 자연이란 현실과 밀접한 관련 속에서 존재하는 자연이 아니라 관념 속에 자리잡은 이상적이고 조화로운 자연이라 하겠다. 바꾸어 말하면 1940년대의 암울한 한국 사회의 구체적 현실이 아니라 현실을 외면한 자의 눈에 이상적으로 그려지는 한 폭의 산수화에 지나지 않는다. (중략) 도대체 궁핍을 삶의 너울로 뒤집어쓰고 생존을 위해 허위거리던 민중의 삶 속에 마을마다 익어가는 술이 어디 있으며, 설령 남아도는 쌀이 있더라도 일제에 의해 강제공출당하는 판국에 술을 빚는 마을이 어디에 존재했단 말인가? 그런 시골길을 걸어가는 나그네가 보는 것은 신기루일 밖에 도리가 없다."
3) 유사한 의미를 가진 뜨내기, 떠돌이, 나그네에서 나그네를 선택했다는 것은 최대한 낭만적으로 보이게 하기 위함이다. 서정 장르는 아니지만 황석영의 <삼포 가는 길>에는 뜨내기를 단어를 선택하는데, 이는 현실 속에서 고난하게 사는 민중들의 삶을 형상화하기 위해 선택된 단어이다.

하려는 사실주의적 시는 존립 불가능하고 삶의 진실과는 무관한 순수문학만이, 또는 인간이 영원하고 본질적인 면을 추구하는 이상적인 시만이 가능한 상태였다. 그러나 일제말기에는 이마저 불가능했으며 다만 어용문학만이 존재하는 시기였던 것이다. 이런 상황에도 불구하고 순수문학이 현실 영합이나 회피의 문학으로 또는 극단적으로 체제 순응적인 것으로 매도되어야 할지 의문이라고 강하게 주장하였다(김준오, 1991).

첫 번째 주장-현실의 고차원적 창조-은 관념의 우위를 강조하는 것에 지나지 않는다. 의식적이고 상상적인 것을 강조하고, 관념이 창조한 세계를 고차원적이라고 보는 것은 앞서 언급했던 플라톤의 이론의 재용에 불과하다. <나그네>에 대해 "시인의 상상력이 현실의 표피를 뚫고 들어가 현실의 깊이를 드러내는 점이야말로 시작품이 인간성의 풍부성과 삶의 진보를 기여하는 가능을 열어준다"(홍기삼, 1979, 김준오(1991)에서 재인용)라는 주장은 이러한 관념론적 입장을 뒷받침해준다. 그러나 <나그네>에서 시인의 상상력 어느 부분이 현실의 표피를 뚫고 들어가는지는 의문이다. "술 익는 마을마다/타는 저녁놀"이라는 표현이 일제말의 현실의 깊이를 드러낸다고 할 수 있을까? 그렇게 볼 수는 없다. 오히려 가혹한 현실을 덮어 버리는 작용을 한 것이 사실이다. 현실의 표피를 뚫었다면 우리는 텍스트로 현실의 모습을 상상적으로 재구할 수 있어야 한다. 그러나 텍스트 어디에도 그러한 모습은 보이지 않는다. 오히려 현실과 아무 관련 없는 이상화된 풍경만이 제시될 뿐이다.

두 번째 주장, 즉 일제 말기는 어용문학과 순수문학만이 존재할 수 있는 가혹한 시기였기 때문에 이 텍스트에 대한 비판은 매도라는 것 역시 동의하기 어렵다. 이 텍스트는 1946년 『청록집』에 발표되었다. 일제 말기에 씌어졌다고 해도 발표되지 않은 텍스트는 사실상 존재하지 않는 텍스트이다. 텍스트는 발표되어 소통함으로서 생명력을 가지는 존재이기 때문이다. 또한 발표하지 않은 텍스트라면 검열을 의식할 필요도 없었을 것이다. 그럼에도 이러한 순수 서정의 정서를 창작했다는 것은 일제 말이라는 사회적 상황이 텍스트의 창작과 별개의 문제라고 볼 수 있는 것이다. 이는 윤동주나 이육사의 존재를 생각할 때 더욱 두드러진다고 할 수 있다.

이 텍스트가 학습자들에게 제시되면서 문제시 되는 것은 첫 번째 주장과 관련되어 있다. 현실은 밀도가 없고 미적인 가치도 부족하며, 관념만이 이러한 현실에 미적 질서를 부여해준다는 주장은 관념의 우위성을 가장 잘 요약한 것이다. 그러나 관념은 현실과의 상호작용 속에서 존재한다. 인식주체와 인식대상은 독립적인 것이 아니란 뜻이다. 관념을 중시하는 담론은 이러한 상호작용을 보지 못하거나 보지 않으려는 잘못된 전제에서 시작된 것이라 할 수 있다. 낭만주의의 영향을 받은 관념 중심의 담론은 인식주체를 지나치게 강조함으로서 예술이 가지는 미적 가치를 주체의 관념에 귀속시켰던 것이다.

그렇다면 이 텍스트를 읽은 독자인 학습자들은 어떻게 의미를 구성할까. 물론 교사에 의해 선험적으로 주어지는 것이 많은 부분 학습자들의 감상에 영향을 미치겠지만, 그런 선험적 지식이 없다고 하더라도 이 텍스트를 통해 유추할 수 있는 것은 현실과 동떨어진 삶의 아름다움 정도가 될 것이며, 현실은 살아가야 할 공간이 아니라 회피해야 할 것으로 인식하게 된다. 그러나 실제로 현실을 벗어날 수 있는 초월적 존재는 없다. 대신 이러한 초월의 방법으로 제시되는 것이 관념의 우월성이다. 현실에 존재하지 않는 것들을 만들어내고, 그 속에 몰입할 수 있는 것은 관념뿐이기 때문이다. 이러한 관념의 우월성은 동일성에 기초한 것이다. 세계의 자아화라고 표현되는 서정의 미학은 세계를 자아로 끌어들여 변용하게 된다.

물론 모든 순수시 텍스트가 관념적 주체가 중심이 되지는 않는다. 동일성을 지향하면서도 관념 바깥의 타자가 존재하는 경우 주체 중심의 동일성은 어느 정도 지연이 된다. 그러나 이런 경우에도 최후에는 관념에 의한 주체 중심의 동일성이 작동하여, 관념중심적 탈사회적 주체의 형성에 기여한다. 텍스트 하나를 예로 간단히 설명해 보자.

저렇게 많은 별 중에서
별 하나가 나를 내려다본다
이렇게 많은 사람 중에서
그 별 하나를 쳐다본다

밤이 깊을수록
별은 밝음 속에 사라지고
나는 어둠 속에 사라진다

이렇게 정다운
너 하나 나 하나는
어디서 무엇이 되어
다시 만나랴.

— 김광섭 〈저녁에〉

　이 텍스트는 서로가 바라보면서 위안을 삼고 그 위안 속에서 새로운 삶을 계속 발견해나가는 인간사의 모습을 보여준다. 시적 화자인 '나'는 이런 원리를 인간과 인간 사이에서뿐 아니라 인간과 자연 사이에서도 발견한다. 1연에서 "별 하나가 나를 내려다본다"라는 표현은 자아와 다른 존재가 텍스트 속에 존재함을 드러낸다. 화자가 주체의 자리에서 물러나 객체의 자리로 들어섬은 이를 명징하게 드러내는 표현이다. 3연에 "어디서 무엇이 되어 다시 만나랴"는 현재는 이별하고 있지만, 이 이별은 재회의 기대를 안고 있다. 불교적 윤리관에 기반을 두어 다시 만날 수 있음을 기약하고 있는 것이다. 이러한 인식은 타자의 존재가 자아 바깥에 명확히 존재하고 있음을 드러내고 있다. 학습자들은 이 텍스트를 통해 자아 바깥의 존재에 대해 인식하게 된다.

　그러나 3연에서 보이는 불교적 윤리관은 자아의 관념에서만 존재하는 것이다. 그리고 이 관념성이 이 텍스트 전체를 통어하고 있다. 서로 인연을 맺은 존재가 비록 헤어지게 되지만 다시 만날 것이라는 믿음은 텍스트의 분위기를 어둡지 않게 해준다 미래를 기약하는 긍정적 인식은 나쁜 것이라 할 수도 없다. 그럼에도 그 기대가 사회적 계기를 통해서가 아닌 자아의 관념을 통해서만 존재하기 때문에 학습자는 자아 바깥의 타자의 존재를 인식함에도 불구하고 그보다 관념성을 더 우위로 인식하게 되는 것이다. 이처럼 타자의 존재가 일부 보이더라도 결국 관념이 텍스트 전체를 지배한다면, 타자의 존재조차도 자아의 관념에 의해 지배할 수 있다는 의식이 생길 것이고, 이는 결국 관념 중심의 주체를 형성하게 될 뿐이다.

2) 자아 중심이 형성하는 탈사회화

이렇게 주체 중심의 관념적 미학은 주관주의적 담론으로 연결된다. 주관주의 담론은 철저하게 개인의 입장에서 언어현상을 설명한다. 이는 기실 주체의 가치를 강조함에 다름 아니다. 읽기와 쓰기에서 표현주의 담론으로 구체화되고 있는 주관주의는 개인이 사회의 의미의 원인이지 결과가 아니라는 관념에 기초하고 있다. 주관주의에서 주체는 초시간적인 반역사적 주체, 곧 독립적이고 사적인 의식의 소유로 특징지어진다. 그 의식을 통해 개인은 스스로를 이해할 뿐만 아니라 세계에 의미를 부여하게 되는 것이다. 그러나 주관주의의 문제는 주체의 정체성을 '기존하는 것', '변하지 않는 것', '순수한 것'으로 인식하는 데 있다. 주체의 정체성은 시간과 공간의 축에서 계속해서 형성되고 변한다. 그리고 그 변화와 형성의 계기는 타자와의 상호작용에 있다. 따라서 정체성은 필연적으로 타자성을 띨 수밖에 없다(이재기, 2005). 그런데 주관주의는 이러한 타자성을 배제하며, 불변하는 개인의 정체성만을 강조한다.

> 모가지가 길어서 슬픈 짐승이여.
> 언제나 점잖은 편 말이 없구나.
> 관(冠)이 향기로운 너는
> 무척 높은 족속이었나 보다.
>
> 물 속의 제 그림자를 들여다보고
> 잃었던 전설을 생각해 내고는
> 어찌할 수 없는 향수에
> 슬픈 모가지를 하고
> 먼 데 산을 바라본다.
>
> — 노천명 〈사슴〉

이 텍스트는 '사슴'이라는 객관적 상관물을 통해 화자를 치장한 텍스트이다. 세속에 물들지 않은 사슴의 귀족적인 모습과 고고한 아름다움에 스스로를 이입시킨 것이다. 이 텍스트에서 타자의 존재는 아무 곳에도 드러나지 않으며 오로지 반근대적인 귀족적 아름다움 숭상하며 소망하고 있다. 이 텍스트 속에 보이는 근원적 고독과 이상에 대한 향수는 타자와는 무관하며, 오로지 자아의 내면에만 보이는 것이다. 텍스트 자체에 타자성은 존재하지 않으며 전근대적 개인의 주체성만이 강조되어 있다. 사슴의 모습이 아름답지만 고독할 수밖에 없는 것도 바로 그 때문일 것이다.

이처럼 개인의 정체성만을 강조하는 것은 결국 주관주의로 나아가게 된다. 순수시에서 강조되는 갈등 없는 동일성의 시학은 사회적 계기의 틈입을 막는 역할을 한다. 자아와 세계가 조화롭게 화해하는 과정에 사회적 모순이 틈입하는 경우 그 화해는 완전한 것이 되지 못한다. 순수시에서 자아와 세계의 동일화는 개인이 주관으로만 세계를 이해하고 변용하는 것이다. 거기에 사회적 계기가 틈입하는 순간, 개인은 필연적으로 사회의 제약과 마주쳐야 한다. 이러한 제약은 주체가 세계를 인식하는데 현실을 돌아보게 하며, 그 현실 속에서 세계를 변용시킬 것을 요구한다.

동일성의 시학에서 개인은 독자적으로 세계를 창조한다. 그러나 그 세계는 개인의 내면에서만 존재하는 초월적 세계이며 현실의 모순과는 아무런 관련이 없는 무갈등의 세계이다. 본래 세계와 마주하는 자아는 사회적으로 형성되고 존재하는 자아이다. 그럼에도 동일성의 시학은 이러한 사회적 개인의 존재를 무시한 채, 그 개인이 형성하는 주관적인 세계에만 관심을 보일 뿐이다. 텍스트 속에 타자의 존재가 드러날 때도 있지만, 이런 경우에도 종국에 관념성으로 귀착되는 경우가 대부분이다.

이러한 주관주의적 담론은 필연적으로 탈사회화된 주체를 형성한다(이재기, 2005). 여기서 탈사회화란 사회의 고정된 관념을 벗어난 탈영토화된 존재가 아니라, 사회적 맥락에서 벗어나 개인적이고 관념적 특성을 지님을 뜻한다. 흔히 언급되는 탈맥락, 탈역사화 등의 용어에서 보이는 쓰임새처럼 부정적 의미로서 쓰인다.

글읽기의 과정은 주체와 사회가 관계하는 과정이다. 글을 읽는 나도 순수하고 자율적인 '나'가 아니며, 글 속의 세계도 순수하거나 자율적인 세계가 아니다. 주체와 개인 모두 사회적으로 구성된 존재이며 텍스트 역시 사회적으로 존재한다. 그러나 주관주의 담론에서는 이러한 것을 모조리 무시하며, 개인 속으로만 침잠하는 주체를 형성하게 되는 것이다. 이런 주체는 내 의식이 사회적으로 구성된 존재라는 것을 알지 못하며 타자와의 대화에서도 접점을 찾지 못하고 미끄러진다. 자신의 관념이 세계 인식의 중심이라는 잘못된 주체를 형성하였기 때문이다. 이런 현상이 반복되다보면 주체는 더욱 자폐적이고 독백적인 발화를 하게 되거나 발화 자체를 하지 않는 경우가 있다. 아니면 발화 자체가 사회적으로 용납되지 않는 수준으로밖에 할 수 없게 된다. 이러한 주체는 결국 타자와의 의사소통이 불가능하게 되는 탈사회화된 주체를 형성하게 된다.

탈사회적 주체의 형성은 지배세력의 이익을 보전하는데 큰 도움이 된다. 지배세력은 변화의 계기를 용납하지 못한다. 변화는 필연적으로 지배계급의 교체와 맞닿아 있기 때문이다. 사회적으로 의

사소통이 불가능하며, 의사소통을 한다 하더라도 그것이 타자에게 닿지 못하고 미끄러지는 주체는 사회의 변화에 기여할 가능성이 매우 적다. 오히려 자신만의 세계에 갇혀 자기의 주관이 최고라고 여기며, 타자와의 대화나 타협을 거부하는 고립된 주체로 변화되기 십상인 것이다.

02 | 세계의 자아 포섭을 통한 순응적 주체

1) 지배 담론의 권위를 통한 세계 중심의 시적 인식

이 절에서는 동일화의 원리 중 자아보다 세계가 중요시된 경우에 대해 살펴보겠다. 이전의 주체가 세계를 임의로 변형시킬 수 있는 거대한 존재라면, 이 절에서는 지배 담론에 일방적으로 포섭되는 주체가 등장한다. 담론은 세계의 모습을 인식하게 하는 동시에 세계의 모순을 은폐시키고 주체를 권력에 예속시키는 양가적 역할을 한다. 주체는 담론을 통하여 개인화되고 사회화된다. 지배 담론이 개인을 주체로 호명하는 것이다. 그러므로 주체의 인식은 담론에 종속되어 있는 것이다. 문제는 담론이 보여주는 세계는 있는 그대로의 세계가 아니라 재조직된 세계이다. 나찌의 예에서 보듯 지배담론이 국가사회주의와 인종주의를 지향하게 되면 그 속의 주체들은 그 담론을 따라가게 된다. 이는 주체가 담론에 기대어 명백히 세계의 모습을 잘못 이해한 것이다. 이런 잘못된 이해가 결국 세계사적 비극을 낳게 되었다. 이는 담론에 일방적으로 포섭된 자아가 주는 문제점을 극명하게 드러내는 예이다.

담론으로 파악되는 외적 실재는 주체의 내면에 선험적인 존재로써 작용한다. 즉 외적 실재는 주체와 타자의 상호작용, 또는 자아와 세계의 상호작용을 통해서 정당하고 가치 있다고 판단된 것이 아니라 주체나 자아의 인식 바깥에서 선험적으로 주어진 것이다. 이러한 담론이 담지하는 가치가 정권이 추구하는 교육의 의도나 목적에 부합되는 경우 정전화의 길을 걷게 되는 것이 대부분이다. 그러나 이 외에도 텍스트가 생성될 당시의 사회적, 문화적 담론이 텍스트 속으로 들어가는 경우도 있다. 이런 경우 정권 차원의 교육적 필요에 따라 선별되기도 하고 배제되기도 한다.

앞서 살펴보았던 관념성을 바탕으로 한 자아 중심의 텍스트는 낭만주의 문학이론을 중심으로 하여 전개된 시론에 바탕을 두었다. 그러나 담론을 중시하는 텍스트는 계몽주의적 성격을 많이 띤다고 할 수 있다. 이처럼 하나의 정전 체계 속에 양가적 텍스트가 동시에 존재하는 것은 문학교육의 목적이 표면적으로는 지식과 정서를 가르치는 것이지만, 이면적으로는 국가가 국민에게 요구하는 이데올로기를 내면화하려는 의도에 다름 아니다. 더욱이 관념성을 중시하는 주관주의적 텍스트는 개인을 탈사회화로 이끌어 사회에 무관심한 존재로 만들고자 하는 것이라면, 담론을 중요시하는 텍스트는 학습자들을 수동적인 존재로 만들고자 하는 의도가 더욱 강하게 작용한다고 할 수 있다. 여기서는 담론의 유형에 따라 자아가 담론에 종속되는 경우를 살펴보고자 한다.

근대문학에서 담론에 종속되는 최초의 흐름은 근대 초기 애국계몽기 창가나 최남선의 신체시에서 드러난다. 개화가 곧 부국강병의 지름길이라 생각했던 개화파들은 독립신문을 통해 그들의 생각을 시로 표현하였다. 이중원의 <동심가>나 최남선의 <경부텰도가> 등은 개화에 대한 그들의 생각을 잘 드러내고 있다. 물론 이러한 텍스트들은 문학사적 지식을 가르치기 위한 도구로서 제시되는 것이 대부분이다. 문학교과서에서 이러한 텍스트는 애국계몽기의 역사적 시기와 관련지어 제시되었던 것이다. 하지만 외세에 대한 반감을 가진 <대한매일신보>의 텍스트보다는 주로 반봉건을 지향하는 <독립신문>의 텍스트가 많이 실린 것은 문학사 교육에서 개화를 중심으로 한 반봉건에 편향된 자세를 아직 가지고 있음을 알 수 있다.4) 이 외에도 개화주의자였던 최남선의 <해에게서 소년에게>나 <경부철도가> 등이 문학교과서에 실려 있는데, 이 역시 개화라는 담론에 대한 일방적 찬가라 할 수 있다.

잠을 깨세, 잠을 깨세
사천 년이 꿈 속이라.
만국(萬國)이 회동(會同)하야
사해(四海)가 일가(一家)로다.

구구세졀(區區細節) 다 버리고
샹하(上下) 동심(同心) 동덕(同德)하세.
남의 부강 불어 하고
근본 업시 회빈(回賓)하랴.

범을 보고 개 그리고
봉을 보고 닭 그린다.
문명(文明) 개화(開化) 하랴 하면

우렁탸게 토하난 긔덕(汽笛) 소리에
남대문을 등디고 떠나 나가서
빨리 부난 바람의 형세 갓흐니
날개 가딘 새라도 못 따르겟네.

늙은이와 졂은이 셕겨 안졋고
우리네와 외국인 갓티 탓스나
내외 틴소(親疎) 다갓티 익히 디내니
됴고마한 딴 세상 뎔노 일웟네.

— 최남선 〈경부철도가〉

---

4) 7차 문학교과서에 실린 개화창가 텍스트는 이중원의 <동심가>, 이필균의 <애국하는 노래>, 최돈성의 <애국가>인데 모두 <독립신문>이 출처이다.

실상(實狀) 일이 데일이라.

－이중원 〈동심가〉 부분

이러한 텍스트에 대한 비판은 '문명개화'의 담론이 가지는 불모성을 지적하는 것으로 충분하리라 본다. 주지하듯이 개화파들은 그 속에 담겨져 있는 제국주의적 속성에 대해서는 무지하였거나 무관심했다. 후에 우리 민족이 일제의 식민지화로 전락하게 된 것은 식자층의 무지가 가지는 비극을 극명하게 보여주는 사건이라고 할 수 있다. 그럼에도 현재 교과서에서 반봉건적 흐름만 제시하는 것은 부분적으로 문제가 있다고 할 수 있다. 그러나 앞서 언급했듯이 이러한 텍스트는 문학사를 다루는 부분에 일부 제시되고 있을 뿐 현재에 이르러는 거의 사장되었다.

단정기부터 4차 교육과정기까지 주변적으로 정전의 위치를 차지했던 국가주의 텍스트도 지배 담론에 자아를 종속시키는 역할을 한다. 앞서 예로 들었던 이은상의 〈조국에게 바치는 노래〉나 모윤숙의 〈국군은 죽어서 말한다〉 등이 그렇다. 그러나 권위주의 정권이 물러서고 교육과정이 개편되면서 국가주도적인 이념 역시 사라진다.

또 하나의 흐름은 종교적 담론의 텍스트들이다. 많은 종교시들은 기원과 찬미의 형식으로 이루어져 있다. 찬미나 찬양이라는 것은 결국 절대자에게 어떠한 영향력도 행사할 수 없는 작은 존재인 인간이 할 수 있는 최대한의 노력인 것이다. 또한 절대자로 상정되는 신의 존재에 대해 인간은 아무런 영향을 미칠 수 없으며, 그 존재의 담론을 따르기만 할 수 있다. 종교에서 절대자란 완전무결의 거역할 수 없는 절대적 존재이기 때문이다. 그러기에 종교시에서 절대자라는 대타자에 완전히 종속되는 주체가 등장하는 것은 당연한 일이라 할 수 있다.

> 늦가을 바람에
> 마른 수수대만 서걱이는 빈들입니다.
> 희망이 없는 빈들입니다.
> 사람이 없는 빈들입니다.
> 내일이 없는 빈들입니다.
>
> 아니, 그런데
> 당신은 누구입니까
> 아무도 들려 하지 않는 빈들
> 빈들을 가득 채우고 있는 당신은
>
> —고진하 〈빈들〉

빈들이라는 황량한 공간을 채우고 있는 것은 바로 절대자의 존재이다. 시인은 희망도 미래도 없는 빈들에서 절대자의 존재를 의식힌다. 절망의 공간에서 유일한 구원은 바로 "당신"으로 상정되는 절대자이다. 시인은 기독교 신앙의 관점에서 부정적인 현실을 바라보며 그 속에서 자신을 향한 신의 뜻을 생각한다. 이때 현실을 사유하거나 자연을 바라보는 시인의 태도는 철저하게 기독교적 관념에 종속되어 있다(김문주, 2007). 이때의 기독교적 관점이란 신에게 절대적으로 의지하고 종속하는 주체를 의미하는 것이다. 기독교의 교리나 절대자란 의심해서도 안 되며, 의심할 수도 없는 절대적 존재이기 때문이다. 이러한 인식은 종교사회 내에서는 타당하다. 종교는 원래 모든 인식과 판단의 기준을 일자(一者)로 지칭되는 절대자에게 위임하기 때문이다. 그러나 이러한 인식은 비판적 주체의 형성을 목표로 하는 문학교육에 있어서는 바람직하다고 할 수 없다. 이러 텍스트들의 공통점은 화자가 화자 외부에 있는 존재에 대해 절대적으로 종속된다는 점이다. 이런 텍스트들을 학습자가 내면화한다면 텍스트에서 보이는 현상이나 원리 등의 관념적 체계를 따르기만 하는 순응적 주체를 형성할 가능성이 높기 때문이다. 교과서에도 이러한 종교적 성격의 시가 극소수 수록되어 있는데, 대표적으로 김현승을 들 수 있다.

가을에는
기도하게 하소서
낙엽들이 지는 때를 기다려 내게 주신
겸허한 모국어로 나를 채우소서

가을에는
사랑하게 하소서
오직 한 사람을 택하게 하소서
가장 아름다운 열매를 위하여 이 비옥한
시간을 가꾸게 하소서

가을에는
호올로 있게 하소서
나의 영혼 굽이치는 바다와
백합의 골짜기를 지나
마른 나뭇가지 위에 다다른 까마귀 같이

— 김현승 〈가을의 기도〉

김현승의 <가을의 기도>는 기도의 형식을 가진 종교시의 외양을 가진다. 자신의 내면을 충실히 함으로서 "마른 나뭇가지 위의 까마귀"처럼 절대적으로 고독하고 순수한 모습으로 신 앞에 다가서기를 바라고 있다. 이러한 인식은 앞서 언급했듯 자아는 절대자로 상정되는 대타자에게 종속되어 있다. 이런 텍스트는 그 종교를 믿는 이들에게는 훌륭한 텍스트가 될 수 있으나, 그렇지 않은 경우 거부감을 가지게 될 가능성이 높다. 이러한 인식은 보편적 인식이라고 할 수 없기 때문이다.

그럼에도 이 텍스트가 실린 이유는 종교적 특성이 구체적으로 표현되지 않았고, 비유나 표현 방법 등 소단원 목표에 맞는 학습 활동을 구성하기에 용이하기 때문이다. 즉 종교적 성격 때문에 교과서에 수록된 것이 아니라 학습목표의 달성을 위해 교과서에 수록된 것이라 할 수 있다. 그러나 문제는 종교적 성향의 시를 실음으로 해서 학습자는 종교적인 주체-스스로의 내면을 절대자에게 귀속시키는 주체-가 될 수 있다는 점이다. 비록 교과서에서 그러한 의도를 가지지는 않았겠지만, 학습자는 자연스럽게 화자의 의도를 내면화할 수 있는 것이다.

물론 이러한 종교적 성향의 시들은 교과서에는 그 수가 한정되어 있다. 국교가 없이 여러 종교가 다양하게 존재하는 우리의 상황에 종교시를 교과서에 싣는다는 것은 많은 부담을 수반하는 일이기 때문이다. 시 텍스트는 아니지만 김성한의 <바비도>가 기독교계의 문제제기에 의해 교과서에 실리지 않게 된 것은 그 단적인 예이다. 그러므로 현재에는 종교적 담론의 텍스트는 앞의 개화나 국가주의의 담론의 텍스트와 마찬가지로 거의 존재하지 않는다.

자아가 대타자에 종속되는 또 다른 주제는 민족주의 텍스트이다. 민족주의 텍스트는 미군정기 때부터 현재까지 시교육 정전의 주변부를 차지하며 꾸준히 수록되어 왔다. 앞서 살펴본 유형의 텍스트들이 현재에는 거의 실리지 않는데 비하면 다른 모습이다. 이는 민족주의의 가치가 아직 유효함을 의미하는 것이다.

산과 산이 마주 향하고 믿음이 없는 얼굴과 얼굴이 마주 향한 항시 어두움 속에서 꼭 한 번은 천둥 같은 화산이 일어날 것을 알면서 요런 자세로 꽃이 되어야 쓰는가.

저어 서로 응시하는 쌀쌀한 풍경. 아름다운 풍토는 이미 고구려 같은 정신도 신라 같은 이야기도 없는가. 별들이 차지한 하늘은 끝끝내 하나인데…… 우리 무엇에 불안한 얼굴의 의미는 여기에 있었던가.

모든 유혈(流血)은 꿈같이 가고 지금도 나무 하나 안심하고 서 있지 못할 광장. 아직도 정맥은 끊어진 채 휴식인가 야위어 가는 이야기뿐인가.

언제 한 번은 불고야 말 독사의 혀같이 징그러운 바람이여. 너도 이미 아는 모진 겨우살이를 또 한 번 겪으라는가 아무런 죄도 없이 피어난 꽃은 시방의 자리에서 얼마를 더 살아야 하는가 아름다운 길은 이뿐인가.

산과 산이 마주 향하고 믿음이 없는 얼굴과 얼굴이 마주 향한 항시 어두움 속에서 꼭 한 번은 천둥 같은 화산이 일어날 것을 알면서 요런 자세로 꽃이 되어야 쓰는가.

—박봉우 〈휴전선〉

일제 강점기의 민족주의 텍스트는 민족 해방이 목표였다면, 분단의 민족주의는 통일이 지상 과제이다. 그리고 그것은 아직 현재 진행형이라는 점에서 더욱 실질적 가치를 가진다. 이 텍스트는 휴전선이라는 구체적이면서도 상징적인 소재를 통해 우리 민족이 마주친 비극적 상황을 보여주고 있다. 화자는 서로 적대적으로 마주보고 있는 상황을 안타까워하고 있으며, 이런 상황이 언젠가 전쟁의 비극을 다시 불러올 것이라 예고하고 있다.("언제 한 번은 불고야 말독사의 혀같이 징그러운 바람이여") 그러므로 이 텍스트는 화해의 필연성을 염원하고 있다고 할 수 있다.

그러나 민족주의 역시 역사적 산물이다. 근대 이전에는 민족의 개념 자체가 존재하지 않았다. 다만 왕이나 영주로 상징되는 현실권력과, 기독교나 유교적 관념체계가 서로 조응하여 지배적인 이념체계로 존재하였을 뿐이었다. 근대에 들어서면서 이것을 대신할 것으로 민족의 개념이 정립된 것이다. 우리 나라의 경우 식민 지배를 통한 타율적 근대화가 근대사를 짓눌렀고, 이에 민족국가의 건설은 시급한 과제였다. 그러므로 민족이라는 상상적 공동체는 국권을 빼앗긴 국민들에게 구심점이 되었고 이를 지향하는 것은 보편적 정의에도 합당한 결과였다. 또한 해방 이후에 민족주의는 통일국가의 건설이라는 당면 과제에도 유용한 이념이었다.

이러한 현실적 이유로 인해 민족주의의 가치를 포함한 텍스트는 여전히 주요한 텍스트로 자리잡고 있다. 하지만 이러한 가치는 구체적인 역사적 상황에서 드러나야만 그 의미가 있다. 즉 일제시대 빼앗긴 국권을 찾기 위한 노력이나 통일 지향의 노력은 결핍이 주는 비극적 상황과 결부시켜야만 그 가치가 드러난다고 할 수 있다.

이는 문학의 구체성과 관련이 있는 것이다. 식민지배가 주는 부정적 가치, 분단이 주는 부정적 가치가 텍스트 속에 담겨 있지 않다면 추상적인 민족주의로 빠지게 된다. 추상적 민족주의의 가치는 부정적이다. 역사적으로 민족주의는 제국주의나 독재로 변질되거나 배타적인 민족주의로 강화되는 경우가 많았다. 우리의 민족주의도 역시 그렇지 않게 되리라 확신할 수는 없는 것이다. 최근에 인터넷으로 번지고 있는 배타적 민족주의의 경향은 이러한 우려를 우려로만 그치게 하지 않게 하고 있다. 그러므로 학습자에게 민족주의를 일방적으로 숭상하고 내면화하는 텍스트보다 민족주의를 둘러싼 컨텍스트를 제공할 수 있는 텍스트가 많이 제시되어야 할 것이다.

마찬가지로 대항 담론이나 비판적 사회인식을 가지고 있는 텍스트라 하더라도 그것에 대한 컨텍스트가 제시되지 않거나, 일방적이라면 담론이나 사회인식이 가지는 정당성은 훼손될 가능성이 높다. 문학이 독자에게 전이력을 가지는 것은 가르치는 것이 아니라 공감하거나 새로운 깨달음을 주기 때문이다. 그러나 텍스트가 독자를 가르치려 하거나 맥락 없이 담론이나 인식을 전달하려 한다면 독자들은 오히려 거부감을 가질 가능성이 높기 때문이다. 그러므로 비록 현재 사회에 비추어 옳은 담론을 제시한다고 하더라도, 공감적 인식이 가능한 텍스트가 제시되어야 할 것이다.

마지막으로 자연으로 형상화되는 무이념의 공간에 대해 자아가 종속되는 경향이 있다. 이러한 텍스트 역시 미군정기 이후 계속적으로 수록되어 왔다. 최초 교과서에 수록되는 <산촌모경>이나 <엄마야 누나야> 등이 대표적이며, 이후에도 청록파 등 비슷한 인식의 텍스트들이 반복 수록되어왔다. 이러한 텍스트들이 가지는 가치는 탈이념적이고 탈역사적인 공간에 대한 과도한 집착이라고 할 수 있다. 물론 자연에 귀의하고자 하는 것은 소극적인 저항의 방법일 수 있다. 일제 말기 적극적 저항이 막혔을 때, 당대 창작된 자연귀의의 텍스트들은 시대 상황과 결부되어 소극적 저항으로 평가된 적도 많았다. 일제시대나 권위주의 시절 창작된 텍스트들은 그러한 평가가 타당할 것이다. 그러나 이런 소극적 저항은 궁극적으로 현실에서 부재하는 초월적 공간으로의 도피이며, 자신만의 관념적 세계로 홀로 빠져든 것이다.

　문제는 이뿐만이 아니다. 실제로 이러한 무이념적이고 탈역사적인 공간은 존재하지 않는다. 이런 공간은 자아의 관념이 형상화해낸 허구일 따름이다. 물론 험난한 현실을 벗어나고자 하는 욕망은 보편적이다. 하지만 그러한 세계가 현실에 기초하지 않은 채 낭만적이고 전원적으로만 그려진다면 결국 자아는 고립된 동굴에 갇히는 형국이 된다. 이는 현상적으로 자아가 무이념적인 공간에 종속되는 것 같지만, 실제적으로는 관념이 형상화해낸 비현실적 공간으로 자아를 유폐시키는 것이다. 이런 경우 형성되는 주체는 종속적이기보다 탈사회화된다. 관념이 만든 공간은 홀로 들어가는 것은, 사회적 관계에서 벗어나겠다는 의도가 강하기 때문이다.

　실제적으로 이념 바깥에 존재하는 것은 없다. 알튀세의 언급대로 이데올로기는 항상－이미 우리를 주체로 호명한다(이진경, 2002). ‘항상－이미’는 이데올로기의 편재성과 선행성을 의미한다. 즉 우리는 이데올로기의 틀 안에서만 세계를 볼 뿐이다. 그럼에도 이러한 무이념의 공간을 형상화한 것은 모든 갈등을 은폐하겠다는 의도라 할 수 있다. 갈등이 없는 공간을 지향한다는 것은 현실에 대한 소극적 저항이기는 하지만, 결국 현실을 그대로 두겠다는 소극적 의지의 표현이기도 한 것이다.

2) 지배 담론의 권위가 형성하는 순응성

자아가 세계에 속하는 것을 서정시에서 '자아의 세계화'라고 부를 수 있을 것이다. '자아의 세계화'는 조동일이 수필이나 경기체가, 가사 등 교술 장르의 특성으로 파악했던 것이다. 여기서는 장르적 특성을 규정하는 개념보다는 자아가 세계의 담론이나 이념에 종속되는 경우를 지적하려고 한다. 사실 자아의 세계화란 다소 모호한 표현이다. 실제로 세계란 것은 현실 그 자체가 아니라 우리가 현실이라고 믿고 있는 것에 불과하다. 우리가 세계라고 믿고 있는 것은 우리가 받아들이는 상징적 질서에 다름 아니며 우리는 이러한 상징적 질서에 의해서만 세계를 파악할 수 있다는 말이다. 앞서 살펴본 텍스트에서 개화의식이나, 종교, 민족주의, 무이념의 세계 등은 실제의 세계가 아니라 이념에 투사된 세계이다. 하지만 우리는 이렇게 이념이 투사된 채로만 세계를 인식할 수 있다. 개인은 세계—내—존재이며 인식의 틀은 선험적으로 주어진 것이기 때문이다.

그런데 자아의 세계화라는 특성이 정전화된 시 장르의 일반적 특성에서 벗어나는 것임에도 불구하고 시교육에서는 이러한 텍스트들이 많이 수용되어 있다. 앞서 보았듯 세계의 자아화라는 서정시의 이념에 충실했던 텍스트들이 시의 본령인 양 제시하면서도 또 한편에서는 다른 성향의 텍스트들을 수록하고 있는 것이다. 이는 시교육의 정전이 두 가지 체계로 이루어진 것처럼 시교육이 은밀하게 지향하는 바도 두 가지라는 것을 의미한다. 하나가 앞서 살펴보았듯이 사회와 관계를 형성하지 못하는 탈사회적 주체라면, 이번에는 권위에 종속되는 순응적 주체를 형성하기 위한 것이다. 우리 교육은 학습자들로 하여금 스스로 사고하는 방법을 가르치기보다는 지식을 주입시키는 것을 주로 한다. 이는 학습자들을 결여된 존재로서 인식하는 것이다. 비판적 사고보다는 외부에서 주어진 것을 얼마나 내면화하고 재현하느냐가 훌륭한 학습자의 기준인 것이다.

텍스트에서도 학습자들의 경험이나 맥락이나 바깥의 존재가 선험적으로 주어지고 그것을 내면화하는 것을 당연시할 때, 학습자들은 능동적으로 의미를 구성하지 못하게 된다. 이런 수동성이 교육 담론이나 텍스트를 통해 부정적으로 강화될 때, 학습자들은 순응적인 주체를 형성하게 되는 것이다. 이러한 학습자들은 스스로를 미성숙하다고 생각한다. 미성숙한 학습자는 주체적으로 세계를 인식하기보다는 세계가 주는 당위적 전망에 종속될 가능성이 크다. 결국 비판적으로 사고하고 행동하는 주체의 형성은 지연될 수밖에 없는 것이다.

> 행여나 다칠세라 너를 안고 줄 고르면
> 떨리는 열 손가락 마디 마디 에인 사랑
> 손 닿자 애절히 우는 서러운 내 가얏고여.
>
> 둥기둥 줄이 울면 초가 삼간 달이 뜨고

> 흐느껴 목메이면 꽃잎도 떨리는데
> 푸른 물 흐르는 정에 눈물 비친 흰 옷자락.
>
> 통곡도 다 못하여 하늘은 멍들어도
> 피 맺힌 열두 줄은 굽이굽이 애정인데
> 청산아, 왜 말이 없이 학처럼만 여위느냐.
>
> — 정완영 〈조국〉[5]

이 텍스트는 한국적 정한을 바탕으로 하여 조국에 대한 정을 표현하였다. 텍스트 전면에 흐르는 슬픔과 비애의 정서는 조국의 슬픈 역사에 대한 서러움을 표현하고 있다. 이는 조국에 대한 사랑은 가득하나 조국의 현실이 비참하기에 서러움과 안타까움이 강조되고 있는 것이다. 전체적으로 시조라는 전통적 장르에 걸맞게 고유어나 고유의 소재를 많이 사용하였다. 감각적 이미지도 많이 사용되었으나 시조 장르가 가지는 안정성과 진중함을 해치지 않는 범위에서 한정되었다.

문제는 이 텍스트가 강조하는 '조국'에 대한 사랑이 맹목적이라는 것이다. 학습자들은 그들의 경험이나 의식과는 관계없이 조국은 무조건 사랑해야 할 존재로 인식하게 된다. 더구나 텍스트에서 조국의 모습은 비유적이고 상징적으로만 제시되어 있을 뿐이지, 학습자들의 구성하고 있는 맥락과는 완전히 단절되었다. 이 텍스트를 통해 조국의 실체가 무엇인지, 조국이 학습자들의 삶과 어떠한 맥락으로 연결되어 있는지 파악할 수 있는 길은 거의 없다. 그

---

5) 원래 한 구가 1연 2행으로 분장되어 있으나, 여기서는 연시조의 형식으로 제시하였다.

럼에도 이 텍스트는 조국에 대해 사랑하고, 조국이 힘이 없으면 같이 슬퍼해야 한다는 전언만을 강조하고 있다. 최소한 조국과 개인과의 관계라도 제시되어 있다면, 학습자들은 그것에 대해 비판적으로 접근할 수 있는 길이 있을 것이다. 물론 교사가 이러한 방법으로 교수활동을 해 나갈 수는 있지만 텍스트 자체가 학생들 스스로 비판적 거리를 두기는 쉽지 않는 텍스트인 것이다. 더구나 이러한 텍스트의 전언보다는 텍스트의 구조나 형식에 대해 학습이 주로 이루어지는 상황에서, 텍스트가 가지는 전언은 객관화되어 존재할 가능성이 높다.

기실 순응적 주체의 형성은 텍스트의 성격과 함께 텍스트를 주해하는 방식과 결합할 때 더욱 효과를 발휘한다. 시의 신비화, 수사학적 이론의 강조, 신비평 등이 대표적인 예인데 특히 신비평은 우리 나라 시교육에 광범위한 영향을 미쳤다. 신비평 이론이 백철에 의해 우리 나라에 전해지기 전까지는 실체 중심의 문학교육관이 중심이었다. 문학사가 그 대표적인 예인데, 작가와 작품에 대한 지식을 아는 것이 그 대표적인 예일 것이다. 그러나 신비평의 이론이 미국에서 전해지면서 교육에서도 텍스트의 형식적 측면에 중요시하여 문학에 접근했다. 그러나 신비평의 이론은 미국에서도 죽은 말[馬]이었음에도 불구하고, 그리고 그러한 추이를 국내의 학문계 내에서도 비교적 이른 시기에 간파하고 있었음에도 문학교육의 장에서는 신비평이 그 영역을 견고하게 지키고 있다(정재찬, 1996).

신비평의 방법론인 꼼꼼히 읽기(close reading)는 세세한 분석을 의미한다. 이러한 세세한 분석은 텍스트를 신비화하는 데 기여하였다. 텍스트는 맥락과 상호관계를 갖는 존재가 아니라 독립적 유기체로 인식하게 된 것이다. 문제는 텍스트와 관련되는 지식-운율, 심상, 비유, 상징- 등이 절대화되어 가르쳐지게 된 것이다. 신비평의 교실 풍경은 교사는 지식을 전달하고 학습자들은 그것을 무비판적으로 수용하는 모습이다. 문제는 이러한 지식이 절대적이거나 객관적 지식이 아님에도, 그것이 객관적이고 절대적인 양 학습되었던 것이다. 신비평에서 주장하는 형식주의 역시 역사적 산물이며, 현재의 한국 사회에 적용될 수 있는 가에는 이념의 수입자인 백철마저 회의적이었다. 그럼에도 학습자들은 이러한 지식을 배우면서 텍스트의 권위를 절대화였다. 이는 텍스트와 저자의 권위를 절대화하는 낭만주의적 속성이 신비평의 교실에 결합했기 때문이다.

본래 신비평은 낭만적 경향을 타파하기 위해 나온 것이다. "시란 감정과 개성의 표현이 아니라 그로부터 도피"라는 엘리엇의 유명한 주장은 시에서 낭만성을 제거하려 한 것이다. 이를 위해 시 비평에서 창작의도보다는 어떻게 표현되었나를 중시하게 된 것이다. 즉 저자나 독자로부터 텍스트를 분리시켜 텍스트를 그 자체로 분석하게 된 것이다. 그럼에도 우리의 교육현장에서는 신비평의 방법론과 낭만주의의 신비화가 겹쳐지면서, 텍스트를 주해를 꼼꼼히 하되, 텍스트에 대해서 비판적인 시각은 제거되고, 텍스트를 하나의 완전한 유기체로 인식하게끔 한 것이다. 그리하여 학습자들은 텍스트의 권위를 승인할 수밖에 없게 된 것이다. 담론을 중시하는 텍스트와 지식의 권위를 중시하는 신비평은 한국의 교실에서 행복한 결합을 하면서 순응주의적 주체를 양산해낸다.

03 | 탈사회화와 순응성의 결합 효과

최근 문학교육과정의 목표 중 세 번째는 "문학을 통하여 인간과 세계를 총체적으로 이해하고, 문학의 가치와 아름다움을 향유하며, 공동체의 문화 발전에 적극적으로 참여한다."이다. 이 항의 핵심인 인간과 세계에 대한 총체적 이해, 공동체의 문화 발전에 적극적인 참여는 문학교육을 통해 만들어내는 궁극적 인간상이라 할 수 있다. 그러나 이제까지 살펴보았듯이 현재의 정전 체계는 문학에 대한 지식을 생산하고, 언어에 대한 통찰력을 기르기에는 어느 정도 기능을 발휘할 수 있을지는 몰라도 위 목표를 달성하기에는 부족한 것이 사실이다. 그러므로 이 장에서는 탈사회화된 주체와 순응적 주체가 어떻게 위 목표와 상반되는지를 구체적으로 살펴보고자 한다.

1) 세계 인식의 추상화

문학교육의 궁극적 목표는 인간과 세계에 대한 총체적인 이해이지만 탈사회화와 순응성은 오히려 추상화된 세계 인식을 하는 주체를 형성한다. 탈사회화된 주체는 세계 인식이 자아 중심이기 때문에 타인과 소통하지 못하고 사회적 계기에 대해 무지하다. 그리고 순응적 주체는 자신이 따라야 할 이념 체계의 속성도 모른 채 권위에 종속되게 된다. 전자는 공동체의 문제에 관심을 가지지 않는 고립된 개인의 속성이라면, 후자는 주체적으로 사고하고 행동할 수 없는 국민 또는 백성의 속성을 가진다고 하겠다.

전자의 주체는 고립되었기 때문에 세계에 대한 본질적인 인식을 할 수 없다. 자아가 세계를 제대로 인식하기 위해서는 필연적으로 타자와 관계를 맺어야 한다. 타자 없이 고립된 주체에게 세계는 본 모습을 드러내지 않는다. 세계는 독립된 개인들의 집합이 아니라, 사회적으로 규정된 주체들의 관계망이기 때문이다. 이러한 주체는 세계의 문제에 대해 관념적으로 해결하려는 성향을 많이 가진다. 즉 어떠한 사회적 문제에 대해서 그 원인과 결과에 대한 천착을 하기보다는 추상적이고 개인적인 해결 방법을 내놓든지 하는 것이다. 예를 들어 인종간의 분쟁 등 폭력 사태에 대해서 그 원인의 천착보다는 사랑으로 해결하자는 등의 해결책을 내 놓게 되는 것이다.

후자의 주체는 불철저한 세계 인식을 하는 존재이다. 이러한 주체는 세계와 자아가 연결되어 있다는 점에 대해서는 인식을 하고 있지만, 자신도 세계의 주체적 일부라는 사실은 인식하지 못한다. 그러므로 이러한 주체는 사회의 객관적인 모습을 파악하려는 노력은 하지 않은 채 대중매체나 권위적인 인물의 언술을 따르는 경우가 많다. 세계의 모습에 대한 객관적이고 구체적인 인식에는 이르지 못하게 되는 것이다. 담화의 기원을 성찰한다거나 담화에 대한 비판적 시각을 가지는 것은 이 주체에게 불가능하다.

총체적인 세계 인식은 세계 속에서 있는 자신의 존재를 분명히 인식한 가운데 세계를 판단하는 것이다. 개인이 접할 수 있는 세계는 한정되어 있지만, 그 안에서 사건과 사건들, 인간과 인간과의 연관을 거시적인 틀 속에서 인식하고 판단한다면 세계의 총체적 인식은 가능할 것이다. 특히 문학은 세계를 총체적으로 인식하는

데 도움을 준다. 개인이 경험해 보지 못한 세계, 개인이 생각해 보지 못한 인식을 문학에서는 찾을 수 있다. 그러나 현재의 시 정전 체계가 편향된 인식만을 제공한다면 총체적 세계인식이라는 문학 교육의 목표는 결코 달성하지 못할 것이다.

학습자들이 세계를 추상적으로 인식한다면 교육은 정체될 따름이다. 과거의 지식을 통해 새로운 것을 창조하는 온고이지신(溫故而知新)은 교육의 커다란 목표 중 하나이다. 그러나 세계를 제대로 이해하지 못한다면 과거와 현재의 연관성에 대해 무지하거나 수동적 자세만을 취할 수밖에 없다. 추상적으로 세계를 인식하는 주체가 창조하는 문화는 개인적이거나 실질적으로 지배 담론을 복사하는 수준일 수밖에 없는 것이다.

2) 지배 이념의 재생산

세계를 총체적으로 인식하지 못하게 될 때, 필연적으로 지배 이념이 가지는 가치를 재생산하게 된다. 탈사회화된 주체와 순응적 주체는 서로 다른 존재이지만, 모두 지배 이념의 재생산을 도와주는 역할을 한다. 이 둘이 부딪치지 않고 서로 공존하는 것은 서로가 차지하는 영역의 차이뿐 아니라 서로가 지배적 이념을 재생산하는데 기여하기 때문이다. 세계에 대한 인식이 관념적일 경우 주체는 세계에 대해 침묵한다. 주체는 세계로 향하는 것이 아니라 자신의 내면을 향하고 있기 때문이다. 주체가 세계에 대해서 어떠한 언술행위를 한다 하더라도 이는 공허할 뿐이다. 앞서 언급했듯 주체가 사회와 단절되어 있기 때문에 주체의 언술은 사회적으로 용인될 가능성이 매우 낮기 때문이다. 이런 주체는 간접적으로 지배 이념 재생산에 도움을 준다. 탈사회화된 주체는 궁극적으로 주체와 타자와의 관계가 성립하지 않기 때문이다.

순응적 주체는 직접적으로 지배 이념 재생산에 기여한다. 순응적 주체는 언제나 주체의 바깥에 자율적으로 존재하는 지배적 담론을 상정하고 거기에 충실히 따르려고 한다. 지배 담론이 가지는 가치나 윤리성을 성찰하거나 이를 통한 실천을 하는 것은 순응적 주체에게는 무리한 과제이다. 이들은 담론이 부여하는 가치에 잘 부합되게 사는 것이 인생의 가장 목표라 생각한다. 삶에 있어서 과정의 정확성이나 결과의 효율성만이 강조될 뿐, 담론이 주는 가치에 대해서는 무관심한 것이다.

순응적 주체는 들뢰즈-가타리적 의미로 홈 파인 공간에서 사는 존재들이다. 매끈한 공간에 사는 주체들은 그들의 의지를 통해 스스로의 길을 낼 수 있다. 공간이 사방으로 어떠한 제약없이 나아갈 수 있게 하기 때문이다. 그러나 홈 파인 공간은 이미 있는 길로만 갈 수 있게 한다. 초원이나 바다가 매끄러운 공간의 예라면, 도로는 홈 파인 공간의 대표적인 예이다. 이미 존재하는 담론의 지배만을 받아들이는 주체라면, 삶 역시 주체적으로 개척하지 못할 공산이 크다.

교육이 지배 이데올로기를 재생산한다는 주장은 맞기도 하지만 틀리기도 하다. 탈사회화된 주체, 순응적 주체가 계속 양성될 때, 교육은 지배이데올로기를 계속적으로 재생산해낼 수밖에 없을 것이다. 그러나 이를 극복한 비판적 주체가 양성된다면 지배이념이 아닌 새로운 문화를 생산하게 될 것이다.

IV

정전 체계 재구성의 방안

새로운 경향의 작가군이 교과서에 수록되었다고 해서 정전이 바뀌는 것은 아니다. 정전은 단순한 텍스트들의 집합이 아니라 배타적 체계이기 때문이다. 7차 중학국어 1학년 1학기 1단원에 실린 김지하의 <새봄>은 이런 점을 잘 보여준다. <새봄>이 지향하는 세계는 조화로운 삶이다. 즉 자아가 외부의 실재인 세계에 종속되는 경향의 텍스트이다. 김지하라는 이름으로 이리한 전통적 정조의 텍스트가 실렸다는 것이 문제인 것이다. 즉 사회참여적인 경향이 강한 작가임에도 불구하고 오히려 기존 정전 체계에 더 잘 부합되는 <새봄>이 실렸다는 것은 새로운 시도에도 불구하고 오히려 기존 정전 체계의 권위를 더욱 강화시켜 주는 것이다. 검정에 대한 부담 때문인지, 아니면 편집진의 미감 때문인지는 몰라도 학습자들은 김지하의 프로필과 시의 정서가 괴리가 있다는 것을 알게 될 것이며, 이는 학습자들이 순수시가 더욱 우월한 것이라는 인식을 무의식중에 가지게 될 것이다. 또한 교육의 다른 주체인 교사들도 비판적인 생각을 가지지 않는 한, 이를 무의식적으로 승인하게 될 것이다.

새로운 정전 체계는 비판적 주체의 형성이라는 목표를 잘 수행할 수 있게 구성되어야 한다. 단순히 새로운 경향의 작가나 텍스트가 추가된다고 해서 정전의 체계가 변하는 것이 아니기 때문이다. 물론 순수시 위주의 정전 체계의 중심부를 흔드는 것은 쉽지 않다. 문학을 아는 많은 사람들—생산 행위의 주체조차도 정전 체계의 가치를 이미 내면화했기 때문이다. 신춘문예라든지, 문학잡지의 추천에 의한 등단은 정전 체계의 가치를 강화시키는 측면으로 진행되어 온 것도 사실이다. 이러한 정전 체계의 가치를 벗어나기 위해, 인터넷 등단 등 다른 방법을 모색하고 있지만 이 또한 쉽지 않으며, 설사 가능하다 해도 문학의 주류에 편입하기 어려운 것이 사실이다.

또한 이는 제도적 속성이 강하게 작용하는 교육에서는 더욱 어려운 일이다. 교과서는 교육과정을 반영해야 하며, 세부적 지침을 따라야 한다. 현재 새 교육과정에서는 국어가 국정에서 검인정으로 바뀌었다. 이러한 검인정이 다양성을 확보할 수 있을 거라는 기대도 있지만, 검정이라는 장벽에, 이러한 기대를 기대로만 남게 할 가능성이 높다. 검정에 통과되지 않으면 제작에 들인 노력이 모두 허사가 되며, 제작 비용 역시 돌려받지 못한다. 일부 거대 출판사들은 복수의 교과서를 제작하는 등 그 나름의 자구책을 펼치고 있지만, 이것이 채택의 안정성 때문인지, 아니면 새로운 교과서를 구현하기 위한 나름의 방법인지 알 수 없다. 현실적으로 전자의 가능성이 높다. 또한 공무원으로서의 편수 및 검정 담당관은 '문제적인' 교과서를 피해가려는 속성이 있다(김창원, 2003). 통과가 가장 중요한 출판사로서는 당연히 '문제적인' 교과서보다는 기존 정전의 가치에 합당한 텍스트들을 선정할 가능성이 높은 것이다. 이는 집필진의 의지만으로 새로운 정전 체계를 구성하는데 현실적 으로 커다란 한계로 작용하는 것이다. 이 외에도 집필 시간과 인 적 구성 등 여러 가지 현실적 문제들이 정전의 재구성을 어렵게 하고 있는 것이다.

이렇듯 제도교육에서 정전 체계을 재구성한다는 것은 이상적인 이야기일 가능성이 높다. 현실의 벽이 있는 한 정전 재구성에 이 론적으로 동의한다고 해도 그 실천은 쉽지 않은 일이기 때문이다. 그러나 제도의 변화가 선행되어야 한다는 주장이 반드시 옳은 것 은 아니다. 때로는 이상주의적 담론이 현실의 변화를 주도하기도 하는 것이다. 인문학이란 본래 이러한 것일지도 모른다. 교육이 현 실을 바꿀 수 있으리라는 낙관적 믿음이 변화의 주춧돌이 될 수도 있는 것이다 물론 이러한 환경의 변화를 위해 부단히 노력하는 것도 인문학과 교육학의 역할일 것이다.

01 │ 정전 체계 재구성의 거시적 방향

이 절에서는 정전의 재구성을 위해 선행되는 인식의 변화에 대 해 연구하고자 한다. 1)항에서는 서정성에 대한 재인식이 필요하다 고 보고, 현재의 서정성 인식 양상과 대안적 개념을 살펴보며 2)항에서는 정전 재구성을 위한 텍스트를 선정하는 데 문학사적 관점을 버리고 교육적 관점에서 보아야 함을 주장하고자 한다.

1) 관념성 해체를 위한 전통적 서정 개념의 극복

가. 문학교육에서 서정성의 의미

'서정'이란 장르론에서 서사나 극, 등 다른 장르와 구별되는 범주를 지칭한다. 대표적으로 조동일(1977)이 주장한 4분법이 있다. 이에 따르면 서정 장르는 세계의 자아화로 정의된다. 서정은 자아가 세계를 자신 쪽으로 끌어들여 세계를 변용시키는 것이다. 그런데 서사나 극 장르가 자아와 세계의 대결이라고 정의한 것은 서정에는 그러한 특성이 없다는 것을 의미한다. 즉 자아와 세계는 대립보다는 화합을 지향하고 차이보다는 동일성을 강조한 것이라 할 수 있다. 김준오(1991)는 서정시의 장르적 특징으로 자아와 세계의 동일성, 갈등의 지양, 순간의 장르, 주관성 등을 들고 있는데 이 역시 전통적 시학의 입장을 대변하고 있다. 이 외에도 최승호(2002)는 전통시학적 입장에서 서정성을 "자아와 세계 간의 서정적 공동선을 추구하는 것"이라고 하였다. 최승호의 논의는 자아와 세계 양 축이 모두 서정시의 구성요소가 된다는 점이다. 이러한 인식은 조동일과는 다른 면을 보여준다. 즉 조동일은 자아를 서정시의 핵심 요소로 보고, 세계는 부차적인 존재로 본 반면, 최승호는 자아와 세계 양 축이 모두 서정성을 지탱하는 요소가 된다는 점이다. 그러나 모두 동일성을 지향한다는 점에서 공통점을 찾을 수 있으며, 이는 전통적 시학의 범위를 크게 벗어나지 않은 것이다.

이렇듯 서정시 이론의 주요한 부분은 주로 자아와 시적 대상 간의 행복한 만남을 전제로 한다. 자아가 세계가 순수하게 화합하는 경지를 지향하고 있는 것이다. 물론 형식적으로는 화합을 지향하고 있지만, 실제 내용에서는 주객갈등을 전제로 하여 화합을 소망하는 텍스트도 존재한다. 이러한 텍스트들은 자아와 세계가 분리되었다는 고통스러운 인식 아래 세계와 통합되고자 하는 소망을 드러낸다. 교과서에 반복해서 수록되고 있는 조지훈의 <승무>는 이러한 인식을 잘 보여준다.

두 볼에 흐르는 빛이
정작으로 고와서 서러워라.

빈 대에 황촉불이 말없이 녹는 밤에
오동잎 잎새마다 달이 지는데,

소매는 길어서 하늘은 넓고,
돌아실 듯 날아가며 사뿐히 집어올린 외씨버선이여,

까만 눈동자 살포시 들어
먼 하늘 한 개 별빛에 모두오고,

복사꽃 고운 뺨에 아롱질 듯 두방울이야
세사에 시달려도 번뇌는 별빛이라.

휘어져 감기우고 다시 접어 뻗는 손이
깊은 마음 속 거룩한 합장인 양하고,

이 밤사 귀또리도 지새우는 삼경인데,
얇은 사 하이얀 고깔은 고이 접어서 나빌레라

-조지훈 〈승무〉 부분

〈승무〉는 춤을 통해 스스로의 고뇌를 벗어내려는 시도를 형상화하고 있다. "정작으로 고와서 서러워라", "복사꽃 고운 뺨에 아롱질 듯 두방울이야/ 세사에 시달려도"라는 부분에서 여승은 현실과의 불화를 겪고 있음을 보여준다. 이러한 분리는 쉬이 극복될 수 없다. 그러므로 여승은 승무라는 초월적 몸짓을 통해 현실의 고뇌를 잊고자 한다. 그러므로 이 텍스트는 세계에 소외된 인간이 화합을 소망한다는 점과, 그 화합이 쉽지 않음을 표현한다. 그리고 여승의 몸짓에 대한 반복적 묘사는 현실에서 겪는 여승의 갈등이 적지 않음을 보여주고 있다.

하지만 이러한 텍스트에도 문제점은 있다. 승무를 추는 여승이 가지는 고뇌에 맥락을 찾아볼 수 없으며, 그에 따라 이러한 고뇌도 사회적 계기로 극복되는 것이 아니라 '승무'라는 종교적이고 초월적인 의식을 통해 '승화'시키고 있는 것이다. 또한 이 텍스트가 전경화하고 있는 것은 '승무'라는 초월적인 몸짓이다. 여기에 세세한 현실의 고뇌는 오히려 이 의식(儀式)을 전경화시키는 데 도움을 주는 역할을 할 뿐이다. 현실초월적인 경지에 다다르기 위한 하나의 통과의례 정도로 이해되는 것이다. 그러므로 이 텍스트에서 보이는 자아와 세계의 균열 역시 동일화의 원리에 의해 봉합되어버리며, 그 계기는 주체의 일방적인 세계 포섭에 의한 것이다. "세사에 시달려도 번뇌는 별빛이라"라는 표현에서 지상의 번뇌에

서 벗어나 천상적 해탈의 경지를 갈망하는 화자의 모습을 간접적
으로 엿볼 수 있기 때문이다.

　그리고 이는 현실의 모순을 추상화하는 방법과 병행되는 경우가
많다. 현실을 추상화할 경우 학습자들 분리를 일으키는 현실보다
는 그것이 극복되는 모습에만 관심을 가질 공산이 크다. 자아와
세계가 분리되었다는 인식에 초점을 맞추는 것이 아니라 그 분리
의 통합에 초점을 맞추는 경우가 대부분인 것이다. 이럴 경우 분
리는 화합을 위한 전제조건 정도로 제시되는 것이 보통이다.

　그러나 서정에 대한 여러 논의에도 불구하고, 문학교육에서는
서정에 대한 구체적인 정의는 보기 어렵다. 그래서 가장 최근의
교과서인 7차 교육과정기의 국정 <중학국어>를 살펴보면서 교과
서에서 인식하는 서정이 어떠한지를 파악할 필요가 있다. 결론적
으로 말하면 문학교육 역시 서정을 세계의 자아화, 또는 동일성의
원리로 이해하고 있다. 중학교 3학년 1학기 1단원 <시의 표현>
부분에 실린 시는 다음과 같다.

〈표 12〉 7차 교육과정기 중학교 3학년 1학기 1단원 〈시의 표현〉 텍스트 목록

제목	저자
내가 사랑하는 사람	정호승
배추의 마음	나희덕
낙화	이형기
둑방길	유재영

　이 단원에서 학습자에게 가르치고자 하는 것은 시의 표현법이

다. 시의 언어적 측면을 학습시키기 위한 단원인 것이다. 교사용 지도서에는 "시에 나타난 다양한 표현방법과 효과를 알아보는 활동과 그 표현에 담긴 시인의 의도를 파악하는 학습활동을 함"(3학년 1학기 교사용지도서 80쪽)이라고 명시되어 있다. 그런데 여기서 제시된 시는 모두 순수서정시라 부를 수 있는 것들이다. 정호승의 <내가 사랑하는 사람>이 가난하고 고통받는 사람들에 대한 애정을 표현하고 있다지만, 이를 사회적인 차원에서 구체적으로 형상화한 것이 아니라 추상적 차원의 진술일 뿐이다. 더구나 모두 자아 중심의 텍스트이며, 세계의 모습을 비판적으로 형상화한 것은 찾아볼 수가 없다.

또 다른 예로는, 중학교 1학년 1학기의 7단원 <문학과 사회>의 본단원에 제시된 작품은 소설밖에 없으며, 시는 '생각 넓히기' 부분에 학생 시와 기형도의 <엄마 생각> 2편이 실려 있을 뿐이다.1) 기형도의 <엄마 생각>은 중학생의 정서에 합당하다고 할 수 있으며 구체적인 형상화가 잘 이루어진 좋은 선택이라 할 수 있지만 이는 본단원이 아닌 보충 자료의 차원에서 제시된 것일 뿐이다. 즉 사회의 제문제에 대해 관여하고 사회의 모습을 드러낼 수 있는 것은 서사나 수필 쪽이 더 적합하다는 의식이 기저에 있다는 것을 알 수 있다.

그리고 중학교 2학년 1학기 4단원 <삶과 문학>에서는 총 2편의 텍스트가 본단원에 실려 있다. 그런데 시는 박목월의 <가정>이 실려 있다. 이 역시 1학년 교과서의 구성의 이유와 비슷한 것

---

1) '문학과 사회'에는 허균의 <홍길동전>, 강원룡의 수필 <30년 전의 그날>, 박완서의 <옥상의 민들레꽃>이 수록되어 있다.

이다. 시가 사회와 관련되기 어려우며 삶과 관련되었다고 해도 그것은 개인의 가정사에 한정된다는 인식이다. 이를 통해 현재의 교과서에서도 서정장르에 대한 편향된 인식이 여전히 존재한다는 것을 알 수 있다.

서정시는 대상과의 상호작용을 통한 주체의 정서발현 과정, 즉 서정(抒情)에 있다(유성호, 2002). 그러므로 서정 장르의 주 관심사는 세계를 인식하고 판단하며 해석하여 상호작용하는 주체에 관심을 둘 수밖에 없다. 이러한 서정시의 원리는 자아 중심적인 동일성에 기초한 것으로 보인다. 하지만 이러한 동일성의 원리는 현실 사회의 계기가 틈입할 수 없는 구조로 되어 있다. 이와 달리 자아와 현실이 화합하려는 경지에서 현실의 제문제와 마주치는 순간 동일성은 균열이 가게 마련인 것이다. 하지만 서정시의 이론은 자아와 세계의 조화로운 합일만이 시의 본령이라는 인식을 심어주게 된다. 이러한 인식은 서정과 서정주의[lyricism]의 구분이 명확하지 못한 데서 나타나는 것이다. 물론 서정은 lyricism의 번역어이다. 그러나 실세직으로 시는 시정시의 등기창으로 인시된다. 다시 말해 현대 창작되는 모든 시들은 다 서정시인 것이다. 그러나 문제는 서정과 서정시를 구별하지 못함으로서 마치 서정을 드러낸 시가 서정시로 인식되는 경우라 할 수 있다.

'서정주의'는 대상에 대한 차분한 관조를 통한 융화의 세계를 그리거나 주체의 자족적인 충일감이 갈등 없이 토로되는 순수서정의 시적 경향에서 이루어진다. 그것은 '서정'의 원리가 가장 탈이념적이고 탈일상적인 순수한 물리적·정서적 상황에서 실현된 어떤 정조나 분위기이다. 따라서 '서정'을 '서정주의'의 정조나 분위기를 구현하는 원리로 인식하는 것은 오류라고 할 수 있다. 그렇지 않을 경우 우리는 '서정적=감성적' 심지어는 '서정적=감상적'이라는 오도된 등식과 연쇄적으로 마주치게 되며, 다분히 부드럽고 따뜻하고 슬픔의 정조를 띤 작품들을 '서정'의 원리에 충실한 것으로 오인하게 된다. 더구나 역사인식이나 현실감각이 다소 결여된 순수서정이 서정의 본질인 양 오도되는 경향이 팽배하다. 순수서정은 서정의 극단적인 한 형태인 것이다(유성호, 2002).

서정주의가 서정의 본질로 인식되는 이유는 낭만주의의 영향으로 볼 수 있다. 서정을 '주관성'이나 '내면성'과 동일한 것으로 간주하는 인식태도는 낭만주의 이후에 일반화된 것이다(고봉준, 2007). 낭만주의의 사상적 배경을 제공한 칸트는 주관적 관념을 중시하였다. 칸트철학은 인간 이성이 현실을 모사하고 재현하는 수동성보다는 주체의 자유로운 활동에 의해 대상을 새롭게 구성하여 객관성을 생산한다고 봄으로서 인식이 창조적 자아의 영역으로 변화될 수 있는 여지를 만들었다(최유찬, 1995). 인식의 주체인 이성이 자유롭게 대상을 변화시킬 수 있다고 보는 것은 내면을 중요시하는 주관성과 깊은 관련을 가진다. 실제로 독일 낭만주의의 자기-표현은 현실의 그 무엇도 무한한 자기의식을 담아낼 수 없다는 반(反)모방론적인 입장에서 출발한다. 낭만주의자들은 현실과 사회의 기준에 의해 제약될 수 없는 인간의 주체성이 존재한다고 믿었고 그 무한한 자기의식을 '주체성'이나 '내면성'이라고 불렀다. 그들은 특유의 상상력으로 세계를 '나'의 외부에서 '내부'로 가져왔다(고봉준, 2007). 실재하는 세계보다 관념이 만들어낸 세계를 중요시한 것이다. 낭만주의자들에게 있어 실재 세계는 부정적인 대상일 뿐이었다. 이는 실제 세계를 중시하는 계몽주의나 고전주의에 의한 반동에 의해 생긴 것이었다. 실제로 낭만주의는 르네상스를 거치면서 체계화된 도시적 삶이 가지는 어두운 면을 극복하려는 시도로 시작되었다. 부르주아사회의 물질주의, 물화 현상에 대한 자유롭고 평등한 사회의 희망이 멀어진 데 따른 환멸감의 표현이었다(최유찬, 1995).

그런데 이 시기 새로 발생한 여러 사회적 조건들은 이전과는 달리 예술품은 생산하는 존재의 중요성을 더욱 부각시키게 된다. 낭만주의 이전에는 작자보다 독자가 더 중요한 위치를 차지했었다. 귀족이나 왕족, 교회로 상징되는 후원자(패트론)들은 권세를 과시나 지적 만족을 위해 예술가들을 고용하였다. 그러므로 예술가들은 그들의 개성을 표현하기보다는 후원자들을 만족시킬 수 있는 예술품을 생산해내야 했다. 그러나 사회의 변화에 따라 익명의 중산층이 독자로 형성되게 되었다. 이들은 자신의 취향이나 요구를 직접 요구할 수 있는 존재가 아니었다. 그러므로 이를 통해 작자와 독자의 관게는 역전이 되면서 작가는 스스로의 예술적 관점에 따른 창작을 할 수 있었다. 그리고 예술을 상상적 진리를 구현한 우월한 실재로 여기는 양상이 두드러졌다. 이는 이전의 예술품이 상품과 유사하게 유통되는 현상에 대한 반동적 인식이었다. 문학예술이 전문 분야가 되고 그에 대한 인식이 심화되는 데 따라 예술 활동에서 상상력의 역할과 그로 인한 현실에 대한 심화된 인식을 주장하게 되었으며, 그러한 상상적 진리를 신출하는 예술가를 특수한 존재로 여기는 관점이 생겨나게 되었다(최유찬, 2005). 이러한 관점은 더욱 강화되어 후에는 예술가를 보통의 인간과는 다른 특수한 존재, 즉 천재 개념으로 보게 된다. 예술가는 정해진 규범에 따라 예술품을 창작하는 것이 아니라 자율적 존재로서 스스로의 개성과 능력으로 파악될 실제 세계를 변용시켜 표현하게 된다.

이러한 낭만주의의 인식은 조동일의 세계의 자아화와 근접한다. 자아와 세계의 관계를 통해 장르 구분을 하려 했던 조동일은 서정 장르에서 자아의 중요성을 강조하였다. 자아가 세계를 자신 쪽으로 끌어들여 변화시킨다는 인식이 그렇다. 낭만주의에서 강조된 예술가의 위치가 시에서는 자아 또는 화자로 변형되면서 자아를 중심으로 서정을 정의하게 된 것이다. 물론 이렇게 서정을 정의하면서도 낭만주의와의 관련성이나 낭만주의가 형성된 조건에 대한 맥락을 제거하고 그 내용만을 취한 다음 이것이 보편적이라고 주장해왔던 것이다.

서정에서 주체나 개인의 관념을 중요시하는 인식이 계속 주류로 존재하는 이상 현 정전의 중심부성을 깨뜨리기도 어려우며, 문학 교육의 목표에 맞는 텍스트로 정전을 재구성하기도 요원하다. 자아 중심의 미감이 진정한 서정이라는 이러한 인식을 넘어서기 위해서는 서정 장르의 새로운 개념 정립이 필요할 것이다.

나. 서정성의 재정립

이를 위해서는 정서가 행하는 복합적인 기능에 주목할 필요가 있다. '정서'는 주체의 감정과 인식이 부단히 대상과 반성적으로 매개됨으로서 주체의 내면에 질서화된 정신적 자질이다. 그래서 정서는 현실에 대한 비판적 인식이나 풍자적 목소리나 하나의 꾸

며진 이야기를 작품의 골조로 삼는 구성능력과도 깊이 연관된다. 그 점에서 정서는 순간적으로 폭발하고 마는 단순한 직정(直情)과는 다른 것이다. 이와 같은 정서의 복합적인 층위와 기능이 바로 '서정'의 개념적 넓이를 암시해 주고 있는 것이다. 그래서 우리가 지칭하는 '민중시'나 '노동시', '풍자시', '이야기시' 등은 서정과는 다른 원리에 의해 구현되는 것이 아니라 하나같이 서정의 원리에 의해 발원되고 완성되는 서정시의 하위 양식인 것이다. 서양에서 Ode, Sonnet, Ballad, Elegy, Pastoral, Satire, Rondeau, Epigram, Triolet 등을 모두 서정시의 하위양식으로 포괄하는 것도 그러한 까닭에서이다. 그래서 우리는 '대상의 내면화'나 '세계의 자아화'라는 좁은 서정의 기본적 원리들을 승인하면서도 동시에 '서정'이 그려내는 다양한 무늬들을 참작해야 한다고 본다(유성호, 2002).

이보다는 조금 더 과격한 움직임도 있다. 최근 평단에서는 서정에 대한 새로운 인식틀을 구성하고자 하는 움직임이 있다. 우리 시의 미래가 전통적 서정의 권위로 인해 여러 가지 폐단과 모순을 초래하고 있음을 인식하고 개념을 새로 재정립하려는 시도가 이에 해당한다. 구모룡(2001)은 근대 시학 극복을 위해 몇 가지 개념을 검토하고 있다. 근대 시학의 중요한 특성인 자아중심주의나 동일성을 비판하면서 새로운 시학적 전통을 창조할 것을 주문하고 있는 것이다.

구모룡의 자아중심주의에 대한 비판은 시의 자기표현성을 부정하는 것이 아니라 근·현대시의 자아 중심성을 비판하는 것이다. 서정시가 자기 표현에서 출발한다는 것은 동서를 막론하고 유사하다. 그러나 근대에 이러한 자기 표현이 문제되는 것은 과잉된 자기 표현 때문이다. 자기에서 비롯하되 궁극적인 도(道)를 지향하는 시적 방향과 자기만을 표현하기 위해 이를 부정하고 개성만을 과장하는 시적 방향은 다르다는 것이다. 앞서 보았듯 현재 우리 문학교육에서 자기 표현을 과도하게 중요시한 것은 사실이다. 동일성에 대한 비판도 이와 비슷한 맥락에서 행해지고 있다. 동일성은 주체와 타자 사이의 차이를 지우는 것이다. 포스트모더니즘 철학에서 흔히 이야기하는 동일성의 폭력은 이러한 점에서 시작한다. 타자와의 차이를 인정하지 않으면 다른 것은 배제하게 되고 결국 대화적 상황이 생길 수 없다.

문학교육에서 은밀하게 승인하고 있는 서정성에 대한 좁은 인식이 시교육에 미치는 영향을 부정할 수는 없다. 교과서 집필진이나 검정진, 현장 교사까지도 모두 이러한 서정성에 대한 인식을 무의식적으로 내면화하고 있다. 이는 정전이 가지는 효과일 것이다. 하지만 이러한 현상이 현재의 문학교육 및 시교육에 부정적으로 미치는 것은 분명한 사실이다. 탈사회화된 주체와 순응적 주체는 문학교육이 목표하는 바가 아니다. 그러므로 위와 같은 열린 담론들이 교육 현장에서도 공론화되어야 할 것이다.

문학교육에서 이를 활발히 받아들인다면, 동일성의 시학을 넘어선 정전 구성에도 도움이 된다. 정전 구성이 서정에 대한 단편적 인식과 관련이 큼은 주지의 사실이다. 순수시 중심의 정전 체계를 설명하기 위해서는 그에 합당한 지식체계가 필요했고, 그것이 관념 중심의 동일성과 세계의 자아화라는 좁은 인식의 지식체계이다. 그리고 이러한 지식체계는 스스로 권력화되어 이 가치에 합당한 텍스트만을 승인하게 되는 것이다. 이러한 악순환에 내파를 가

저을 수 있는 것이 바로 서정성에 대한 재인식이라 할 수 있다.

2) 담론의 권위를 해체하는 제재 선정의 개방성

문학교육의 정전은 문학의 정전의 부분집합이라고 할 수 있지만 사실을 상이한 체계를 가진다는 것이 더 설득력을 가진다. 초기 문학교육의 정전은 국가이념이 아주 강하게 작동했다는 것을 알 수 있다. 이런 맥락에서 이은상의 <고지가 바로 저긴데>라는 현대시조나 유치진의 <청춘은 조국과 더불어> 등의 희곡 작품은 호전적인 호국정신이나 맹목적 애국심을 강조하고 있다(권승긍, 1999). 이런 경우는 문학적 가치보다는 그 전언이 포함하는 정치적 가치를 더 중요시한 경우이며, 문학이 추구하는 가치와 문학교육이 추구하는 가치가 다르다는 것을 명시적으로 보여준다.

7차 교육과정기의 교과서는 학습자의 흥미와 수준을 고려해서 기존 문학계의 자장 바깥에 있는 작품들도 7차 교과서에서 반영되고 있다. 서태지의 <교실 이데아>나 하덕규의 <가시나무> 등 대중가요가 국정 교과서에 활동의 한 방편으로 실리는가 하면 학생이나 비전문인의 작품도 일정 부분 수록되어 있다. 비록 감상이나 분석의 대상이라기보다는 읽기 전 활동에서 배경지식의 활성화를 위해 구성되었거나 읽기 후 활동을 위한 제시문의 성격―본문 학습을 위한 보조적인 자료로서의 기능―을 가지고 있지만 이전 교육과정에 비해 넓어진 제재 선정을 보여주고 있다. 하지만 이 텍스트들은 주변적인 성격을 지닐뿐더러 앞에서 서술한 것과 같이 본격적인 교육의 대상이 되는 제재가 아니라 그것들을 돕기 위한 제재라고 할 수 있다.

이는 아직 본격문학 중심의 체계가 강건히 유지되고 있음을 증거한다. 이는 문학교육사의 관성 때문이라고도 할 수 있다. 문학교육의 정전은 100년 가까이 되는 문학사적 결과물 중 선택과 배제의 논리를 작동시켜 유지되었기 때문에 이런 구성이 한 순간에 바뀔 수는 없다. 그러나 문단 바깥의 제재가 교과서에 실리는 것은 문학교육과 문학계가 따로 움직이기 시작한다는 것으로 볼 수 있다. 즉 7차 교육과정 이전의 문학교육은 문학적인 가치가 어느 정도 합의된 문인만을 교육의 대상으로 삼았지만, 7차를 분기점을 해서 분열의 틈이 생겼다는 것이다. 이런 현상은 문학교육학이 문학(학)과는 다른 길을 걷게 되었다는 것을 보여준다. 이런 결과의 바탕에는 구성주의나 수용자 중심의 이론이 문학교육학에 수용되었음을 말해주는 것이다.

이렇게 본다면 문학교육에서의 정전적 텍스트나 문인은 문학계의 자장권 내에서 크게 벗어나고 있지는 않지만 그 체계는 상이하다고 할 수 있다. 정전과 그 체계를 분리해서 논의해야 하는 까닭이 여기에 있다. 현대문학의 정전과 현대문학교육의 정전은 전체집합과 부분집합의 모습인데 반해, 현대문학의 정전 체계와 현대문학교육의 정전 체계는 각각의 체계를 구성하고 있는 것이다.[2]

문학의 정전 체계는 다분히 복수적이다. 순수문학적 전통을 강조하는 쪽에서는 문학이 인간의 삶에 대한 본질적이고 보편적인 것을 탐구해야 한다고 주장한다. 이러한 주장의 기저에는 문학과

---

2) 정전의 개념은 다의적이나 여기서는 정전은 문인이나 텍스트를 지칭하고 정전 체계는 정전들을 구성하는 구조나 틀을 지칭한다.

정치는 별개의 것이라고 보고 문학이 정치적으로 이용되는 것에 대한 극단적인 거부반응이 있다. 이러한 거부반응은 앞서 본대로 문학과 정치를 완전히 분리한 정권적 의도에 기인한 것이다. 문학이 현실세계에 관심을 가지는 것은 순수하지 못하다는 것이며, 훌륭한 문학이란 탈정치적이고 탈이념적이어야 한다는 것이다.

또한 문학의 사회적 역할을 강조하는 쪽이 있다. 이는 반영주의적 입장을 바탕으로 한 것이다. 문학은 어떤 식으로든지 사회와 연관되어 있고, 문학은 사회의 문제에 대해서 항상 관여해야 한다고 믿는다. 문학은 현실에 민감해야 하고 현실 문제를 항상 다루어야 하며 다룰 수밖에 없다고 주장한다. 물론 이러한 인식에는 문학이 현실 문제에 대한 치료제로서 역할보다는 문제의 징후를 드러내는 역할을 강조한다. 흔히 비유되는 잠수함 속의 토끼의 역할을 문학이 해야 한다고 믿는 것이다. 이 외에도 문학의 자율성에 방점을 찍고 문학의 외연을 끊임없이 확장시키며, 문학이 주는 다양한 세계 인식의 방법을 추구해야 한다는 주장도 있다. 한때 한국의 문학계를 양분했던 <창작과 비평>과 <문학과 지성>은 리얼리즘과 문학의 자율성이라는 다른 가치를 가진 정전 체계를 형성했다. 물론 이 둘은 서로 교섭하며 변증법적인 발전을 하여 문학계가 한 단계 더 상승하는 양상을 볼 수 있다. 어쨌든 문학의 정전 체계는 지향하는 바에 따라 복수적으로 존재한다는 것을 알 수 있다. 이는 다양성의 증거이며, 문학이 가지는 힘일 것이다.

그러나 문학교육의 정전 체계는 이와 다르다. 국민교육이라는 근대적 제도는 교육을 통해 국가의 이념을 재생산하여 체제를 유지하려는 의도가 분명히 존재하고 있다. 또한 그것은 국가기관의 감독 하에 이루어지는 것 뿐 아니라 미시적인 영역에서도 편재되어 작동되고 있다. 거시적으로는 국가가 내리는 지침인 교육과정을 따라야 하며, 또한 그 이면에 숨어있는 국가의 이념을 따라야 한다. 이는 국가적 차원의 요구수준이다. 이 외에도 사회 차원의 요구수준이나 교육 현실 차원의 요구수준도 존재한다(정재찬, 1996). 문학교육의 정전 체계는 이런 다양한 요구에 부응할 수 있는 체계인 것이다.

그러나 실제로 이런 다양한 요구사항은 하나의 문서로 수렴되는데 그것이 바로 교육과정이다. 교육과정이란 위의 다양한 요구를 고려하여 실현 가능한 형태로 교육을 재조직하는 지침인 것이다. 그러므로 우리가 먼저 따져봐야 할 것은 교육과정이 과연 현재 사회에 적합한 것인가 하는 것이다. 교육과정의 목표는 국어교육이 학생들에게 도달하기를 기대하는 궁극적 도달점이다. 그동안 국어교과의 교육목표는 1~4차 때처럼 학교급, 학년별 목표를 설정한 적도 있었고, 6차 때처럼 학교급 목표만 제시한 경우도 있었다. 그러나 2007년 새로 고시된 교육과정의 경우 초등학교 1학년부터 고등학교 1학년까지 10년을 국민공통교육기간으로 설정하고 이에 대한 목표를 제시했다.

문학교육 역시 국어과와 연계되면서도 문학 독자의 차별화된 목표를 제시했다. 이를 다시 요약하면 문학에 대한 이해, 작품의 수용과 생산을 통한 언어능력과 사고력 향상, 인간과 세계에 대한 이해, 문학의 가치 향유, 공동체 문화발전에 기여이다. 이러한 문학교육과정의 가치가 옳다면 문학교육의 정전 체계는 이에 알맞게 재구성되어야 할 것이다.

교육과정의 타당성을 검증하기 위해서는 현재 사회에 대한 판단이 우선시되어야 한다. 보통 현대를 산업화 시대나 후기 자본주의 사회로 규정한다. 이는 문화의 가치보다 시장의 가치가 더 중요한 시대라는 뜻이다. 교육의 비인간화나 교육산업이라는 말은 이를 상징적으로 드러낸다. 이를 긍정적 측면으로 바라볼 수는 없을 것이다. 그러므로 이런 현실을 지양하기 위한 가치가 교육과정에 드러나야 한다. 더욱이 변화하는 사회에서 지식 자체가 가지는 중요성은 많이 감소하였다. 그러므로 지식이 궁극적이 목표가 되기보다는 지식을 통해 현재 사회의 문제점을 극복할 수 있는 인재를 키우는 것이 교육이 우선 필요하다. 교육이 이러한 문제점을 해결할 수 있는 방안을 직접 제시하는 것이 아니라 그런 방안을 찾을 수 있게 해야 한다. 교육이 문제해결의 지식을 직접 제공할 수도 없을뿐더러 그것이 가능하다고 해도 그 지식은 다시 화석화되고 권력화될 가능성이 높기 때문이다. 그러므로 현재의 문학 교육과정 목표가 가지는 가치는 타당하다고 할 수 있다. 지식은 세계이해와 문화빌진의 도구이기 때문이다. 그러므로 문학교육의 정전 체계는 이러한 목표가 지향하는 방향으로 나아가야 한다. 이는 정전 체계도 마찬가지이다. 문학의 목표와 문학교육의 목표가 다르다면 각각의 정전 체계도 달라야 한다.

그런데 문제는 문학에서 추구하는 목표와 문학교육이 추구하는 목표는 다른데도 불구하고 문학사적 가치를 가지는 텍스트를 수록해야 하는 현 교육과정의 세부지침이라 할 수 있다. 이를 교육과정을 통해 살펴보자. 2007년 새 문학교육과정에서 자료 선정 시 유의사항을 몇 가지 채택하였다.

5. 교수·학습을 위한 자료를 선정할 때는 다음 사항에 유의한다
  (가) 문학사적 기준과 비평적 안목에 비추어 타당하고 전이성 높
      은 작품을 선정한다.
  (나) 내용과 형식, 표현 면에서 문학의 전형성을 보여주면서 창의
      성과 상상력을 자극할 수 있는 작품을 선택한다.
  (다) 학습자의 관심 및 생활 경험과 밀접하게 연관되는 작품을
      선정한다.
  (라) 한국 문학과 세계 문학의 다양한 하위 범주를 보여줄 수 있
      는 작품들을 균형있게 선정한다.

여기서 문제는 (가), (나)와 (다)의 엇박자이다. 이 둘을 동시에 만족시키는 텍스트들을 찾기는 쉽지 않다. 학습자의 관심 및 생활 경험과 밀접히 연관되는 텍스트는 오히려 본격 문학의 범주보다는 대중문학이나 청소년문학에 많이 존재할 가능성이 높다. 그럼에도 문학사적 기준, 비평적 안목, 문학의 전형성을 보여주는 텍스트를 선정하라고 하는 것은 문제가 있다. 다양한 제재를 선정하여 교과서를 제작하려는 시도에 장벽으로 작용하는 것이다. 교과서 제작에서 실제로 이런 텍스트를 찾기란 쉽지 않기 때문이다. 그러므로 이런 지침은 결국 기존에 제시되었던 텍스트를 재사용하게 되는 결과를 낳을 가능성이 높으며, 이는 정전 재구성에 장애가 된다. 한정된 인원, 한정된 시간, 한정된 비용으로 이를 만족하는 텍스트를 찾기란 쉽지 않기 때문이다.

실제로 문학사적으로 검증된 텍스트를 지향하는 것은 고급문화의 우위, 또는 문학정전의 우위를 배타적으로 인정하는 것이다. 그리고 40여 년간 지속되어 왔던 순수문학의 우위를 암묵적으로 인정하는 것이다. 실제로 문학사적 평가는 당대의 지배적 담론에 영

향을 받기 마련인 것이다.

그러므로 우리는 여기서 한 가지를 포기할 수밖에 없다. 앞서 주장했듯, 문학교육의 정전 체계는 문학의 정전 체계와 다르지만, 정전은 거의 부분집합에 가깝다. 그러나 둘이 단일한 체계를 가지지 않는 이상, 구성요소 역시 단일할 필요는 없을 것이다. 잘 빚어진 항아리 같은 텍스트가 학습자들에게 올바른 문학의 전형을 보여줄 수도 있지만, 이것이 문학교육의 궁극적 목표가 될 수 없다. 전범을 익히고 외우게 하는 교육이 가지는 가치 역시 부정할 순 없지만, 그것이 전부가 아닐진대 그러한 텍스트만이 교과서에 실리는 것은 문학교육의 목표에 비추어 바람직하다고 할 수 없다. 더구나 문학사적으로 승인받은 텍스트가 함의하는 것은 문학사적으로 승인받은 작가이다. <새봄>이 문학사적으로 승인받은 적은 거의 없다. 김지하의 텍스트라는 이유로 교과서에 실렸을 가능성이 오히려 높다. <새봄>의 정서와 유사한 텍스트는 그리 적지 않음에도 불구하고 굳이 <새봄>이 실린 이유가 그것이다.

교육과정의 지침은 교과서의 텍스트 선정에 있어서 중요한 한계로 작용한다. 그러므로 이러한 세부적 지침은 수정되어야 할 필요가 있다. 우리는 무의식적으로 동의하는 교육적 배려 속에 배제되는 텍스트의 유형을 살펴보고 그것의 교육적 가치를 살펴야한다. 그리고 그 속에 교육적 가치가 있고 그것이 현 문학교육의 목표와 부합한다면 배제된 타자의 목소리를 살리는 것이 정전 재구성의 또 다른 방법이다.

배제된 타자는 여럿이 있다. 하지만 여기서는 본격 문학의 범주 바깥의 대중문학과 청소년문학에 대해 간단히 살펴보고자 한다.

대중문학은 최근 주변부의 문학이라는 인식을 벗어내고 많은 연구가 이루어지고 있다. 그러나 이러한 연구가 아직 교육에서는 흡수되고 있지는 못한 실정이다. 앞서 살펴보았듯 7차 교육과정기에는 대중문학이 일부 수록되어 있다. 국정 고등국어 교과서에 서태지의 <교실 이데아>와 하덕규의 <가시나무>가 수록된 것이 그 예이다. 그러나 아직 학습활동의 예나 선행학습 자료로만 선정되었지, 하나의 단원을 형성하는 제재로서 자리매김하지는 못하고 있다. 이는 대중문학이 아직 교육의 대상이 아니라는 본격문학 중심주의가 교육현장에 지배하고 있기 때문이다.

서정 장르에서 대표적인 대중문학은 대중가요이다. 대중가요는 학생들의 접근이 용이하고 다양한 정서나 인식을 보여주고 있다는 점에서 가치를 가진다. 그러나 아직 학문적 거리가 확보되지 않은 관계로 교육에서 활용도는 낮은 편이다. 그럼에도 대중가요를 교육에 활용하고자 하는 연구도 있다. 이영미(2003)는 운율이나 이미지를 학습시키기 위해 대중가요를 활용할 것을 주장하였다. 음악성이 제거된 현대시에 비해 운율적 요소가 풍부하며 이를 표면적으로 확인할 수 있다는 점과, 비교적 선명한 이미지를 준다는 점이 그 근거이다. 대중가요가 가지는 풍부한 무늬들을 생각할 때 이는 타당성이 있다.

그러나 이 주장은 결국 대중가요를 통해 지식 중심, 주해 중심의 현대시 교육을 하자는 것이다. 그렇다면 대중가요를 굳이 교육의 장 안에 끌어들일 필요가 있는지 의문이다. 물론 학습자들의 흥미나 경험을 배려하여 접근이 쉽고, 학습효과가 높을 가능성은 크다. 그러나 대중문학을 교육으로 끌어들인다는 것은 대중문학이 가지는 미적 가치나 세계관까지 가져온다는 것이다. 이것은 많은 연구를 필요로 한다. 대중문학을 본격문학에서 예술성이 결여된 존재가 아니라 그것이 가지는 나름의 미의식이나 특성이 고려되어야 하기 때문이다. 그렇지 않고 단순히 제재를 넓히는 수단으로 사용하는 것은 기존 정전 체계에 균열을 내기보다는 오히려 강화시켜줄 가능성이 크다. 영미의 정전이나 문학교육의 정전이 그랬던 것처럼, 실제로는 기존 정전의 중심부성이 유지되면서도 다원주의를 획득한 것처럼 보이게 하기 십상인 것이다.

청소년문학도 마찬가지이다. 단순히 청소년들의 경험이나 가치관을 반영한다고 해서 기존의 학습법에 대한 보조적 자료로 사용되는 것은 문제가 있다. 현재 우리나라에서는 청소년 문학에 대한 연구가 부족한 편이다. 독일을 비롯한 유럽에서는 이른바 '아동청소년문학'이라는 명칭이 통용되고 청소년문학이 아동문학과 함께 연구되어 온 상황과 매우 대조적이다. 우리의 경우 아동문학의 범주에서 청소년문학이 논의된 경우가 드물 뿐만 아니라, 청소년 문학이 독립적인 위상을 확보하지도 못하고 있는 실정이다(윤진아, 2008). 물론 청소년 문학은 인터넷이라는 사이버 공간에서 커다란 영역을 확보하고 있다. 예전에는 거대 사이트에 청소년들이 자신의 글을 발표하거나 토론·평가하던 공간이 있었다.3) 그러나 현재에는 폐쇄된 경우가 대부분이다. 그렇다고 청소년문학이 사이버 공간에서 사라진 것은 아니다. 지금은 거대 사이트가 아니라 카페나 블로그를 통해 보다 구체적인 주제를 가지고 창작과 비평 활동

---

3) 사사넷(www.zaca.net)이 대표적인 예이다.

을 왕성하게 하고 있다. 인터넷이라는 공간적 특징 상 이러한 흐름이 구체적으로 얼마나 되는지 알아내기는 어렵다. 다만 네이버의 카페만을 한정하였을 때, 문학과 창작 카테고리 내에서 시와 소설이라는 키워드를 동시에 만족하는 곳만 549개였으며, 게시판을 확인해 본 결과 성인 뿐 아니라 청소년들도 왕성하게 가입하고 활동하는 것으로 보인다. 특히 한 카페는 회원 수가 50,000명에 육박하였다. 모든 회원들이 열심히 활동한다고 할 수는 없지만, 일부라고 해도 작은 숫자는 아닐 것이다.4)

이를 바탕으로 하여 청소년문학은 사이버문학과 관련하여 논의되는 경우가 많았다. 그러나 사이버—청소년문학에 대한 관심은 여전히 무관심하다. 근대문학의 담론 공간에서 여성문학과 대중문학, 그리고 아동문학과 청소년 문학은 늘 주변부에 머물러왔는데, 사이버문학론에서도 이러한 현상은 지속되고 있는 것이다. 이는 문학에 대한 성인중심주의적 가치체계가 작용한 결과라 할 수 있다(남민우, 2006). 이런 이유로 일반 청소년이 창작한 문학이 활자화되어 나올 가능성은 기성 작가에 비해서 매우 낮다. 물론 귀여니 같은 경우 활자화되어 매우 많은 부수가 팔렸으며, 청소년들이 창작한 환타지 등이 출간이 되고 있지만, 이는 상업적인 이익을 위한 것이었다. 물론 그 속에서 청소년들의 가치관이 드러날 수 있지만, 이것이 교육적으로 가치가 있느냐의 문제는 따로 논의해봐야 한다. 귀여니의 텍스트는 아직 문학으로 인정하는 것조차도 논란이 되고 있기 때문이다. 그리고 서정장르의 경우 그 장르적 비

---

4) http://cafe.naver.com/song63. '하얀마음 하얀미소-시'라는 이름의 카페.

대중성 때문에 이러한 관심조차도 받지 못하고 있는 것이 사실이다. 실제로 사이버상에서 창작된 청소년들의 시집은 아직 찾아볼수 없다. 하지만 현재에도 청소년들은 온라인과 오프라인에서 창작을 하고 있다. 그리고 청소년들이 창작한 텍스트들은 사회적 주변인으로서의 고민과 삶의 문제를 다루고 있으며, 이는 실제 학습자의 고민과 많은 부분 일치한다고 볼 수 있다.

그러나 청소년이 주체가 되어 생산한 텍스트들은 아직 교육현장에 주요하게 등장하지 못하고 있다. 이는 청소년이 결여의 형태로정의되듯, 청소년 문학도 결여의 형태로 정의되기 때문일 것이다. 청소년은 육체적으로 성인에 가깝게 성장했지만, 사회적으로나 정신적으로는 아직 덜 성장한 단계라고 인식하고 있다. 이는 성인중심주의적 사고에 매여 있는 인식이다. 청소년은 정신적으로나 사회적으로 미성숙한 존재이기 때문에 청소년들 스스로 자신들의 존재에 대한 성찰을 할 수 없다는 것이다. 그러나 성인의 눈으로 바라본 청소년과 스스로의 눈으로 바라본 청소년은 다른 존재로서드러난다. 창작의 주체가 다르고, 사회에서의 정체성이 다르기 때문이다. 그러므로 청소년문학 역시 그것이 가지는 차별화된 가치를 파악한 후 정전 체계에 편입되는 것이 옳다고 할 수 있다.

대중문학이나 청소년문학의 정전 편입 가능성이 존재하는 것은정전에 대한 인식의 변화를 수반한다는 점에서 중요하다. 새로 구성되는 정전은 문학적 가치를 중심으로 하는 것이 아니라 교육적가치를 중심으로 하는 체계이기 때문이다. 만약 기존의 정전 관점으로 본다면 대중문학이나 청소년문학은 정전 체계에 편입될 수없을 것이기 때문이다. 이들은 기존의 문학적 권위 바깥에 존재하는 텍스트들이기 때문이다. 그러므로 이런 텍스트들을 선정한다는 것은 결국 정전 체계에 대한 새로운 인식이 전제됨을 의미하는 것이다.

02 │ 비판적 주체를 위한 정전 재구성의 제안

비판적 주체란 앞서 살펴보았던 탈사회화된 주체나 순응적 주체가 아닌 세계와 대화하는 주체로 상정할 수 있다. 이 둘의 한계를 지양하고 사회에 세계에 대해 자신의 주체성을 드러내되, 독백적이 아니라 사회와의 연관 하에서 존재함을 인식할 수 있는 주체를 말한다. 문학교육이 목표로 하는 것도 바로 비판적 주체의 형성일 것이다. 세계를 총체적으로 인식하고 공동체의 문화 발전에 기여할 수 있는 존재도 비판적 주체이다.

물론 문학교육이 목표가 비판적 주체의 양성에만 있는 것은 아니다. 2011 새 교육과정에서 목표는 크게 3가지로 나누었다. 문학에 대한 지식을 바탕으로 하여 능동적인 문학 활동을 하는 것과 작품의 수용과 생산활동을 통해 언어능력 및 창의적 사고 능력 배양, 그리고 인간과 세계를 총체적으로 이해하며 문학의 가치와 아름다움의 향유하고 공동체의 문화 발전에 적극적으로 참여하는 것이다.

이 중 문학 지식을 습득하는 것과 문학에 대한 이해와 경험은 문학 활동이라 할 수 있다. 이러한 것은 텍스트를 이해하기 위한 지식을 배우는 과정에서 자연스럽게 습득될 수 있다. 물론 현재의

문학교육인 텍스트 이해보다, 텍스트를 이해하는 데 필요한 지식
이 더 중심인 것은 사실이다. 그러나 능동적 문학 활동을 하기 위
해서는 문학 지식은 텍스트 이해에 필요한 정도로 제시되는 것이
마땅하다. 현재 교실에서 학습자들은 문학에 대한 지식을 습득하
는데 치우쳐 정작 문학 자체에 대한 흥미는 쉬이 잃어버리기 때문
이다. 능동적인 문학 활동을 위해서 우선적으로 학습자들이 문학
에 흥미를 가지게 하는 것이 중요할 것이다.

그리고 나머지는 언어에 대한 통찰력과 창의적인 사고와 소통,
인간과 세계의 총체적 이해와 공동체의 문화발전에 기여, 총 4가
지 항목이다. 이 넷은 모두 비판적 주체와 관련이 있다. 첫째 항인
언어에 대한 통찰력은 우리가 세계를 제대로 판단할 수 있게 하는
힘이다. 언어 없이 인간은 세계를 인식할 수 없다. 그런데 세상에
는 의미를 가지는 충만한 언어만 존재하는 것이 아니라, 의미 없
는 텅 빈 언어도 존재한다. 우리가 흔히 듣는 정치구호는 사실 대
부분이 속 빈 강정 같은 언어들이다. 넘치는 언어의 홍수에서 충
만한 언어와 텅 빈 언어를 구별할 수 있는 것은 결국 언어에 대한
통찰력이다. 언어에 대한 통찰력이 없다면 헛된 구호나 선동에 넘
어갈 가능성이 높으며, 이는 세계를 올바르게 인식하는데 장애가
된다. 국어과가 모든 학문의 기초가 되는 것은 바로 언어를 다루
고 있기 때문이다.

창의적 사고와 소통은 순응적 주체와 탈사회화된 주체의 반대말
이라 할 수 있다. 순응형 주체는 이미 주어진 길을 따라가기 때문
에 창의적으로 사고할 수 없으며, 탈사회화된 주체는 내면에 갇혀
소통이 불가능하다. 문학교육에서 창의적 사고와 소통을 강조한다

는 것은 이 둘을 지양한 비판적 주체에 대한 관심을 보이는 것이라 할 수 있다. 인간과 세계의 총체적 이해는 비판적 주체의 본 모습이라 할 수 있으며, 공동체의 문화발전에 기여는 비판적 주체가 궁극적으로 도달해야 할 목표점이라 할 수 있다. 그러므로 문학교육과정 상 목표가 모두 비판적 주체를 향하고 있는 것은 아니지만, 많은 항목들이 비판적 주체와 관련이 있다고 할 수 있다.

앞서 살펴보았듯 시교육에서 정전은 문학사적으로 평가를 받은 텍스트 중 문학적 지식을 가르치기에 적합한 것을 중심으로 구성되어 있다. 여기서 말하는 문학사적 평가란 보편적인 잣대라기보다는 일부, 특히 순수시를 중심으로 한 평가이다. 물론 사회비판적인 텍스트가 계속 정전에 포함되어 왔지만, 아직 순수시의 중심부성은 유효하다고 할 수 있다. 그렇다고 해서 순수시의 중심부성을 깨는 것만이 정전의 재구성을 가능하게 한다고 볼 수는 없다. 순수시도 텍스트마다 다양한 정서가 발현되고 있으며, 세계를 보는 시각 또한 다채롭다. 순수시 역시 나름의 교육적 가치를 가지고 있는 것이다.

여기서 정전을 재구성하는 방안은 단순히 순수시의 중심부성을 해체하고 사회적 관심을 지향한 텍스트를 많이 싣자는 것이 아니다. 현재 문학교육의 목표가 비판적 주체의 형성에 있다면, 그에 맞는 텍스트들을 위주로 정전을 구성하자는 것이다. 물론 정전의 재구성이 선언적인 주장으로 쉽게 되는 것은 아니며, 이렇게 바뀐다고 해도 이것을 전통적 의미의 정전이라고 부를 수 없을 수도 있다. 정치적 헤게모니가 작동을 하던, 사회적 합의가 중요하던 어쨌든 정전은 짧은 순간에 형성되는 것이 아니기 때문이다. 그러나 정전이 자연발생적으로 생성된 것이 아니라 특정한 목적을 가지고 생성되는 것은 분명하다. 목적은 사회가 추구하는 가치에 따라 변화하기 마련이다. 이전까지 정전 형성에 관여했던 가치가 국가주도적이며 교육 외적인 것이 주였다면, 지금부터의 정전은 교육을 중심에 놓고 고려해야 하는 것이다. 즉 문학교육에서 정전에 대한 패러다임의 변화가 필요한 시점이라 하겠다.

교과서 구성을 위한 텍스트 선정에서 고려되어야 할 것은 여러 가지가 있다. 2007 새 교육과정에서는 각각의 목표별로 제시될 텍스트의 수준과 범위를 제시하고 있다. 언어표현을 강조하기도 하고 사회·문화적 상황을 강조하기도 한다. 또한 대단원별로 목표가 있을 것이고 소단원별로 목표가 있을 것이다. 교육과정에서 제시된 수준과 범위는 실질적으로 고려 대상이며, 단원별 목표 역시 중요하게 고려되어야 한다. 여기서는 이를 부정하고자 하는 것이 아니라 이 수준과 범위를 승인하면서도 최대한 문학교육의 목표에 맞는 텍스트를 찾자는 것이다.

그렇다면 새로운 정전 체계는 어떻게 구성되어야 하는가? 답은 문학사적 가치를 중심으로 하는 정전 구성에서 벗어나 교육의 목적에 맞게 효율적으로 구성되어야 한다고 볼 수 있다. 문학사적 평가가 중요시되는 것은 문학교육의 목표에 비추어서도 옳은 점이 있다. 문학지식의 습득 역시 문학교육의 목표이기 때문이다. 그러나 현 상황의 문제점은 문학사적 평가를 받은 작품들이 정전의 대부분을 차지하고 있다는 점이다. 그리고 문학사적 평가라는 것이 가지는 문제점 또한 적지 않다. 앞서 논의했지만, 교육에서 문학사적 평가는 대부분 순수시에 중심을 두고 있으며, 평가의 기준 역시 주관적이기 때문이다. 더구나 문학교육에서 한정하자면, 새로 평가를 하기보다는 기존의 평가를 답습하는 경향까지 보이고 있다. 예전에 실린 텍스트들이 계속적으로 반복해서 수록되는 것이 그 예이다.

그러므로 정전 체계의 구성에 있어서 문학적 평가를 받은 텍스트에 대한 끊임없는 재평가가 필요하다. 한 시대에 훌륭하다고 평가받는 텍스트가 시간의 흐름에 따라 저평가받기도 하고, 당대 홀대받던 텍스트들이 재평가받기도 한다. 문학교육에서 이러한 텍스트에 대한 지속적인 재평가를 할 때, 정전 체계의 재구성은 가능할 것이다.

그렇지만 더욱 중요한 것은 정전 체계의 구성에서 교육 외부 권력의 틈입을 최대한 차단하는 것이다. 물론 권력의 작동 없이 정전이 형성되거나 유지될 수는 없다. 작동되는 권력의 옳고 그름을 떠나서 권력은 정전 구성에 필수조건이기 때문이다. 그러나 이러한 권력의 중심이 교육의 입장에서 작동된다면, 교육적 목표를 벗어나는 정전 체계를 차단할 수 있을 것이다.

물론 교육의 입장이라는 추상적인 전제는 더욱 구체화될 필요가 있다. 이 글에서는 비판적 주체의 양성이라는 문학교육의 목표를 중심으로 서술했지만, 시대가 변함에 따라 다른 것이 중심이 되어 정전 구성을 해야 할 지도 모른다. 예를 들어 교육의 지방 분권화가 이루어진다면, 현재는 소외되어 있는 지방문인들의 텍스트를 중요하게 다룰 수도 있을 것이다. 문제는 결국 문학교육 바깥의 정전 체계가 문학교육에 진입함으로서 생기는 것이다. 새로운 정전 체계는 이를 극복하고 교육을 중심에 놓을 수 있어야 한다.

그러나 교육 목표는 교육 과정의 변화에 따라 바뀌는 것이 보통
이다. 즉 사회의 요구수준에 따라 변화한다. 그렇다면 정전 체계는
최대한 유연해야 할 것이다. 완전히 개방된 수준까지는 아니더라
도 새로운 교육과정의 목표나 사회적 요구를 수용할 수 있는 것이
되어야 한다. 그러나 이럴 경우라도 목표가 중심이 된다면, 새로운
정전 체계를 구성하는 데 있어서 큰 문제는 없으리라 생각된다.
결국 중요한 것은 정전 구성의 패러다임이 문학사적 평가가 아닌
교육적 목표를 달성하기 위한 것이 되어야 한다는 것이다.

물론 비판적 주체의 형성에 기여하는 방법은 텍스트 수준 외에
도 여러 방법이 있다. 크게는 교육내용을 재조직하고 교실 환경을
재현 교실에서 대화교실로 바꾸는 방법5) 등 문식성 교육의 지배적
담론을 재조직할 수 있을 것이다. 텍스트 차원의 경우 읽기 방법
을 바꾸고 학습활동을 재구성할 수도 있다. 그러나 아무리 비판적
읽기를 한다고 해도 텍스트가 가지는 의미망을 벗어나기는 어렵
다. 또한 그럴 경우 오독의 가능성도 높아진다. 참신한 읽기가 시
의 문맥을 지니치게 자의적으로 수용하여 텍스트의 내적 논리보다
는 일종의 사후(事後)구성을 취한 후 시의 세부를 통해 증명하려 하
는 경우도 빈번하다.6) 그렇지만 위의 방법은 비판적 주체를 형성
하기 위해서 다양한 차원의 노력이 필요하다는 것을 명확하게 지
시해준다. 이 글 역시 여러 방법 중 하나를 제시한 것이다. 그러나
서론에서 언급했지만, 텍스트가 문학교육에서 차지하는 비중은 매
우 크다. 그리고 이 절에서 시도하는 방법은 변화를 지향하면서도

---

5) 자세한 내용은 이재기(2005) 참조.
6) 구체적인 예는 유성호(2005b) 참조.

기존 교육의 체계에 편입될 수 있는 가능성이 매우 크다는 점에서 일정 부분 가치를 가진다. 물론 효과는 덜하겠지만, 기존 교재의 구성에 변화를 주지 않고도 텍스트만을 교체하여 어느 정도 비판적 주체를 형성할 기회를 얻을 수 있는 것이다.

이 절에서는 정전 체계를 재구성하기 위한 방안으로는 탈사회화와 순응성을 극복할 수 있는 텍스트들을 예로 들었다. 사회의 요구수준이나 문학사적 평가를 완전히 무시할 수는 없겠지만 그보다는 비판적 주체를 형성할 수 있는 정전 체계로 재구성한 것이다. 즉 기존의 정전 체계의 형성에 중요하게 작동하였던 국가적 권력, 문단권력에 중심을 두는 것이 아니라 텍스트 자체의 내적 자질을 중심으로 하여 재구성하는 것이다. 텍스트가 비판적 주체의 형성을 위해 도움을 줄 수 있는지, 있다면 어떠한 것이 비판적 주체를 형성하게 하는지를 미학적으로 판단한다. 그리고 그런 텍스트를 중심으로 한 정전 체계를 구성한다면 비교육적 담론이 정전 구성에 관여하는 것을 저지할 수 있을 것이다.

이 글에서 제시한 텍스트 외에도 이와 유사한 성격의 텍스트가 많이 존재하고 있을 것이다. 문학사적 평가나 관성에 기대지 않고 이러한 텍스트를 찾기 위해 적극적으로 모색한다면 결국에는 문학교육의 정전 체계도 바뀌게 되고, 학습자들에게 좋은 영향을 줄 수 있는 텍스트들이 교과서에 수록되게 될 것이라 생각한다.

1) 탈사회화 극복을 위한 텍스트 선정

여기에서는 사회 비판적 텍스트와 다성적 텍스트의 예를 통해 이런 텍스트들이 어떻게 탈사회화를 막는지 살펴볼 것이다.

가. 비판적 사회 인식의 텍스트

비판적 사회 인식의 텍스트는 자아가 세계를 일방적으로 동일화하려는 인식에 균열을 내는 방법으로 주관적인 주체의 형성을 지연시킨다. 이는 개인의 주관성이 제어할 수 없는 사회의 모습을 보여주기 때문이다. 이런 텍스트 속에서 자아는 세계와 화해할 수 없는 모습을 보여준다. 이는 세계가 자아와 화합될 수 없는 부정적 존재라는 인식이 드러나 있기 때문이다. 이러한 인식은 리얼리즘시와 닿아 있다. 현실 세계의 모순을 반영론적인 입장에서 묘사한다거나, 현실의 모순에 대해 현실적이고 가치지향적인 대안을 제시하고자 하고자 하는 것이 리얼리즘시의 일반적인 모습이다. 두 경우 모두 자아가 세계에 대해 비판적인 거리를 유지하고 있는 경우이다. 하지만 여기서는 현실의 모순을 비판적으로 형상화한 텍스트를 중심으로 서술하고자 한다. 가치지향적인 대안을 제시하는 경우 그 대안은 보통 담론으로 형상화되기 마련이다. 이런 경우는 후에 서술하도록 하겠다.

자아가 세계에 대해 비판적인 인식을 가지고 있다면 관념적 주체가 형성될 자리는 없어진다. 세계는 관념 바깥에 객관적으로 존재하고 있으며, 관념과 동일화될 수 없는 존재라는 것을 인식할 수 있기 때문이다. 비판적 사회 인식의 텍스트에서는 리얼리즘의 시가 중요한 부분을 차지한다. 현대문학에서 리얼리즘시의 개관은 신경향파의 프로시부터 1930년대 후반의 진보적 시문학, 해방 직후의 조선문학가동맹 계열의 시, 1950~60년대 참여시, 1970년대의 이른바 '민중적 서정시', 1980년대의 노동시, 농민시, 분단시 등의 흐름으로 짤 수 있다(유성호, 2005a). 이러한 텍스트들을 중심으로 정전을 재구성한다면 자아와 세계의 조화로운 합일을 중시한 순수시와는 다른 대안적 가치를 실현할 수 있을 것이다. 5차 중학교 교과서에 실려 있는 신경림의 <가난한 사랑노래>는 화자의 인식이 현실과 밀접한 관련성을 가지고 있다.

<가난한 사랑노래>는 앞서 살펴보았듯이 5차 국정 국어교과서에 실린 텍스트이다. 신경림은 1970년대 리얼리즘을 대표하는 작가이지만 이전까지는 교과서에서 배제되었던 작가이다. 그리고 비판적 사회인식이 교과서에서 용인할 수 있는 수준에서 보여주고 있다는 점에서 중요한 텍스트라고 할 수 있다.

가난하다고 해서 외로움을 모르겠는가
너와 헤어져 돌아오는
눈 쌓인 골목길에 새파랗게 달빛이 쏟아지는데.
가난하다고 해서 두려움이 없겠는가
두 점을 치는 소리
방범 대원의 호각 소리 메밀묵 사려 소리에
눈을 뜨면 멀리 육중한 기계 굴러가는 소리.
가난하다고 해서 그리움을 버렸겠는가
어머님 보고 싶소 수없이 뇌어보지만
집 뒤 감나무에 까치밥으로 하나 남았을
새빨간 감 바람 소리도 그려보지만.
내 볼에 와 닿던 네 입술의 뜨거움
사랑한다고 사랑한다고 속삭이던 네 숨결
돌아서는 내 등뒤에 터지던 네 울음.

가난하다고 해서 왜 모르겠는가
가난하기 때문에 이것들을
이 모든 것들을 버려야 한다는 것을.

– 신경림 〈가난한 사랑노래〉

이 텍스트는 가난이라는 사회적 속박이 삶을 어떻게 구속하고 있느냐를 의문의 형식으로 보여주고 있다. 가난하다고 해서 외로움, 두려움, 그리움, 사랑 등 인간의 본질적인 감정을 느끼지 못할 리는 없다. 그러나 가난은 이 모든 것을 포기해야 할 만큼 무거운 짐으로 다가온다. 그렇다고 마지막 행에 보이는 것처럼 "이 모든 것을 버려야 한다"고 해서 체념의 정서를 가진 것은 아니다. 앞에서 4번이나 반복되는 "가난하다고 해서 ~겠는가"라는 구절은 이 모든 것을 버릴 수 없다는 의지를 소극적이나마 드러내고 있기 때문이다. 현실 속의 가난이 삶을 얼마나 속박하는가를 잘 보여주고 있는 이 텍스트에는 주체와 사회가 일정한 갈등 관계를 유지한다. 이는 주체의 역할이 축소된 것이라 할 수 있다. 사회적 계기가 시 속에 틈입하게 되면, 자아와 세계의 화해로운 동일화는 무너져버린 대신에 관념적 주체가 제어할 수 없는 세계에 대한 모습이 전경화된다. 그럼에도 주체는 이러한 현실에 순응하는 것이 아니라 의문의 형식을 통해 현실의 부정성을 폭로하고자 한다. 사랑이나 그리움 등의 인간적인 감정을 가난 때문에 포기해야 하는 현실원리와 포기할 수 없다는 자아의 의지가 충돌하는 모습은 동일화를 막아주는 역할을 하게 된다. 교과서에 실려 있지 않지만 신동엽의 〈종로오가〉 역시 좋은 예라고 할 수 있다.

이슬비 오는 날.
종로 5가 서시오판 옆에서
낯선 소년이 나를 붙들고 동대문을 물었다.

밤 열한시 반.
통금에 쫓기는 군상 속에서 죄없이
크고 맑기만 한 그 소년의 눈동자와
내 도시락 보자기가 비에 젖고 있었다.

국민학교를 갓 나왔을까.
새로 사 신은 운동환 벗어 품고
그 소년의 등허리에선 먼 길 떠나온 고구마가
흙묻은 얼굴들을 맞부비며 저희끼리 비에 젖고 있었다.

충청북도 보은 속리산, 아니면
전라남도 해남땅 어촌 말씨였을까.
나는 가로수 하나를 건다 되돌아섰다.
그러나 노동자의 홍수 속에 묻혀 그 소년은 보이지 않았다.

그렇지.
눈녹이 바람이 부는 질척질척한 겨울날,
종묘 담을 끼고 돌다가 나는 보았어.
그의 누나였을까.
부은 한쪽 눈의 창녀가 양지쪽 기대앉아
속내의 바람으로, 때묻은 긴 편지를 읽고 있었지.

그리고 언젠가 보았어.
세종로 고층건물 공사장,
자갈지게 등짐하던 노동자 하나이
허리를 다쳐 쓰러져 있었지.
그 소년의 아버지였을까.

(중략)

남은 것은 없었다.
나날이 허물어져가는 그나마 토방 한 칸.
봄이면 쑥, 여름이면 나무뿌리, 가을이면 타작마당을 휩쓰는 빈 바람.
변한 것은 없었다.
이조 오백년은 끝나지 않았다.

옛날 같으면 북간도라도 갔지
기껏해야 뻐스길 삼백리 서울로 왔지.
고층건물 침대 속 누워 비료광고만 뿌리는 그머리 마을,
또 무슨 넉살 꾸미기 위해 짓는지도 모를 빌딩 공사장,
도시락 차고 왔지.

– 신동엽 〈종로오가〉

신동엽의 〈종로오가〉는 60년대의 텍스트로는 드물게 민중적 형상을 표현하고 있다. 외자에 의한 경제개발정책의 추진은 결과적으로 농촌 사회의 해체를 가져왔고 농민들을 도시 노동자로 전락시키는 결과를 빚어왔다. 이 시에 등장하는 허리 다친 노동자나 속내의 바람으로 편지를 읽고 있는 창녀는 모두 60년대 근대화 정책의 희생양들이라고 할 수 있다. 공업위주 저곡가 정책으로 농촌은 빈곤에 허덕일 수밖에 없었다. 그 결과 이농민과 폐촌이 급증하는 현상이 벌어졌으며 농민들은 저임금 노동자로 시장경제구조 속으로 편입되거나 창녀로 전락할 수밖에 없었다. 소년 역시 같은 경우이다. 신동엽은 노동자의 홍수 속으로 사라지는 시골 소년의 모습을 통해 공업화 정책에 의해 사라져가는 농민들의 비극적 모습을 보여주고 있다. 이 텍스트에서 제시된 소년이나, 창녀, 노동

자는 모두 60년대 경제성장이라는 지배 담론에 희생된 민중을 의미한다. 창녀와 노동자와 소년을 한 가족으로 파악한 화자의 시적 인식은 당대 민중의 현실이 민족의 문제라는 점을 강조하고 있는 것이다.

이러한 현실에 관념 중심의 동일화는 성립할 수가 없다. 학습자는 필연적으로 사회적 계기에 대해서 인식할 수밖에 없다. 이런 인식은 개인화되고 관념화된 탈사회화된 주체에서 벗어나게 해 준다. 자아가 세계를 자신 쪽으로 끌어들여 동일화시킬 수 없는 존재라는 것이 자아 바깥의 사회적 존재를 통해 드러나기 때문이다.

이렇게 사회비판적 텍스트들은 자아와 세계의 동일화에 균열을 낸다. 자아와 세계가 하나라는 일체감을 형성할 수 없기 때문이다. 그리하여 자아의 관념이 세계를 포섭하는 것을 저지하게 되는 것이다. 이런 텍스트들은 현재 한국문학의 한 전통으로 자리잡고 있다. 멀게는 해방 이전 신경향파나 카프 계열의 텍스트부터 1960년대 이후 참여시 그리고 가까이는 1980년대 민중시나 노동시, 농민시 등도 이에 포함될 것이다. 2007 교육과정기에 오면서 이러한 텍스트들의 비중이 늘어난 것은 사실이다. 하지만 이념적인 면으로 텍스트를 평가하는 일이 아직도 교육현장에 잔존하고 있다. 카프계열의 텍스트들은 몇몇 텍스트들을 제외하고는 아직도 거부감이 강한 것도 사실이다.

임화의 텍스트 역시 현재 교육과정에서 이야기시를 제외하고는 거의 배제되어 있다. 임화의 문학적 성과나 한국문단에서 위치를 생각할 때 이는 비정상적인 것이다. 이는 임화의 텍스트가 가지는 선동적 성격 때문일 것이다. 물론 임화의 텍스트 모두가 이렇게 선동적인 것은 아니다. <중등국어교본>에도 실렸던 <우리 오빠와 화로> 등의 이야기시나 시집 『현해탄』의 텍스트들은 서정적 거리가 비교적 잘 유지되었다. 여기서는 비교적 선동적 성격을 가지는 <깃발을 내리자>를 통해 그 이유를 알아보자.

노름꾼과 강도를
잡던 손이
위대한 혁명가의
소매를 쥐려는
욕된 하늘에
무슨 깃발이
날리고 있느냐

동포여!
일제히
깃발을 내리자

가난한 동포의
주머니를 노리는
외국 상관의
늙은 종들이
광목과 통조림의
밀매를 의논하는
폐 왕궁의
상표를 위하여
우리의 머리 우에
국기를 날릴
필요가 없다

동포여
일제히
깃발을 내리자

살인의 자유와
약탈의 신성이
주야로 방송되는
남부조선
더러운 하늘에
무슨 깃발이
날리고 있느냐

동포여
일제히
깃발을 내리자

- 임화 〈깃발을 내리자〉

노름꾼, 강도, 늙은 종 등의 시어는 해방 정국의 부정적 인식을 극명히 드러내고 있다. 그리고 간결한 시행과 후렴의 되풀이는 선동시로서의 박력을 느끼게 한다. 그러나 "가난한 동포의/주머니를 노리는/외국상점의/늙은 종들"을 말하는 대목에서 뚜렷하게 드러나듯이 작품의 정치적 전언은 간명하다. 유종호(1995)가 비판했듯 이러한 텍스트가 비판받는 이유는 정치적 전언의 당파성에 대한 거부감이 아니라 정치적 전언과 함의의 안이함과 피상성이다(유종호, 1995). 즉흥적 행동을 유발하는 효과를 기대해서이겠지만, 현실을 과도하게 단순화하고 있는 것이다. 늙은 종들만 없애면 세상이 깨끗해지리라는 인식이다. 이런 인식은 집회시의 특성을 간과한 측면이 없지 않지만 정당한 비판이라고 할 수 있다. 단순히 현실을 교조적으로 비판한다고 해서 비판적 주체가 형성되는 것은 아닐 것이다. 그러나 해방 후 모든 텍스트들이 이러한 피상성과 안이한 비유를 통한 전언의 전달만을 목표로 하는 것은 아닐 것이다.

때를 굶다가 어쩌다가 한꺼번에
밥을 많이 먹으니 취한 듯
머리와 아랫두리가 후들거린다.

어제는 감자로 아침을 때우고
이번에는 비지를 싸게 삶는 벗들과
너털우슴을 크게 우서보아도
이것은 자랑이 못되는구나
(중략)

나의 머리가 흔들리는 저쪽에
백미와 같이 빛나는 조국이여
여기 당신의 아들이 섰다
여기 나의 계급이 있다!

—박산운 〈노래〉 부분

1946년에 간행된 『전위시인집』이라는 5인에 합동시집에 수록된 작품이다. 당대 정치시의 흔적을 완전히 지울 수 있는 것은 아니다. 가난의 강조나 계급 등의 시어가 그러하다. 그럼에도 이 텍스트는 감정적이거나 증오 유발적이 아니다. 1~2연에서는 가난에 시달리는 사람들의 모습이 소박하나마 진정성을 가지고 있다. 물론 높은 완성도를 가진 텍스트라고 할 수는 없지만, 이정도의 소박한 성취 수준을 가진 텍스트는 교과서에도 없지 않다. 그럼에도 이런 텍스트들이 배제되는 것은 아직 정치적 이념의 틀에서 교육이 완전히 벗어나지 못한 이유로 보인다. 특히 카프와 해방 이후의 문학가동맹 계열의 전위시인들—김상훈, 유진오, 김상오—의 텍스트는 이념적 선명성 때문인지 더욱 거부감이 심하다. 그러나 문학교육이 단순히 텍스트를 객관화하여 지식을 가르치는 정도가 아니라 비판적 읽기나 구성주의적 읽기를 지향한다면 이러한 텍스트를 과감히 싣는 것도 나쁘지 않으리라 본다. 특히 다원주의 사회를 지향하는 현재에 이념적 굴레로 인해 텍스트를 제한한다는 것은 학습자들의 비판적 안목을 무시하는 처사라고 할 수 있다.

중요한 것은 이런 텍스트에서 자아의 의지가 강조되지 않으면, 오히려 순응적 주체를 형성할 가능성이 높다. 그러므로 이런 텍스트의 선정에는 세계의 자아화를 저지하는 사회적 계기와 더불어 자아의 주체적인 의지가 동시에 드러나야 하는 것이다.

나. 자아 중심성을 해체하는 타자성의 텍스트

명백한 사회비판적 언술이 없더라도 자아의 자기중심성을 해체하고, 타자를 존중하는 서정적 주체를 통해 탈사회화되는 관념적 주체에서 벗어날 수 있다. 이러한 텍스트는 다성적 성격을 가진다.

‘다성성(多聲性)’은 영어로 polyphony로 번역되는 용어로 하나 이상의 다양한 의식이나 목소리들이 완전히 독립된 실체로 존재하는 문학이나 예술 작품을 가리킨다(김욱동 편, 1990). 원래 이 용어는 바흐친이 소설의 특성을 설명하기 위해 사용된 단어이다. 작중인물이 단순히 작가의 의도에 의해 조정되는 수동적인 객체가 아니라 작가와 나란히 공존해 있는 능동적인 주체임을 설명하기 위한 것이다. 그러나 시에서도 이러한 경우를 상정해 볼 수 있다. 시에서는 작중 인물을 존재하지 않으나 발화자로서의 화자가 존재한다. 세계의 자아화라는 관점에 따르면 화자는 텍스트를 통어하는 존재이다. 자아는 세계를 자신의 심리나 감정 상태에 맞게 변형시킨다. 시에서 흔히 볼 수 있는 객관적 상관물은 이를 대표하는 장치이다. 그러나 자아가 조정할 수 없는 타자가 텍스트 속에서 존재한다면 이러한 원리는 깨지고 만다. 자아가 세계를 조정하고 변형시키기도 하지만 세계 속의 타자가 자아에게 영향을 주는 경우도 가능한 것이다.

물론 바흐친은 시에서는 대화주의가 이루어질 수 없다고 보았다. "협의의 시적이 장르에서 담론의 내적 대화주의는 예술적으로 개발되어 있지 않으며, 작품의 <미적 대상>에도 포함되지 않는다."(김욱동 편, 1990)라는 바흐친의 진술은 서정 장르와 대화주의는 본질적으로 거리가 있다는 인식이다. 그러나 대화주의와 다성성은 약간 다른 개념이다. 다성성은 주체 외 타자의 존재에 초점이 맞추어져 있지만, 대화주의는 본질적으로 담론들 간의 교호작용에 초점이 맞추어져 있다. 바흐친의 주장대로 시에서 대화가 어려운 것은 사실이다. 현재와 순간의 장르인 서정은 발화를 재현하고 시간 속에서 그 발화들이 교호하는 것은 어려운 일이다.

더구나 바흐친은 이러한 대화의 유무로 장르를 구분했다. 푸쉬킨의 운문 소설인 『에프게니 오네긴』을 시로서가 아니라 소설의 예로서 인용한 것을 보아도 알 수 있다(김욱동 편, 1990). 즉 바흐친에 있어서 담론의 대화가 존재하는 텍스트들은 형식의 문제와 관계없이 서사로 인식되었던 것이다. 이러한 장르구분은 결국 시에서는 대화가 없음을 강조하기 위한 것이며, 소설이 가장 완성된 문학 장르임을 강조하기 위한 것이다.

하지만 시에서 자아 바깥에서 자아에 속할 수 없는 존재를 상정할 수 있음은 분명하다. 시에서 사용된 모든 언어는 시인의 의도를 표현하기 위한 것이기는 하지만 시인이 자아 바깥의 존재와 만나는 순간이 분명히 존재하는 것이다. 그리고 다른 존재와의 만남을 통해 일방적으로 동일시되지 않은 상태에서 병존할 수 있는 것이다. 서정이 자아가 세계를 만나는 순간에 집중하고 있기 때문에 담론끼리의 대화는 불가능할지 모르지만, 각각의 목소리를 가지는 존재가 병존하는 다성성을 가지는 것은 가능하다. 담론 사이의 대화는 아니더라도 자아와 세계의 대화는 가능한 것이다.

다성성은 자아 중심의 탈사회화된 주체의 형성을 막고, 타자의 존재를 인식할 수 있게 한다. 주체는 타자와 함께 존재하며, 주체는 타자와의 상호관계를 통해 형성될 수 있다. 자아는 자기와는 다른 목소리를 가진 타자의 존재를 통해 '차이'를 인식하게 되며, 그 차이는 동일성을 '연기'시키게 된다. 즉 자아와 세계의 관계는 차연(差延, différance)의 관계라 할 수 있다. 차연은 원래 단어나 문장이 확정적이고 고정적인 의미맥락을 담지하지 못하고 그 뜻을 끊임없이 유래한다는 데리다 언어학적 주장에서 나왔다. 그러나 이 용어는 탈근대를 지향하는 문학이나 철학 일반에서 널리 사용된다. 다성적 텍스트의 차연적 특성이란 자아가 세계와의 차이를 인식하여 세계와 완전히 동일화되지 못하고 그 동일성이 연기되는 현상으로 설명할 수 있다.

시교육에서 이러한 텍스트들을 중요하게 사용한다면 주관주의를 극복할 가능성이 생기는 것이다. 이러한 시적 인식은 바슐라르의 미학과도 닿는 면이 있다. "꿈을 꾸는 것은 내가 아니라 물이다."라는 인식은 자아의 관념보다 4원소(물, 불, 땅, 공기)로 표현되는 자아 외부의 실제에 대해 더욱 관심을 두는 것이다. 종래의 미학이 형식적 요소와 주체가 중심이었다면, 바슐라르의 미학은 상상력과 물질의 속성 두 가지을 동시에 중요시하며, 특히 물질적 요인의 중요성을 강조하고 있다(가스통 바슐라르, 1980). 이는 시가 관념 중심으로 창작된다는 칸트 중심의 낭만주의 시학과 배치되는 것이다.

여기서는 서정적[lyric]인 풍경을 담고 있는 시에서도 섣부른 동일화가 일어나지 않는 경우를 중심으로 살펴보고자 한다. 동일화가 이루어진다고 하여도 타자성을 중심으로 하여 이루어질 때, 학습자는 사회화된 주체로 성장할 가능성이 높아질 것이다.

문태준은 흔히 말하는 고즈넉한 서정성을 잘 표현하면서도 서정시의 전형성인 동일성에는 한 발짝 비켜나 있는 텍스트를 주로 발표했다. 즉 문태준의 서정은 이전의 서정과는 다른 모습을 보여주는데, 그 중 가장 중요한 것이 바로 다성성의 존재이다. 교과서에서는 다성성을 가지는 텍스트를 찾기가 쉽지 않기 때문에 문태준의 텍스트를 중심으로 설명하고자 한다. 우선 <측백나무가 없다>

라는 시를 예로 들어 다성적 텍스트에 대해 살펴보자.

측백나무 곁에 서 있었다
참새떼가 모래알 같은 자잘한 소리로 측백나무에서 운다
그러나 참새떼는 측백나무 가지에만 앉지는 않는다
나의 시간은 흘러간다
참새떼는 나의 한 장의 白紙에 깨알 같은 울음을 쏟아놓고 감씨를 쏟아놓고
허공 한 촉을 물고 그 긴 끈을 그 긴 탯줄을 저 곳으로 저 곳으로 끌고 가 버리고 끌고 가 버리고
다만 떼로 모여 울 때 허공은 여드름이 돋는 것 같고 바람에 밀밭 밀알이 찰랑찰랑하는 것 같고 들쥐 떼가 구석으로 몰리는 것 같고 그물에 갇힌 버들치들이 연거푸 물기를 털어내는 것 같다
측백나무 곁에 있었으나 참새떼가 측백나무를 떠나자 내 감각으로부터 측백나무도 떠났다
사방에 측백나무가 없다

-문태준 〈측백나무가 없다〉

이 시집 뒤의 해설을 따라가면서 이 텍스트가 어떻게 동일화의 논리에 비껴나 있는지 알아보자.7) 측백나무와 일인칭 '나'와의 관계는 전형적인 서정시의 설정 방식을 보여준다. 재래적인 서정 미학의 경우 '나'와 측백나무의 서정적 동일성이 미학과 세계 인식의 핵심이 되어줄 것이다. '나'는 일인칭의 시선으로 측백나무를 대상화함으로서, '나'와 세계와의 일체감을 경험할 것이다. 그러나 이 시에서는 참새를 등장시킴으로서 나와 측백나무와의 관계에 균열을 형성한다. 참새떼가 '허공' 속에서 벌여놓은 움직임 역시 '내

---

7) 이 단락 이후의 내용은 이광호가 쓴 위 시집의 발문을 요약하였다.

감각'이긴 하지만 그 속에서 우주적 시간을 느끼게 되며, 참새떼가 사라짐으로 인해 내 감각 속의 측백나무도 사라지게 된다. 재래적인 서정시에서, 나와 대상과의 동일성의 체험은 '영원한 현재' 속에서 이루어진다. 그 안에는 일인칭의 절대적인 시선이 있을 뿐, 시간의 균열이 없다. 하지만 이 시에서는 참새떼라는 수평적이고 다른 존재가 측백나무의 현존과 부재라는 균열의 사건을 드러낸다. 그리고 그 사이의 우주적 시간을 감각하게 해 주는 것은 일인칭 주체의 인식론적인 권위가 아니라, 참새떼라는 수평적인 다른 존재이다. 그래서 이 시에서 '참새 떼'와 '측백나무'는 '나'와의 동일화 과정에서 포획되는 것이 아니라, 스스로 살아 있는 존재들의 사건을 드러낸다.

이러한 해석은 탈이념적인 순수서정시라도 자아중심의 동일화의 원리를 벗어나 존재할 수 있음을 증명한다. 타자는 서정적 자아의 관념 속에서 완전히 물아일치되는 풍경이 아니라, 그 속에 여러 사건들이 서정적 자아와 같은 수평적인 위치에서 존재하는 것이다. 이런 사건들을 통해 자아는 타자와의 차이를 인식하게 된다. '나'는 참새떼의 존재를 통해 '나'와 측백나무와의 차이를 인식하게 되는 것이다. 이러한 차이의 인식은 자아중심적 동일화의 진행이 지연되는 것을 막게 한다. 즉 두 존재 간의 차이가 명백히 인식되면서 내가 측백나무를 동일시하려는 인식이 지연되는 것이다. 그리고 이렇게 각각 존재하는 타자와의 관계 속에서 자아의 충만한 감각을 통해 동일성이 해체되는 것이다.

이러한 텍스트가 교과서에 편성된다면 주체는 자신 외에 다른 존재가 세계 속에 공존한다는 사실을 인지하게 될 것이다. 이로서 주체는 관념 속 고립된 존재가 아닌 타자와 대화가 가능하게 될 것이다. 이러한 성격이 일부 반영된 텍스트는 7차 교육과정기에 중학교 국어 교과서에 실린 <배추의 마음>이다.

> 늦가을 배추포기 묶어주며 보니
> 그래도 튼실하게 자라 속이 꽤 찼다
> ―혹시 배추벌레 한 마리
> 이 속에 갇혀 나오지 못하면 어떡하지 ?
> 꼭 동여매지도 못하는 사람 마음이나
> 배추벌레에게 반 넘어 먹히고도
> 속은 점점 순결한 잎으로 차오르는
> 배추의 마음이 뭐가 다를까
> 배추 풀물이 사람 소매에도 들었나보다
>
> ―나희덕 〈배추의 마음〉 부분

"배추 풀물이 사람 소매에도 들었나 보다."라는 인식은 주체의 관념 바깥에 존재하는 배추의 존재를 증명해준다. 자아의 관념에 세계를 변형시키는 것이 아니라, 배추와 사람이라는 이질적인 존재들의 만나는 '시건'을 묘사한 것이다. 이 텍스트에서 배추와 사아는 서로 수평적인 관계이면서 이질적 존재이다. 앞의 텍스트와 달리 타자의 부재로 인한 상실은 존재하지 않아 완전히 동일화에서 벗어났다고 할 수는 없지만, 수평적 타자의 존재만으로 관념성을 억제하는 효과가 있는 것이다. 타자의 존재가 동일성을 지연시키기 때문이다. 시에서 비판적 사회인식이 드러나 있지 않는 한 동일화의 원리가 지양되기는 쉽지 않다. 중요한 것은 일방적으로 세계를 자아로 이끄는 것이 아니라 자아가 세계와의 관계 속에서 재구성되는 것이 중요하다고 할 수 있다.

> 유성에서 조치원으로 가는 어느 들판에 우두커니 서있는 한 그
> 루 늙은 나무를 만났다. 수도승일까. 묵중하게 서 있었다.
>
> 다음날은 조치원에서 공주로 가는 어느 가난한 마을어구에 그들
> 은 떼를 져 몰려 있었다. 멍청하게 몰려 있는 그들은 어설픈 過客
> (과객)일까, 몹시 추워 보였다.
>
> 공주에서 온양으로 우회하는 뒷길 어느 산마루에 그들은 멀리
> 서 있었다. 하늘門을 지키는 파수병일까, 외로워 보였다.
>
> 온양에서 서울로 돌아오자, 놀랍게도 그들은 이미 내 안에 뿌리
> 를 펴고 있었다. 묵중한 그들의, 침울한 그들의, 아아, 고독한 모습,
> 그 후로 나는 뽑아낼 수 없는 몇 그루의 나무를 기르게 되었다.
>
> —박목월 〈나무〉

이 텍스트는 화자가 충청도 여행을 하면서 여러 얼굴을 가진 나
무와의 만남이라는 사건을 소재로 하였다. 그 나무들은 화자의 내
면에 의해서 수도승과 과객과 파수병으로 이미지화되어 화자의 가
슴에 존재하게 되었다. 마지막 연에 화자와 나무들이 일체가 되는
모습이 보인다. 육중하고 침울하며 고독한 나무들의 모습은 화자
의 마음 속에 뿌리 내려 화자의 인격이 된 것이다. 이러한 동일성
은 자아와 세계의 일체감이라는 정서를 준다. 그러나 동일성이 두
드러진 텍스트임에도 불구하고 나무라는 자아 바깥의 존재는 자아
가 일방적으로 동일시하는 것이 아니라, 나무의 특성, 육중함, 침
울함, 외로움 등이 그대로 자아 속으로 들어온 것이다. 물론 이러

한 특성은 "~보였다"라는 자아의 판단에 기초한 것이다. 그러므로 나무에 화자의 감정을 투사한 것이라고 보는 의견도 있다. 그러나 나무라는 자아 바깥의 존재로 인하여 화자가 이러한 생각을 가지게 된 것이며, 마지막 연에 나무라는 타자가 자신의 속에 이질적으로 존재함을 분명하게 드러낸 것이다. 그러므로 이 텍스트는 화자가 나무라는 타자를 만나 변화하는 모습을 보여주면서, 타자가 화자의 변화에 결정적 역할을 함도 동시에 보여주고 있다.

이 텍스트가 시사하는 것은 동일성의 원리를 지향한 순수서정시라 하더라도 자아 이외의 다른 존재의 목소리가 텍스트 내에 존재한다면 탈사회화된 관념적 주체의 형성을 지연시킬 수 있다는 것이다. 해석의 다양성도 고려해야 하겠지만, "뽑아낼 수 없는 몇 그루의 나무"라는 표현은 자아와는 이질적인 존재가 자아 속으로 들어옴을 암시한다. 이는 관념적 동일성으로 나와 나무를 합치시킨 것이 아니라 이질적인 존재가 서로 만나는 사건이다.

> 그녀는 죽음만을 보고 있고 나는 그녀가 살아온 파랑 같은 날들을 보고 있다
> 좌우를 흔들며 살던 그녀의 물 속 삶을 나는 떠올린다
> 그녀의 오솔길이며 그 길에 돋아나던 대낮의 뻐꾸기 소리며
> 가늘은 국수를 삶던 저녁이며 흙담조차 없었던 그녀 누대의 가계를 떠올린다
> 두 다리는 서서히 멀어져 가랑이지고
> 폭설을 견디지 못하는 나뭇가지처럼 등뼈가 구부정해지던 그 겨울 어느날을 생각한다
> 그녀의 숨소리가 느릅나무 껍질처럼 점점 거칠어진다
> 나는 그녀가 죽음 바깥의 세상을 이제 볼 수 없다는 것을 안다
> 한쪽 눈이 다른 쪽 눈으로 캄캄하게 쏠려버렸다는 것을 안다

　　나는 다만 좌우를 흔들며 헤엄쳐 가 그녀의 물 속에 나란히 눕
는다
　　산소호흡기로 들어마신 물을 마른 내 몸 위에 그녀가 가만히 적
셔준다

-문태준 〈가재미〉 부분

　　문태준의 텍스트는 이러한 예를 대표한다. 대표작인 〈가재미〉
는 "그녀"와 "나"가 동일시 될 수 없음을 극명하게 보여주고 있다.
"그녀는 죽음만을 보고 있고 나는 그녀가 살아온 파랑 같은 날들
을 보고 있다"라는 표현은 화자가 대신 보고 있는 그녀의 삶을 그
녀는 보지 못하리라는 것을 슬프게 확인한다. 그녀의 고통을 내가
대신해 줄 수 없는 것처럼 그녀와 나는 다른 존재일 따름이다. 그
러나 "나는 다만 좌우를 흔들며 헤엄쳐 가 그녀의 물 속에 나란히
눕는다."라는 표현은 각각 다른 존재임에도 불구하고 서로를 이해
하고 알고자 하는 소망이 화자의 내면 깊이 존재함을 알 수 있다.
이 텍스트는 동일성에 대한 포기를 하지 않으면서도 그것이 불가
능한 존재의 비극을 '서정적'인 언어로 표현하였다. 텍스트에 보이
는 "그녀"의 존재는 누구인지 구체적으로 드러나지는 않았다. 그
러나 화자와 매우 가까운 존재라는 것은 내용을 통해 짐작할 수
있다. 그럼에도 나와 완전히 동일시될 수 없는 타자성이 드러난다.
이러한 텍스트가 제시될 때, 학습자는 자아의 관념이 가지는 한계
를 내면화하고 관념의 일방적인 포섭은 불가능함을 깨닫게 될 것
이다.

　　서정적 풍경과는 거리가 있지만, 아이러니의 텍스트도 다성적이
라 볼 수 있다. 아이러니의 텍스트는 표면에 드러난 퍼스나와 이

면에 드러난 퍼스나가 대립하는 구조를 가지고 있다. 아이러니의 원리는 이중성과 복합성으로 '종합'의 원리를 지니고 있으면서도 동시에 분리·단절의 원리를 지니고 있다. 즉 아이러니의 시에는 두 개의 시점이 필수적이다(김준오, 1991). 대립되는 두 개의 자아가 텍스트 내에 공존하는 것이다. 표면에 드러난 자아는 텍스트에서 중심적인 역할을 하나 실제로 이면에 있는 '진정한' 자아에 의해 비판받는 역할을 한다.

> 가을 연기 자욱한 저녁 들판으로
> 상행 열차를 타고 평택을 지나갈 때
> 흔들리는 차창에서 너는
> 문득 낯선 얼굴을 발견할지도 모른다
> 그것이 너의 모습이라고 생각지 말아다오
> 오징어를 씹으며 화투판을 벌이는
> 낯익은 얼굴들이 네 곁에 있지 않으냐
> 황혼 속에 고함치는 원색의 지붕들과
> 잠자리처럼 파들거리는 TV 안테나들
> 흥미있는 주간지를 보며
> 고개를 끄넉여다오
>
> — 김광규 〈상행〉 부분

이 시의 화자는 '낯익은 얼굴'과 '낯선 얼굴'의 두 개 표정을 갖고 있다. 낯선 얼굴이 그의 원래 표정(진정한 자아)이지만 낯익은 얼굴은 오징어를 씹으며 화투판을 벌이고 흥미 있는 주간지를 탐독하고 TV를 즐기는 타인들의 표정이다. 낯선 얼굴이 화자의 주체아라면 낯익은 얼굴은 그의 객체아다. 객체아를 비판하는 주체아를 화자로 삼지 않고 도리어 객체아를 화자로 내세우고 주체아를 2인칭의 청자로 설정한 점은 흥미로운 착상이다. 그러므로 이런 객체 아에 대한 화자의 반성과 비판은 궁극적으로는 자기분석으로서의 자기풍자다. 스스로가 가진 부정성을 또 다른 자아에 의해 비판받는 아이러니의 텍스트는 관념 중심의 동일성의 원리에서 벗어나, 자아에 대해서도 비판적 접근을 할 수 있게 한다.

이처럼 사회참여적인 텍스트가 아니라도 관념성은 극복될 수 있다. 주체 바깥의 타자가 주체와 완전히 동일시되지 않는 목소리를 가질 때, 관념적 주체는 대화적 주체로 변하게 되는 것이다.

2) 순응성 극복을 위한 텍스트 선정

순응성의 주체는 흔히 지배 담론으로 상정되는 담론이 자아를 일방적으로 포섭할 때 형성된다. 이러한 순응성의 극복을 위해서는 앞의 경우와 마찬가지로 상호작용이 중요하다. 그러나 현재 추구하는 가치에 비추어 지배적 담론이 정당하다면 그것이 충분히 형상화된 경우, 담론이 객관적으로 드러나거나 담론에 포섭된 자아가 보이더라도 순응성의 극복을 위한 텍스트로 판단할 수 있다.

가. 지배 담론과 자아와의 상호작용이 드러나는 텍스트

앞서 지배 담론이나 담론으로 형상화된 사건에 주체가 종속되는 경우를 살펴보았다. 담론이 가지는 가치의 정당성이나 윤리성에 대한 판단은 배제하고 지배 담론의 주장만을 따를 경우 수동적이고 순응적인 주체가 형성된다. 이러한 주체는 총체적 세계인식이 불가능하며, 지배이념을 재생산해내는 결과를 낳게 된다. 그러나 거대 담론이 강조된 모든 텍스트들이 이러한 주체를 양산해 낸다고 할 수 없다. 거대 담론에 대자적인 자아가 존재한다면 오히려 순응성을 극복할 수도 있는 것이다. 이는 텍스트 속의 화자와 텍스트 속의 담론이 대화하는 형태를 가지게 된다.

거룩한 분노(憤怒)는
종교(宗敎)보다도 깊고
불붙는 정열(情熱)은
사랑보다도 강하다.
　아! 강낭콩 꽃보다도 더 푸른
　그 물결 위에
　양귀비꽃보다도 더 붉은
　그 마음 흘러라. (이하 후렴 생략)

아리땁던 그 아미(蛾眉)
높게 흔들리우며
그 석류(石榴) 속 같은 입술
죽음을 입맞추었네!

흐르는 강물은
길이길이 푸르리니
그대의 꽃다운 혼(魂)
어이 아니 붉으랴.

－변영로 〈논개〉

　교육과정에 변화에도 여러 번 실린 변영로의 〈논개〉는 민족이라는 대타자에 포섭된 대표적인 예이다. 이 텍스트는 민족을 위해 희생하는 것이 올바른 삶이라는 전언을 내포하고 있다. 논개는 임진왜란 당시 진주성에서 왜장을 껴안고 남강에 투신한 인물이다. 민족주의적 관점에서 보자면 이는 타당하고 칭송받아야 할 일이다. 그러나 자신의 생명을 버리는 일은 찬양하는 것이 과연 옳은 것인가라는 물음이 존재할 수도 있다. 앞서 비판했던 모윤숙의 <국군은 죽어서 말한다>와 차이는 반공이냐 민족이냐 하는 담론의 차이밖에 존재하지 않는다. 물론 이 텍스트가 씌어진 당시의 상황과 더불어 학습이 구성될 수 있다. 일제 시대에 발표된 이 텍스트는 민족 의식을 고양하는 데 큰 역할을 했을 것이다. 그러나 그러한 맥락은 텍스트를 읽은 사후에 구성되는 것이며, 텍스트 자체로서는 민족이라는 거대 담론에 대한 무비판적인 수용이 주 전언이다. 텍스트 전편에 흐르는 논개에 대한 찬양적 어조는 이를 더 강화한다. 이러한 경우 자아는 외부의 실체에 대해 순응적일 수밖에 없다. 대화적 관계가 구성되자 않기 때문이다. 그러므로 이러한 텍스트는 정전 구성에서 제외되는 편이 낫다고 할 수 있다.

> 님이여, 당신은 백 번이나 단련(鍛練)한 금(金)결입니다
> 뽕나무 뿌리가 산호가 되도록 천국의 사랑을 받읍소서
> 님이여 사랑이여 아침 볕의 첫걸음이여
>
> 님이여 당신은 의(義)가 무겁고 황금이 가벼운 것을 잘 아십니다
> 거지의 거친 밭에 복(福)의 씨를 뿌리옵소서
> 님이여 사랑이여 옛 오동(梧桐)의 숨은 소리여
>
> 님이여 당신은 봄과 광명과 평화를 좋아하십니다
> 약자(弱者)의 가슴에 눈물을 뿌리는 자비(慈悲)의 보살(菩薩)이 되

옵소서
    님이여 사랑이여 얼음 바다에 봄바람이여

-한용운 〈찬송〉

한용운의 〈찬송〉역시 송축적이고 기원적이며, 확고한 신념에 의한 열정적 어조와 예찬적 어조로 서술되어 있다. 님은 상징의 애매함 속에 구체적으로 형상화되지 않았지만, 하나의 담론이라고 할 수 있다. 님의 속성은 "거지의 거친 밭에 복의 씨를 뿌리"고, "약자의 가슴에 눈물을 뿌리는 자비의 보살"이라는 점에서, 사회적으로 소외된 사람을 위하는 보편 타당한 존재이기 때문이다.

그럼에서 화자는 단순히 선험적 존재로서 님을 찬양하는 것이 아니라 님의 이러한 속성을 가지기를 기원한다는 점과 그것이 사회적 계기와 맞물린다는 점에서 앞에서 서술한 종교시의 일반적인 모습과는 다르다는 것을 알 수 있다. 즉 이 텍스트는 종교시로서의 외양을 가지고 있으나, 절대자에게 종속되기보다는 절대자에게 시적 화자가 가진 사회적 신념을 투사함으로서 실재적으로 대화적 양상이 나타난다고 할 수 있다. 이는 송교시가 흔히 가지는 절대자의 대한 순응과는 다른 시적 인식을 보여준다. "님"이 화자보다 더 큰 존재이긴 하지만 둘의 관계는 일방적이지 않고 상호작용하면서 대화적인 관계를 가지고 있기 때문이다.

또 하나의 경향인 자연에 귀의하고자 하는 삶을 형상화한 텍스트들은 흔히 도피적이거나 초월적인 삶을 지향하는 경우가 대부분이다. 이 경우 자연으로 상징되는 담론은 안빈낙도로 지칭되는 갈등이 없는 무이념의 초월적 공간이다. 조선 시대 사대부들이 지향했던 자연 역시 이와 다르지 않다. 유가적 현실 질서를 벗어난 도가적 공간이든 현실의 무거움을 내려놓고 편히 쉴 공간이든 모두 현실 초월적 공간을 지향하는 것이다. 이러한 사대부적 특성이 현대시에서도 일정 부분 계승된다. 현대인들이 자연을 재발견하는 것은 문명 생활의 조건 때문이다. 문명의 질곡과 이 속에서 빚어지는 여러 갈등에 대한 도피처로서 자연을 되찾고 싶어하고 자연을 중시한다. 『중등국어교본』에서 흔히 보이는 자연친화적 텍스트들이 대표적이지만, 이후에도 청록파나 이와 비슷한 유형의 텍스트가 많이 창작되었다.

실제로 교육현장에서 이러한 텍스트들은 긍정적으로 다루어져 왔다. 한국 근현대사가 질곡의 역사였던 만큼 그 현장에서 벗어나 자연으로 상징되는 탈이념적 세계를 지향하는 것은 보편적 욕망일 것이다. 그러나 이런 텍스트들이 가지는 문제점은 매우 자명하다. 탈이념적 공간은 애초에 존재하지도 않을뿐더러, 이는 현실의 문제를 도외시하고 도피만을 지향하는 것이다. 이러한 경우 자아는 사회적으로 기능하기보다는 관념이 만들어낸 세계를 지향하는 모습이 된다.

그런데 김춘수의 사물시는 과거의 자연시와는 다른 경우를 보인다. 현상적으로 보면 실제의 대상을 객관적으로 묘사한 것 같지만 그 풍경은 시인의 내면에서만 존재하는 별개의 세계다. 이는 관념의 세계를 지향하는 자연시의 일반적 모습과 별반 차이가 없어 보인다. 그러나 화자는 인간 편에 서지 않고 제시된 풍경 자체만 대상으로 삼는다. 이 풍경은 인간화의 탈을 벗기는 사물시인 것이다. 즉 여기서 인간은 주체가 아니라 객체의 자리에 서게 되며 대상

자체가 주체가 되는 것이다. 탈인간화는 인간 중심에서 벗어나고
자 하는 흐름이다. 이는 새로운 타자성을 가지게 되는 경우라 할
수 있다.

> 도토리 나무 어깨가 떨리고 있다
> 도토리는 음산산맥 이쪽
> 만리장성 이쪽
> 시황제 발등에도 우수수 우수수
> 떨어지고 있다.
> 다람쥐야 다람쥐야 뭐가 그리 이상하냐
> 푸줏간 식칼은 뒤로 실컷 휘고
> 가도 가도 하늘은 황사빛이다
> 달이 뜨면 밤에는 늑대가 운다.
>
> — 김춘수 〈흉노〉

이 텍스트는 자연적 이미지와 역사적 이미지, 금속성 이미지의
연결로 음산하고 야성적인 이질성의 분위기를 십분 자아내고 있
다. 이는 우리의 일상적 생활감각과는 무관한 특이한 정서이다. 이
텍스트에서 타자성을 느낄 수 있는 것은 바로 여기에 있다. 이 텍
스트가 보여주는 것은 실재하는 자연, 재현된 자연이 아닌 것이다.
이는 자연시의 새로운 가능성을 연다고 할 수 있다(김준오, 1991). 자
연에 대한 새로운 관점을 제공한다는 점, 관습적으로 수긍하는 자
연시에 대한 비판적 인식을 키워줄 수 있다는 점에서 그렇다. 인
간화되지 않은 자연의 모습은 인간 중심의 동일성을 벗어난 타자
로서 존재하고 기능하기 때문이다.
　이처럼 정전 체계가 가지는 다른 하나의 경향인 세계가 자아보

다 월등히 커다란 존재인 경우, 자아는 세계 속에 자신의 이념을 반영하게 되면, 자아가 세계에 대해 일방적으로 종속되는 것을 막고 대화하는 관계가 될 수 있다. 세계와 자와의 대화는 비판적 주체를 형성하기 위해 꼭 필요한 것이다. 이 경우 자아와 세계는 서로 평행선을 그으며 나아가는 것은 옳지 못하다. 이는 대화적 상황이 되지 못하고, 오히려 현실에 대한 자아의 일방적 비판이나 현실과 개별적으로 존재하는 고립된 자아가 되기 쉽다.

나. 담론의 정당성이 용인되는 텍스트

여기에서는 학습자(독자)와 텍스트 속 담론과의 대화 관계를 상정하였다. 이전까지 보았던 텍스트 속에서 대화적 요소를 찾거나, 동일성에 균열을 내는 방식과는 다른 심급이다. 이는 담론에 일방적으로 종속되더라도 그것의 사회적 정당성이 인정된다면, 비판적 주체의 형성에 기여할 수 있다는 전제를 바탕으로 한 것이다. 이 경우 담론의 사회적 정당성이 추인되어야만 하며, 그 모습이 텍스트에 암시적으로라도 드러나야 한다.

담론의 정당성은 역사의 해석과 깊은 관련을 가진다. 실재로 같은 사건이라도 평가하는 주체에 그 의의는 달라진다. 갑오개혁 같은 경우 반봉건에 방점을 찍는다면 역사적으로 후한 평가를 주겠지만, 반외세에 방점을 찍는다면 그 평가가 박해질 수밖에 없다. 그리고 역사적 사건에 대한 평가는 평가하는 시대와도 관련이 있다. 역사란 "과거와 현재의 끊임없는 대화"라는 E. H. 카의 말대로 평가되는 역사는 평가하는 시기에 따라 달라질 수 있는 것이다.

그러므로 보편적으로 정당성이 용인되는 역사적 사건 또는 관념이라는 것은 존재하지 않는다고 볼 수도 있다.

그러나 이러한 관점은 우리가 올바른 역사 또는 담론에 대해 판단할 수 있는 창을 제공하지 않는다. 무엇이 옳고 그른가를 판단할 수 없게 되며 판단 자체도 무의미한 것이 되어버린다. 이는 앞서 보았던 관념적 주체로 환원될 가능성이 높다. 가치 평가의 기준이 존재하지 않으면 개인의 내적 논리에서만 판단의 근거를 찾게 될 것이기 때문이다. 그러므로 시 텍스트를 통해 판단의 근거를 제시하는 것은 비판적 주체의 형성에 일정 부분 기여한다고 볼 수 있다.

그렇다면 현재 정당한 담론이란 무엇인가? 그것은 현재의 보편적인 가치관에 맞는 것이어야 하며 현재 문학교육의 목표와 관련지어 생각해야 한다. 2007년 새 교육과정에 의한 문학교육의 목표는 "문학의 올바른 이해와 폭넓은 경험을 바탕으로 문학 작품을 수용하고 생산하는 능력을 기르며, 자아를 실현하고 공동체의 발전에 기여하는 태도를 함양"하는 것이다. 텍스트의 수용과 생산, 자아 실현, 공동체의 발전에 기여하는 태도는 모두 참여의 의미를 가지고 있다. 다시 말해 수동적인 감상자의 모습이 아니라 능동적으로 생산하고 변화하는 태도를 중요시하고 있는 것이다. 적극적이고 능동적인 태도는 민주주의가 보편적인 가치인 현재에 매우 중요한 가치이다. 말 그대로 국민이 주인이 되는 사회이기 때문이다. 교육과정이 현대 사회의 보편적 가치를 비교적 정확히 담지하는 모습이다.

그렇다면 이런 가치와 부합하는 역사적 사건이나 담론이 정당한 담론라고 볼 수 있는 것이다. 즉 백성이나 국민, 시민들이 적극적으로 참여하여 주인의 되는 역사적 사건이나 그러한 가치를 포함한 담론이 정당하다. 논의의 여지는 있지만, 역사적 사건으로는 동학농민혁명이나, 3·1 운동을 포함한 독립운동, 4·19 혁명, 5·18 광주민주화항쟁 등을 들 수 있다. 위의 사건들은 민중의 적극적인 정치참여를 바탕으로 하여 당대의 모순을 해결하려 한 시도이기 때문이다. 정치나 이념적 측면에 따라 약간의 이견이 있을 수 있으나, 현재 긍정적으로 평가되고 있는 사건이기도 하다. 그러므로 이러한 역사적 사건들을 다룬 텍스트들을 수록한다면 이 사건들이 가지는 의미나 가치에 대해서 파악할 수 있으며, 이는 주체가 판단하는 기준이 될 것이기 때문이다. 역사적 사건 외에 담론도 이러한 가치를 추구하고 있어야 한다. 자유, 평등, 통일, 민주주의 등은 현재에 있어 포기할 수 없는 가치이기 때문이다.

그러나 이런 것들을 맹목적으로 추구하는 텍스트는 바람직하지 않다. 이는 주체가 담론에 종속되는 경우를 가져오기 때문이다. 특히 감정적인 접근이나 선언적 접근은 종속을 더욱 가속화할 가능성이 있다. 그러므로 텍스트 내에서 사건이나 담론에 대한 성찰이 존재하는 것을 찾는 것이 바람직하다. 왜냐하면 이런 텍스트를 읽는 학습자는 텍스트 내 담론과 대화를 하게 된다. 그런데 대화가 원활히 진행되기 위해서는 담론이 가지는 가치가 드러나 있어야 한다. 그렇지 않고 감정적으로나 선언적으로 담론을 받아들이거나 배제한다면 독자들은 대화의 실마리를 찾지 못하게 될 것이다. 이를 구체적인 텍스트를 통해 살펴보도록 하자.

그 날이 오면 그 날이 오면은
삼각산이 일어나 더덩실 춤이라도 추고
한강 물이 뒤집혀 용솟음칠 그 날이
이 목숨이 끊기기 전에 와 주기만 하량이면
나는 밤 하늘에 나는 까마귀와 같이
종로의 인경을 머리로 들이받아 올리오리다.
두개골은 깨어져 산산조각이 나도
기뻐서 죽사오매 오히려 무슨 한이 남으오리까.

—심훈 〈그날이 오면〉 부분

이 텍스트의 문제로 지나친 감정의 발로로 인해 시의 균형이 무너졌다는 사실을 지적할 수 있다. 하지만 더 근본적인 것은 '그 날'이 주는 감격만 앞세워져 있고 그것이 왜 와야 하는가에 대한 고찰이 부족하다는 점이다. 이는 감정적인 어조와 일부 관련이 있다. 텍스트 내 모든 감정과 언어가 '그 날'의 환희에 집중되어 있기 때문이다. 즉 '그 날'을 부르짖기에 앞서 이전의 나날들이 어떠했는가에 대한 언급은 생략되어 있다. 다만 격정적 감동의 크기에 반비례하여 이전의 나날들을 유추할 수 있을 뿐이다. 독립에 대한 성찰은 존재하지 않고 자아의 인간적이고 본능적 번민은 전혀 드러나지 않은 채 이념적 문제만을 강조하였으며, 자아는 그러한 이념에 완전히 종속되어 있을 뿐이며, 어떠한 대화도 일어나지 않는다. 다만 학습자는 텍스트 내 담론에 대한 감정적 수긍이나 거부만을 할 수 있을 따름이다.

오라, 이 강변으로
우리는 하나, 만나야 할 한 핏줄,

마침내 손 잡을 그 날을 기다린다.
그 날이 오면, 끊어진 허리
동강난 세월들 씻은 듯 나으리라.
너의 주름과 나의 백발도
이 땅의 아름다운 꽃이 되리라
오늘도 여기 서서 너를 기다린다

-홍윤숙 〈오라 이 강변으로〉

5차 중학교 교과서에 실린 홍윤숙의 〈오라 이 강변으로〉는 자아가 통일이라는 관념에 종속되어 있지만, 시의 내용에서 통일의 정당성이 부여되어 있다. "손잡을 그날"에서 동등한 위치에서의 통일을 지향하고 있으며, "너의 주름과 나의 백발도"에서 결여의 상태가 주는 괴로움이 추상적이나마 드러나 있다. 〈그날이 오면〉과는 달리 개인의 관념적이고 감정적 기원이 아니라 통일을 기원해야 하는 이유가 잘 드러나 있기 때문이다. 물론 이 텍스트에 문제가 없는 것은 아니다. 통일에 대한 염원이 추상적이고 비유적인 차원에서만 존재하기 때문이다. 물론 중학생 수준을 고려할 때, 너무 현학적이거나 이념적인 텍스트를 고르기에는 무리가 있다. 그리고 추상성과 비유 중심의 텍스트는 검정이라는 장벽을 넘기에도 용이하다.

신동엽의 〈산문시1〉은 화해와 평화라는 담론을 지향하고 있는 텍스트이다. 그러나 이 텍스트는 단순히 구호의 나열보다는 화자의 소망을 상상적으로 재구성하는 방법으로 주제를 드러내고 있다.

스칸디나비아라든가 뭐라구 하는 고장에서는 아름다운 석양 대통령이라고 하는 직업을 가진 아저씨가 꽃리본 단 딸아이의 손 이

끌고 백화점 거리 칫솔 사러 나오신단다. 탄광 퇴근하는 광부들의
작업복 뒷주머니마다엔 기름묻은 책 하이덱거 럿셀 헤밍웨이 장자
(莊子) 휴가여행 떠나는 국무총리 서울역 삼등대합실 매표구 앞을
뙤약볕 흡쓰며 줄지어 서 있을 때 그걸 본 서울역장 기쁘시겠오라
는 인사 한마디 남길 뿐 평화스러이 자기 사무실문 열고 들어가더
란다. 남해에서 북강가지 넘실대는 물결 동해에서 서해까지 팔랑대
는 꽃밭 땅에서 하늘로 치솟는 무지개빛 분수 이름은 잊었지만 뭐
라군가 불리우는 그 중립국에선 하나에서 백까지가 다 대학 나온
농민들 추럭을 두대씩나 가지고 대리석 별장에서 산다지만 대통령
이름은 잘 몰라도 새이름 꽃이름 지휘자 이름 극작가이름은 훤하더
란다 애당초 어느쪽 패거리에도 총쏘는 야만엔 가담치 않기로 작정
한 그 지성 그래서 어린이들은 사람 죽이는 시늉을 아니하고도 아
름다운 놀이 꽃동산처럼 풍요로운 나라, 억만금을 준대도 싫었다
자기네 포도밭은 사람 상처내는 미사일기지도 땡크기지도 들어올
수 없소 끝끝내 사나이 나라 배짱지킨 국민들, 반도의 달밤 무너진
성터가의 입맞춤이며 푸짐한 타작소리 춤 사색뿐 하늘로 가는 길가
엔 황토빛 노을 물든 석양 대통령이라고 하는 직함을 가진 신사가
자전거 꽁무니에 막걸리병을 싣고 삼십리 시골길 시인의 집을 놀러
가더란다.

－신동엽 〈산문시1〉

칫솔 사러 나온 대통령, 철학책을 읽는 광부, 삼등열차를 타는
국무총리와 이를 당연하듯 생각하는 역장, 예술을 사랑하는 농부,
전쟁을 반대하는 시민들, 자전거에 막걸리병을 싣고 시인의 집으
로 놀러가는 대통령이 이 텍스트에 등장하는 인물들이다. 하나같
이 현실에서 보기 힘든 이상적 상황들로 재구성되어 있다. 이러한
사회의 모습은 현재의 기준으로 매우 타당하다. 구호적으로나 감
정적으로 처리하지 않고 화자를 뒤에 숨긴 채 상황을 묘사하는 듯
한 표현법은 학습자들이 이 상황을 객관적으로 보게 만든다. 학습

자들은 이 텍스트를 읽고 난 후 작가가 지향하는 담론이 정당한지를 파악할 수 있게 된다. 그리고 텍스트 내 담론이 가지는 가치에 대해 재인식하게 되며, 담론과 대화할 수 있는 장이 마련된다.

이러한 대화의 과정은 단순히 수동적인 것이 아니다. <산문시>에서는 이성적으로는 실현될 수 없는 이미지들이 나열되어 있다. 그러나 그것이 우리 내면의 무의식을 동요시킨다. 이 텍스트에서 보이는 화해와 평화의 언술들은 우리 내면에 원래 존재하고 있었던 것이기 때문이다. 즉 인간 보편의 욕망이라고 할 수 있다. 그런데 이것이 앞서 살펴본 텍스트처럼 추상적이고 지시적인 언어로 제시되었다면 우리의 무의식은 움직이지 않았을 것이다. 그러나 풍경화에 가까운 아름다운 이미지는 무의식 속의 화해에 대한 욕망을 고양시킴으로서 담론의 장에 참여하게 만드는 것이다.

이처럼 담론의 정당성이 인정되면서 그것에 대한 언술이 텍스트 내에 드러날 수 있으면 학습자는 텍스트의 담론과 대화적인 입장을 가지게 된다. 이런 대화는 담론에 대한 일방적인 종속이 아니라 담론과 끊임없이 교호하면서 자신과 사회에 대해 성찰할 기회를 가지게 되는 주체를 형성하는데 큰 도움이 될 것이다.

03 | 정전 재구성의 과제와 해결 방안의 모색

이제까지 현 정전의 전개 역사와 문제점을 알아보고 새로운 정전의 가능성을 도모하였다. 그러나 정전 재구성의 문제는 여러 가지 상황 맥락과 관련되어 있다는 점도 고려되어야 한다. 그러므로 이 장에서는 정전 재구성에 장애가 되는 요인이나, 재구성 시 숙고해야 하는 점을 중심으로 서술하고자 한다. 특히 2007 교육과정을 통해 검인정 제도로 변한 상황은 교육과 정전 구성에 큰 영향을 미칠 수 있다. 국가 주도적인 교과서 정책이 민간 주도로 바뀌었고, 이로 인해 변화된 맥락이 아주 크기 때문이다. 그러므로 이러한 외부 요인들을 중심으로 하여 정전 재구성의 장애요인과 그 해결 방안을 서술하는 것이 이 절의 중점이다.

1) 검인정 제도로의 변화

가. 검인정 제도와 정전 현황

정전 구성이 국가 권력에 영향을 받았음이 현재 정전 연구에서 정설로 받아들여지고 있다. 요약하자면 정치권력 또는 그에 일정 부분 선이 닿은 문단권력이 현재의 정전을 의도적으로 구성하였고, 그러한 정전이 현재에 이르러 당연시되었다는 것이다. 물론 그것이 가능한 것은 이승만부터 전두환까지 권위주의적 정권이 추구하는 가치가 정전의 모습과 맞아떨어졌기 때문이다. 국가권력의 힘은 강하고 시민사회의 힘이 약한 20세기 중후반 남한 사회의 모습이 빚어낸 교육의 풍경화이다.

그러나 과거와 같은 정치적 매커니즘이 지금도 작동하고 있다고 보기는 어렵다. 지금이 전체주의적 사회는 분명히 아니기 때문이다. 즉 이 연구는 정전이 형성되는 과정에 대한 치밀한 분석이시만, 현재의 정전의 모습과 그것이 유지되는 이유에 대한 답으로는 부족하다. 물론 현재에도 이전처럼 국가 권력이 배제하는 텍스트는 존재한다. 대표적인 것이 사회주의적 가치의 텍스트이다. 2007 개정 교육과정에 의한 국어교과서 16종을 볼 때, 전체 225편의 시 텍스트 중 사회주의 계열의 텍스트는 이용악의 <그리움>만 실려 있으며, 그것도 소단원 표제시가 아니라 학습활동을 위해 참고적으로 제시되었을 뿐이다.8) 그 외 임화나 오장환 등의 카프 계열의 텍스트는 한 편도 실려 있지 않다. 이것이 검정 과정에서 일어난 일인지 아니면 교과서 개발진들의 자발적 자기 검열인지는 알 수 없으나, 도종환 시 사건을 볼 때, 국가기관 선에서 문제가 제기되었을 가능성이 높다. 그러나 위 경우처럼 권력의 직접적 개입이 학계의 많은 비판에 부딪혀 철회된 것을 볼 때, 국가가 공공연하게 개입하는 것은 큰 부담이 된다. 이제는 직접적 통제보다는 제도를 통해 작용하는 미시적이고 비가시적인 통제가 주가 되는 것이다.

그 대표적인 것이 바로 검인정 제도이다. 국어 교과서의 경우 7차 교육과정기까지는 국정이었으나 지금은 검인정으로 바뀌었다. 이러한 제도의 변화는 권력이 작동하는 방식의 변화를 의미한다. 정전이란 작동의 방식이 바뀔 뿐 필연적으로 헤게모니가 작동한다. 그렇다면 그런 개입이 어떻게 진행되는지 검인정 제도를 통해 그 변화 과정을 살펴는 일이 필요하다.

사실상 검인정 제도는 특별한 것이 아니다. 이전에도 국어 외의 다른 과목은 이미 검인정 제도를 시행했었다. 그러나 국어, 윤리

---

8) 도서출판디딤돌의 국어 교과서에 실려 있다.

등 가치관 교육과 관련된 교과들은 국가의 지배 이념 유지를 위해 국정 제도가 계속 유지되었다. 그러나 경쟁에 의해 다양하고 질 높은 교과서를 개발할 수 있다는 의견, 지역적인 특색을 반영할 수 있다는 의견, 내용이 다양해지므로 창의성을 기를 수 있다는 의견, 다양한 전문가 집단이 교과서 집필에 참여함으로서 교육과정에 대한 다양한 해석이 가능하게 되고, 교과서가 교육과정의 유일한 구현체가 아니라는 인식의 확산을 통해 교육내용의 해석과 교육과정의 다양성을 가질 수 있다는 의견 등이 받아들여지게 되면서 모든 과목의 교과서가 검인정제로 바뀌게 된다.(한국교육과정평가원, 2004) 다양성을 지향할 수 있다는 요지에서 중등교육에서 검인정제가 전면적으로 시행된 것이다.

그러나 이러한 다양성의 한계는 명확하다. 검인정 제도 아래의 다양성이란 국가에서 허용하는 한도 내에서의 다양성이다. 미국의 경우를 예로 비교해보자. 미국은 주정부가 교과서를 인정한다. 주정부의 권한을 위임받은 위원회가 신청이 들어온 교과서들을 평가하고 이때 공청회 등을 통해 의견을 수렴하여 인정 여부를 결정한다. 인정이 되면 주정부의 기금을 사용하여 학교에서 그 교과서를 구입할 수 있으며, 인정되지 않은 교과서를 사용하는 것도 허용이 되나 이 경우 주정부의 기금을 받을 수 없다. 그리고 일부 주에서는 교육당국이 교과서를 정할 수 없다고 명시되어 있기까지 하다.(박경신, 2009) 어느 정도 통제를 받아들이길 요구하지만 그를 벗어나는 것도 부분적으로 용인하거나 아예 국가가 개입하지 않는다.

그러나 우리의 경우 검정에서 통과되지 않는 한 그 교과서는 존재하지 않은 것이 된다. 검정에서 탈락할 경우 개발하기 위해서

들인 시간과 비용 모두 허공에다 날리게 된다. 탈락한 교과서에 개발비를 지원하는 제도는 현재로서는 없다. 실제로 하나의 교과서를 개발하기 위해서 드는 비용은 중소 출판사가 쉽게 지출하기 어려운 큰 금액이다.9) 그렇기에 교과서를 개발하는 측에서는 자기 검열을 할 수밖에 없는 구조이다.

또한 이러한 검인정제가 가지는 큰 문제 중 하나는 교육을 공익의 차원이 아니라 자본주의적 관점에서 접근한다는 것이다. 개발비와 수수료를 반납하지 않는 것은 수익자가 비용을 부담한다는 원칙 때문이다. 그러나 교과서 개발은 출판사의 이익을 위한 것이 아니라 공교육의 필요성 때문에 행해지는 것이다. 그러나 현재의 교과서 검정 제도는 출판사로 하여금 돈을 벌고 싶으면 검정에 통과할 수 있는 교과서를 만들라는 것이며, 검정에 통과하기 위해서는 문제가 되는 교과서를 만들지 말라는 의미이다. 단원 편성을 자율적으로 할 수는 있다. 학습활동의 이름을 적용학습으로 할 것인지, 심화학습으로 할 것이지 선택할 수 있다. 그러나 이를 진정한 다양성이라 보기는 어렵다.

출판사는 질 좋은 교육을 위해서 교과서를 개발하겠지만, 문제가 있어 탈락된다면 모두 도루묵이다. 그러므로 문제가 되지 않을, 즉 검증된 텍스트를 선택할 것이고 그 검증의 기준 중 하나가 바로 정전이다. 기존에 교과서에 실렸던 텍스트들을 그대로 가져다

---

9) 필자가 아는 국어과 내 선택교과서에서 필자에게 지출되는 인건비가 2000만원 이상이었다. 물론 교과서 판매 예측 수요에 따라 인건비도 달라진다. 그리고 검정 수수료 또한 1900만원 이상이었다.(한국교육과정평가원 공고 제 2009-48호에서 발췌, 국어 상 19,747,000원, 국어 하 19,705,000원)

쓰거나, 새로 선정한다고 해도 기존 정전이 추구하는 가치와 유사한 것을 선택하는 것이다. 그러므로 다양성을 추구하기 위한 검인정 제도라 하여도 다양한 담론의 정전이 선택되는 것이 아니라 기존 정전의 확장이 될 가능성이 높은 것이다.

물론 부정적인 가능성 외에도 제도의 변화에 따른 긍정적인 가능성도 존재할 것이다. 교과서는 출판사별로 편차를 가진다. 출판사나 집필진에 따라 기존 정전을 그대로 수용할 수도 있고, 제도 안에서 변화를 추구할 수도 있다. 2007년 개정 국어교과서를 통해 이를 알아보자. (가)와 (나)는 각각 특정 출판사에서 낸 개정 국어교과서에 실린 시 텍스트의 목록이다.

〈표 16〉 교과서 시 목록

(가)	절정(이육사), 벼(이성부), 달, 포도, 잎사귀(장만영), 찔레(문정희), 꽃(김춘수), 그 집 앞(이은상), 기다리는 마음(김민부), 산유화(김소월), 그 꽃(고은), 춘향유문3(서정주), 흥부부부상(박재삼)
(나)	바다와 나비(김기림), 꽃덤불(신석정), 풀(김수영), 새들도 세상을 뜨는구나(황지우), 희망을 만드는 사람이 되라(정호승), 사랑하는 별 하나(이정선), 목련 후기(복효근), 낙화(조지훈), 장수산1(정지용), 여승(백석), 우리가 물이 되어(강은교), 그리움(이용악), 우리동네 구자명씨(고정희), 가지 않은 길(프로스트)

(가)의 경우 기존 정전의 체계를 거의 그대로 답습하고 있다. 이성부의 <벼>가 민중의 연대라는 주제를 벼를 통해 드러내고 있지만 나머지는 흔히 이야기하는 순수서정시이다. 이육사의 <절정>은 저항시로 읽힐 수도 있고 시적 화자의 내면적 결의로도 읽힐 수 있다.[10] 그러나 <절정>의 경우, 순수시 중심의 정전 체계에

주변적으로 존재하는 민족주의 경향의 시이며, 이 역시 정전으로 인정해야 할 것이다. 반면 (나)는 <풀>, <새들도 세상을 뜨는구나>, <희망을 만드는 사람이 되라>, <여승>, <그리움>, <우리 동네 구자명씨> 등 기존 정전 체계의 바깥에 존재하는 텍스트가 많이 선정되었다. 해석의 과정에서 논의는 있겠지만, 일단 사회적 상상력을 추구한다고 해석해도 큰 문제가 없는 텍스트들이다. 또한 시대적 배분도 고르게 펼쳐져 있다. 사회적 상상력이란 민족의 역사를 기반으로 한다고 볼 때, 일제 시대의 민중의 삶을 구체적으로 다룬 <여승>, 4·19 이후의 민중의 형상을 표현한 <풀>, 80년대의 억압적 정치 상황을 묘사하고 있는 <새들도 세상을 뜨는구나>, 산업화 이후 여성의 고단한 삶을 다룬 <우리동네 구자명씨> 등은 시대적 배분도 바람직하다고 할 수 있다.

이를 통해 볼 때, 같은 교육과정을 반영한 교과서라도 제재의 선택에 있어서는 차이점이 보인다. 문제는 (나)와 같은 경우는 잘 없다는 점이다. 실제로 16종의 교과서 제재를 검토한 결과 대부분이 (가)와 엇비슷한 제재 구성을 보였다. 그러나 (나)와 같은 교과서로 시를 배운 학습자들은 시=순수서정 이라는 등식에 의문을 가지게 될 것이다. 이런 현상은 정전의 변화에 기폭제가 될 수도 있고 반대로 다양성을 위장하여 오히려 그 중심부성을 더 강화시켜줄 수도 있다. 아직 중등 국어과목이 검인정 교과서로 가르쳐진

---

10) 사실 <절정>을 저항시로 읽는 것은 하나의 텍스트에 하나의 해석만이 들러붙어 있는 문학교육의 문제(해석의 정전성 문제)이다. 좀 더 구체적으로 설명하자면 이육사의 텍스트를 저항시라고 선시(先詩)적으로 명명하고 그에 맞추어 개별 텍스트를 해석하는 형국이다. 즉 몸에 옷을 맞추는 것이 아니라 옷에 몸을 맞추는 꼴이다.

것은 그리 오래 되지 않았다. 실증적인 연구를 통해 검인정 제도가 정전에 미치는 영향을 살펴볼 필요가 있으며, 검인정 제도의 문제점을 보완해 나가는 것도 정전 연구에 필요한 작업이다.

나. 검인정 제도 아래 정전 문제의 해결 방안

교육과정은 정전 체계에 그리 큰 영향을 미치지 않으며, 교사의 역할은 시교육의 정전 체계와 관계없이 중요하다. 오히려 교과서의 개발 측면에서 실질적 문제가 발생하는 형국이다. 이는 이제까지 문제로 판단되었던 시교육 정전 체계는 교과서 제작의 측면에서 현실적인 해결이 가능하다는 의미이다. 교과서의 개발 과정에서의 변화가 정전 체계에 균열을 낼 시발점이며 정전 연구의 악순환적(정전 비판→대안 제시→현실적 어려움→기존 정전 답습→정전비판) 고리를 끊어낼 가장 가능성 있는 차원이기 때문이다. 문학의 정전 체계는 교과서로 현실화되기에 실천적 차원에서 현재 정전 체계를 바꿀 수 있는 가능성이 가장 높기 때문이다.

우선 개발진이 텍스트를 선정함에 있어서 기존 성전 체계의 문제점을 분명히 인식하고 다양한 경향의 텍스트를 선정해야 할 것이다. 앞서 언급했듯이, 순수시가 아니라도 교육과정 상의 성취기준이나 내용요소의 목표를 충분히 달성할 수 있기 때문이다. 순수시 중심의 문제점은 학습자들이 주관적 관념 중심의 인식을 지나치게 내면화하는 것이다. 또한 민족주의 중심의 가치에서 벗어나 다양한 담론을 접할 수 있는 기회를 제공해야 한다. 민족주의적 가치가 우리의 현실에서 불필요한 것은 아니지만, 그것이 유일한 담론이라고 할 수는 없음은 자명하다. 한 가지 주의해야 할 점은 주체와 주체 바깥의 세계가 지향하는 담론의 관계가 수평적이어야 한다. 담론의 상징적 질서에 자아가 매몰되는 텍스트를 내면화하면 자칫 지배 담론의 기원을 성찰하지 못하고 따르기만 하는 수동적 양상을 보일 수 있기 때문이다. 이 경우 학습자들은 세계 인식을 추상화하고, 지배 이념을 재생산하는 행태를 보이게 된다. 권위주의 정권 하에서의 국가주의적 텍스트나 일부 민족주의 가치를 지나치게 미화하는 텍스트들이 그 예일 것이다.11)

이를 위해서는 텍스트 선정에 있어서 교육과정상의 목표를 달성하기 위한 자질만을 검토할 것이 아니라 텍스트가 지향하는 가치나 텍스트에 드러나는 구체적 담론의 모습 등도 고려해야 할 것이다. 나이, 계급, 성(性), 종교, 민족, 지역, 환경 등 다양한 담론이 학습자들에게 제시된다면 학습자들이 담론을 비교하고 성찰하며 재구성하는데 크게 도움이 될 것이다.12) 학습자들은 여러 가치를 섭렵함으로서 담론에 대한 메타의식을 생성하고 그를 통해 세계의 본질에 대해 인식하는 과정을 밟게 될 것이고, 그 과정을 통해 현재의 정전 체계가 갱신되는 과정으로 나아갈 것이다. 이런 선순환이 계속될 때, 정전 체계는 학습자-교사-교재-집필진-지배담

---

11) 한국 전쟁 당시의 국어교과서에 수록된 모윤숙의 <국군은 죽어서 말한다>와 같은 국가주의적 텍스트는 국가(반공)를 위해서라면 개인의 희생은 정당화될 수 있으며, 숭고하고 아름답다고까지 역설하고 있다. 이러한 텍스트는 담론의 가치를 절대화함으로서 주체가 담론을 성찰할 기회를 박탈한다. 민족주의 이념 역시 과도하게 이상화될 때 이와 비슷한 경우를 보인다. 심훈의 <그날이 오면>은 지나친 감상적 접근으로 적절한 거리두기에 실패한 예라 할 수 있다.

12) 이러한 담론의 가치는 사회문화적 맥락과 관련하여 깊이 있게 고찰되어야 한다. 그렇다고 교과서 제작 당시 유행하는 담론보다는, 학습자의 인지적 성장과 세계의 비판적 이해에 도움이 되는 것을 선택해야 할 것이다.

론의 역학적 관계 속에 스스로 자기갱신이 가능해질 것이다.

개발자는 기존의 시교육 정전에 의존하지 말고 다양한 텍스트를 찾는 노력이 필요하다. 그러기 위해서는 개발에 필요한 시간과 비용이 충분히 주어져야 할 것이다. 앞서 살펴보았듯이 기존 정전 체계의 문제점을 인식하고 그것을 극복하기 위해 새로운 텍스트를 찾고자 해도 시간과 비용이라는 현실적 문제가 걸림돌이 되기 때문이다. 의지만으로 이루어질 수 있는 것은 그리 많지 않다. 그러므로 교과서 집필의 현실적 문제도 반드시 해결되어야 할 것이다.

예를 들어 교과서는 검정실시공고부터 검정까지 1년 6개월의 기간이 있는데, 이 안에 2권의 교과서를 완성해야 하는 것이다. 시간적으로 충분하다고 할 수 없다. 그리고 비용의 문제도 있다. 인건비를 포함해서 개발에만 많은 돈이 들어가며, 검정 수수료 역시 만만치 않다.13) 만약 선정이 된다면 어느 정도 부담을 덜겠지만, 탈락한다면 영세 출판사 같은 경우 엄청난 부담이 된다. 그렇다면 혁신의 길보다는 안전한 길을 갈 수밖에 없다. 이 문제는 사실상 정부가 교육을 보는 와도 일부 연관되어 있다. 교과서를 공익외 차원이 아니라 경제적 관점에서 접근했기 때문이다. 수수료를 반환하지 않는 것은 민원인이 비용을 부담한다는 원칙 때문이다. 그러나 교과서는 출판사의 이익을 위해서 존재하는 것이 아니라 공교육의 필요성 때문에 존재하는 것이다. 그러므로 교과서 개발에 충분한 시간이 주어지고 비용의 문제가 뒷받침된다면 정전 문제뿐만 아니라 교과서의 질 향상에 큰 도움이 될 것이다.

---

13) 2007 개정 국어교과서의 경우 상권의 수수료가 19,747,000원 하권이 19,705,000원이었다. 한국교육과정평가원 공고 제 2009-48호에서 발췌.

검인정 제도의 또 다른 문제는 인력난이다. 현재 교육과정평가원에서 교과서 선정 공고를 내면, 출판사는 집필진을 꾸려 교과서를 제작하게 된다. 그런데 검인정을 통과한 고등학교 국어교과서는 총 16종이며 집필진은 총 157명이다. 한 교과서당 최소 8명에서 최대 21명까지 집필에 참여하고 있으며 평균적으로 10명 정도이다. 이 외에 탈락한 6개의 출판사에서 역시 그 정도 인원이 동원되었다고 보면 총 220명 이상이 집필에 참여한 셈이다.[14] 즉 많은 수의 국어 관련 연구자나 교사들이 집필에 직접적으로 참여했는데, 문제는 이러한 집필진의 전문성 문제이다. 학계의 많은 사람들이 동원되니 집필자를 구하기가 쉽지 않고 결국 인맥이나 학맥을 통해 집필자를 구할 수밖에 없다. 그러다보니 집필하는 단원에 대한 전문성이 부족할 가능성이 생기게 되고, 이를 타개하기 위해서는 이전까지 나왔던 교과서나 텍스트를 참고할 가능성이 높다. 시 관련 단원도 마찬가지일 것이다. 이는 결국 기존의 문학 정전 체계를 추수할 가능성이 조금이라도 높아지는 현상을 낳을 것이다.

결국 문학 교육에서 정전의 문제는 인식의 문제와 더불어 교육을 보는 정부의 태도까지도 관련되어 있는 것이다. 이런 문제를 극복할 하나의 대안으로 교과서 선정 텍스트에 대한 데이터베이스화가 필요하다고 본다. 여기에는 단순히 텍스트와 작가, 발행 연도 등 서지 사항만 아니라 교육과정 상의 어떤 목표를 달성하는데 적합한지, 어떤 수준의 학습자에게 적합한지, 어떠한 가치를 바탕으

---

14) 탈락한 집필진은 공개되지 않는다.

로 하고 있는지 등을 같이 수록해야 할 것이다. 그 예를 간단히 들
면 다음과 같다.

①작가 : 황지우 ②작품 : 너를 기다리는 동안 ③창작년도 : 1987년		
텍스트 전문－생략		
④수준 전　　　체 : 중3～고3 어휘 근거 : 쉬운 어휘 정서 근거 : 기다림의 정서~ 가치 근거 :	⑤시적 경향 : 텍스트 내적으로는 순수 서정이나 당대와 관련시 킨다면 사회적 의미로 파악 가능	⑥추구하는 가치 : 기다린다는 것은 수 동적인 것이 아니라 적극적인 실천임.
⑦적용할 수 있는 학습내용 및 성취기준 : 작가의 개성 파악하기 　　　　　　　　　　　　　　　　　작품 속 어조 이해하기 　　　　　　　　　　　　　　　　　시에서 시대 상황 파악하기 　　　　　　　　　　　　　　　　　……		
⑧텍스트 선정 시 고려사항 : ……		
⑨……		
기타 의견 :		

　표에는 ⑨까지 되어있지만, 후속 연구를 통해서 새로운 항목은
얼마든지 추가할 수 있다. 그리고 원문자(①~⑨)로 되어 있는 부분
은 언제든지 키워드로 검색이 가능하게 하고, 이를 유형별로 분류
한다면 원하는 자료를 쉽게 찾을 수 있다. 이러한 것이 공신력을
가지려면 정부나 공공 단체에서 주관하여 누구나 데이터베이스를
작성할 수 있되 교육전문가의 검증을 거치게 하는 방법이 좋다.
이것을 정부 차원에서 실행한다면 앞서 언급한 여러 문제들이 일
정 부분 극복될 수 있다고 본다.
　이 외에도 교과서 개발에 관한 지속적 연구 축적, 교과서 개발

전문 인력 확충, 교과서 개발 센터의 상시 운영, 등이 필요할 것이다(김창원, 2003). 이런 제도적 뒷받침 없이 정전 문제를 해결하고자 하는 것은 모래 위에 짓는 누각과 다름 없다. 시교육 정전 체계에 대한 비판적 인식과 더불어 교과서 제작의 현실적 문제가 개선되었을 때, 이 문제는 해결될 가능성이 더욱 커진다. 그리고 이는 다른 입시위주의 교육 등 여러 다른 교육문제보다 오히려 쉽게 해결할 수 있는 문제이기도 하다.

2) 순수/참여 이분법의 극복

영문학의 경우 백인 중심, 남성 중심, 엘리트 중심이 정전의 중심부를 형성하고 있었다면, 우리의 정전은 순수시의 중심부성을 강하게 가지고 있음이 주지의 사실이다. 민족주의 경향의 시라 하더라도 순수하여야만 교과서에 실릴 수 있었기에 윤동주, 이육사 등이 저항시인이란 이름으로 조명받았던 것이다. 반면 임화의 <우리오빠와 화로>가 주는 문학적 감동에도 불구하고 순수문학론에서 보자면 배제되어야 했던 카프계열의 시인이기 때문에 임화는 정전이 되지 못했다는 것이다.(정재찬, 1996, 89) 그렇다면 순수가 가지는 의미에 대해서 알아볼 필요가 있다. 사전에서는 순수문학을 다음과 같이 서술하고 있다.

> 문학의 현실 참여나 정치적 개입을 배격하고 문학의 자율성을 강조하는 경향을 지칭한다. 문학이 목적의식성이나 이데올로기적 지향성을 지녀서는 안된다는 강한 신념이 순수문학론에 내포돼 있다. 순수문학은 예술지상주의적 의미로 쓰이기도 하고, 이데올로기

의 비판에 입각한 "인간성 옹호의 문학정신"으로 이해되기도 한다.

—한국문학평론가협회, 2006

첫 두 문장에서 알 수 있듯이 순수문학은 사실상 그 타자들과의 대립을 통해 그 정체성을 드러냈다. 현실 참여, 정치성, 목적의식, 이데올로기 등은 순수문학과 대립하는 의미항들이다. 예술은 그 자체를 위해서만 존재해야 하고, 그렇지 못한 경우는 문학이 아니라는 의미이다. 순수문학이 전가의 보도처럼 내세우는 이른바 '미적 자율성'이나 혹은 그 하위 개념인 '예술의 자율성'이란 것은 스스로의 타자에 의해 규정된 정체성을 다른 언어로 표현한 것에 지나지 않는다.

이러한 개념은 남한에서는 반근대/반사회주의적로 구체화된다. 순수문학의 중심이라고 하는 시문학파, 문장파, 문협정통파 등은 각각 다른 경쟁자를 가지고 있었으나 실상 반근대의 측면이 강했으며, 해방 이후 반공적 색채가 강화되면서 반사회주의적 특성마저 생겨나게 된 것이다. 남한에서의 순수는 특유의 운명론이나 숙명론에 의해 해석되거나 역사적 제약과 한계를 극복하려는 인간의 모든 의지와 행위가 무망한 것으로 파악하였으며, 무엇보다도 큰 폐해는 역사와 현실에 대한 인간의 자기인식이 드러나는 문학 및 예술은 '문학(예술)이 아닌 것'으로 간주했다는 점이다.(한수영, 2006)

다시 말해서 한국에서의 순수는 원래 의미로서의 순수가 아니라 반근대성이 강조된 것이며, 이는 반사회주의적 가치를 담을 수 있었기에 더욱 유효했다. 그러므로 사실상 이전의 시교육 정전 체계에서 선택된 텍스트는 단순한 순수가 아니라 반근대의 고답적 세계를 보여주는 것이 중심이 되었다고 할 수 있다. 김소월 등이 중요하게 인식된 것도 이와 무관하지 않을 것이다. 즉 이들이 가지는 근대문학사적 의의나 미학적 성취와는 별개로 순수문학의 추구하는 반근대적 가치15)와 일치했다는 점이 중요하게 작용했다는 것이다.

이를 요약하면 현재의 정전 연구는 순수의 지형도를 그리기 보다는 순수가 배제한 가치가 무엇인가를 밝히는 데에 초점을 두었다고 할 수 있다. 그러나 이러한 순수/비순수의 이분법은 텍스트의 미학적 다양성을 한정시킨다. 순수서정도 자아와 세계의 관계에 따라 세계의 인식 방법이 달라진다. 그러므로 이제 연구의 방향은 이분법적 접근에서 벗어나 입체적인 접근이 필요하다. 순수시 중심의 정전 논의는 시교육에서 국가권력이 어떻게 작동하는가에 대한 답은 될 수 있지만, 논의의 단순화로 인해 구체적인 정전의 모습을 보여주지 못한다는데 있다.

순수/비순수의 논의는 텍스트가 '무엇'을 드러내느냐에 따라 정해진다. 자아의 주관적 내면의 문제를 주로 다루면 순수이고, 역사나 사회적 문제를 다루면 비순수이다. 그러나 이러한 논의에서 나아가 텍스트에서 자아와 세계의 관계가 '어떻게' 형상화되는가에 주목할 필요가 있다. 순수/비순수의 이분법을 벗어나 새로운 맥락에서 정전의 모습을 재구축하고 그것이 교육에 어떠한 영향을 미치는지를 파악해야 한다. 이는 후술할 비판적 주체와 관련을 가지게 된다.

---

15) 교과서에서 김소월에 대한 평가는 전통지향성이 매우 강조되어 있다.

문학이란 자아와 세계가 만나서 벌어지는 사건이다. 조동일(1991)
은 자아와 세계와의 관계를 통해 갈래를 구분하기도 했다. 그러나
서정라고 해서 반드시 세계의 자아화가 이루어지는 것은 아니며,
교술이라고 해서 자아의 세계화가 이루어지는 것은 아니다. 조동
일이 지적했듯이 문학 갈래의 구분은 이론적으로 아무리 치밀하게
이루어진다고 해도 개별적인 작품의 갈래적 성격을 모두 명확히
설명해 줄 수 없는 것이다. 서사적인 시도 있으며, 서정적인 소설
도 존재하는 것이다.

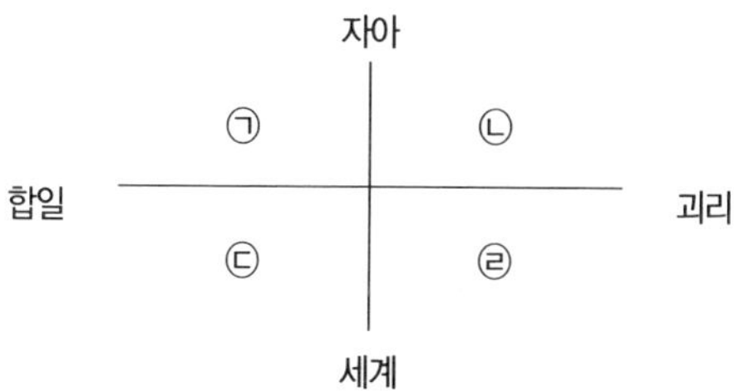

이 도식은 자아와 세계와의 관계를 중심으로 입체적인 분류를
위해 설정하였다. 자아를 지향하는 시(㉠, ㉡)는 객관적 세계의 담론
보다는 자아의 주관적 이상이 강조되며 세계는 드러나지 않거나
자아의 정서를 드러내는 역할을 한다. 세계를 지향하는 시(㉢, ㉣)는
자아의 주관성보다는 세계의 담론체계가 자아에게 영향을 미치는
시라고 할 수 있다. 여기서 세계는 자아의 주관성에 의해 변용되
지 않는 객관적인 존재이다. 그렇기에 민족주의, 사회주의, 국가주
의, 종교적 가치, 양성 평등 등 현실 세계의 구체적인 담론으로 드

러난다. 여기까지는 순수/비순수의 이분법적 구분이라고 할 수 있
다.

그러나 또 하나의 구분축, 즉 합일과 괴리의 축을 설정한다면
시의 미학적 특질이 더욱 다양해진다. 합일을 지향하는 시(㉠, ㉢)는
자아와 세계의 동일성을 드러낸다. 자아가 세계를 주관적으로 변
형시켜 동일화될 수도 있으며, 자아가 세계의 담론을 추종할 수도
있다. 괴리를 지향하는 시(㉡, ㉣)는 자아와 세계의 분리 상태에 주
목하거나, 동일성을 지향하지만 그것이 좌절될 수밖에 없는 세계
에 대한 자기인식을 드러낸다.

㉠의 경우는 자아의 내면적 이상을 중심으로 세계를 동일화시키
는 방법이다. 김영랑의 <끝없는 강물이 흐르네>의 경우, 주로 "내
마음"을 다루고 있다. 외부 현실과 무관한 고요한 내면 세계의 평
화와 아름다움을 그려 내고 있는 것이다. 세계는 자아의 내면적
평화라는 이상을 표현하기 위한 상관물로서 변형되어 드러날 뿐이
다. 박목월의 <나그네>에서는 세계의 모습이 드러나 있으나 자아
의 주관에만 존재하는, 자아가 이상화시킨 세계이다.

김영랑의 <모란이 피기까지는>이나 문태준의 <가재미>는 내
면적 이상이 좌절되는 비극적 정서를 드러내기 때문에 ㉡의 경우
라 할 수 있다. <모란이 피기까지는>은 화자의 이상인 영원한 봄
이 모란이 지는 실재 세계에 맞서 좌절된 정서를 "찬란한 슬픔"으
로 표현하였다. 화자의 이상은 객관적 세계의 담론이 아니라 화자
의 내면적 주관성이 지향하는 세계, 즉 낭만적 이상이라 할 수 있
을 것이다. 영원한 봄은 존재하지 않기 때문이다. <가재미>는 그
녀의 죽음을 통해 인간과 인간이 서로 이해하고 소통하기 위한 이

상과 그것이 좌절될 수밖에 없는 현실을 드러내고 있다. 화자나 그녀 모두 가재미처럼 한 쪽만을 볼 수 있는 존재이기 때문이다.

ⓒ의 경우는 담론에 자아가 동일시되는 경우이다. 우리 정전 체계에서는 주로 민족주의 담론을 중요시되었다. 변영로의 <논개>나 심훈의 <그날이 오면>은 대표적인 예이다. 권위주의 정권에서 국가주의 담론을 학생들에게 내면화시키기 위해 사용되었던 텍스트들이다. 앞서 언급한 모윤숙의 <국군은 죽어서 말한다> 등이 있을 것이다. 교육과정과 시대적 변화에 따라 이런 국가주의적 텍스트들은 없어졌지만, 세계의 담론과 합일되는 텍스트들은 여전히 시의 한 부분을 차지한다고 볼 수 있다. 현 정전에서는 민족주의 담론에 편향되는 경우가 많지만 실제로는 다양한 담론이 화자와의 관계를 형성한다.16)

ⓡ의 경우는 사회비판적 시나 풍자시를 예로 들 수 있다. 신경림의 <농무>에서는 화자의 이상은 주관적 내면성보다는 외부의 담론과 관련되어 있으며(농민들이 잘 사는 세상) 화자의 이상이 현실 속에서 좌절되는 세계를 그리고 있다. 황지우의 해체시 역시 화해할 수 없는 현실을 부정적으로 희화화한 것이라 볼 수 있다.

학습자는 텍스트에서 세계를 인식하는 방법을 그대로 받아들일 수도 있으며, 비판할 수 있다. 여기서는 학습자가 텍스트의 세계 인식을 수용할 때, 학습자가 어떠한 주체를 구성하는지를 주로 다룰 것이다. 문학교육에서는 텍스트가 지향하는 가치를 받아들이는 것이 우선이며, 시교육은 텍스트의 의미를 내면화하는데서 시작하

---

16) 종교시, 개화가사 등이 여기에 포함될 수 있다.

기 때문이다. 물론 그 후 동료학생이나 교사의 도움을 받아 그 의미를 그대로 승인하거나 반대로 비판적 거리를 둘 수는 있다. 그러나 이러한 부분은 정전 논의와 거리가 있기 때문에 여기서 논의하기는 어렵다.

㉠의 경우는 흔히 말하는 순수서정시의 모습과 가장 가깝다. 이런 경우 자아의 주관적 이상만이 드러나거나, 그 이상에 의해 변형된 세계가 드러난다. 그러므로 이러한 텍스트가 주가 될 경우, 자아의 주관이 중심이 되는 주체가 형성될 가능성이 높다. 물론 인간은 누구나 이상적 세계를 지향한다. 낭만주의적 충동은 인간 내면에 기인하는 것이다. 그러나 이러한 텍스트가 정전의 주종이 될 경우 주체는 관념 중심이 되고, 자기만의 세계로 빠져들 수 있다. 세계의 객관적인 모습을 회피하고 내면의 목소리에만 집중하는 것이다. 그러나 관념은 현실을 이기게 하는 내면적 동력을 부여하지만, 그 자체로 현실을 극복할 수는 없다. 현실의 객관적 모습을 못 보거나 보려하지 않는다면 그 주체는 자폐적 공간에 빠져들 수밖에 없다.[17] ㉡의 경우는 사회·역사적인 모습이 드러나지

---

17) 물론 자아-합일의 텍스트의 가치 역시 존재한다. 그 가치는 서정적 경험 그 자체에 있다. 서정적 경험은 현실에서 이루어질 수 없거나 이루기 어려운 물아일체의 신화적 상상력에 기반한 유토피아의 지향이다. 인간과 세계가 분리되었다는 소외의 인식은 근대인의 기본 조건이다. 그러나 이를 서정정 자아가 추동하는 이상 지향에 의해 상상적으로 통합하는 힘이 바로 자아-합일의 시이다. 비록 주관적 내면 속의 통합이기는 하나, 이러한 미적 경험은 고통스러운 현실을 극복하는 원동력이 된다. 또한 이러한 감정 이입은 단순한 유아적 세계 인식을 넘어서서 세계관과 관점을 이동시키는 수단이다. 근대적 문명의 패러다임 속에 자연은 언제나 도구화된 객체이며 추구, 착취, 소유, 조작의 대상이다. 객체와 대상으로서의 자연은 그 자체의 권위와 품위, 그 자체의 생명과 언어를 갖지 못한다. 그러나 객관적 대상물로서의 자연은 이러한 인식을 전복시킬 수 있다. 예컨대 '개구리가 말하기를' 또는 '나무가 그러는데'라는 어법으로 모든 자연대

않는다는 점에서 순수서정이라 할 수 있지만 내면의 이상이 좌절되는 경우이다. 이 경우 주체의 주관적 이상이 세계의 섭리에 따라 좌절됨을 경험하면서 주관성 중심의 세계에서 벗어날 계기가 마련될 수 있다.

이를 통해 볼 때, 순수서정시라 하더라도 자아가 세계를 인식하는 방법이 다름을 알 수 있다. 그러므로 우리는 정전체계가 어떤 것이 중심이 되었느냐를 좀더 세밀히 밝힐 필요가 있다. 같은 순수서정이라도 한쪽은 주관적 주체를 형성할 가능성이 높지만, 다른 한쪽은 오히려 그것을 벗어날 계기를 마련해주기 때문이다.

비순수시도 마찬가지이다. ⓒ의 경우는 자아가 세계에 종속되기 때문에 주체는 순응적이 될 수 있다. 담론이 가지는 가치나 기원을 성찰하기보다는 담론의 권위를 추종하는 경우이다. 물론 텍스트 속에서 담론의 가치가 성찰되거나, 담론의 정당성이 인정된다면 바람직한 세계 인식 방법이라 할 수 있다. 반면 ⓔ은 내면적 가치가 아니라 객관적 세계의 담론을 지향하지만 그것과 불화하는 경우이다. 물론 자아가 추구하는 세계의 담론은 내면적 이상이 추구하는 것이다. 그러나 그 가치가 현실적으로 불가능한 낭만주의적 이상이 아니라 현실적인 가치라는 점에서 ⓛ과는 차이가 보인다. 이 경우 시 속에서는 자아가 지향하는 세계의 모습은 텍스트 속 부정적인 현실을 통해 반증된다. ⓔ과 같은 경우에는 학습자는

상을 대상의 자리에서 주체의 자리로 옮겨놓음으로서 그것들에 감성을 부여하고 이 방식을 통해 인간의 감성을 강화하는 것이다.(도정일, 1994) 이러한 세계 인식은 현재 교육에서 지향하고 있는 가치 중 하나인 생태주의적 관점과도 조우할 수 있는 특징을 가진다.

필연적으로 사회적 계기에 대해 인식할 수밖에 없다. 세계의 부정적인 모습이 형상화되었기 때문이다. 그러므로 주체는 인간다운 삶이 좌절된 세계와 비판적 거리를 유지하게 되며, 이를 통해 비판적 주체로 나아갈 가능성이 크다고 할 수 있다.

그러므로 비순수 역시 동일한 세계 인식을 한다고 볼 수 없다. 즉 세계가 자아를 포섭하는 경우도 있으며, 자아와 세계가 대립하기도 한다. 자아와 세계의 관계에 따라 순응적 주체가 형성될 수도 있으며 비판적 주체가 형성될 수도 있다.

이를 통해 순수라도 세계와 맺는 관계에 따라 다른 현실 인식을 보여주며, 그에 의해 형성된 주체 역시 다를 수 있음을 알 수 있다. 반대로 비순수라 하더라도 담론에 속박되어 있는 경우 순응적 인식을 내면화할 수 있으며, 이는 비판적 주체의 형성이라는 교육적 목표와는 거리가 있다. 그럼에도 현재 정전 연구는 순수시 중심이라는 명제에 매여 있는 한계를 가지고 있다. 문학교육의 목표 중 하나인 "인간과 세계에 대한 총체적인 이해"와 관련지어 보자면, 순수시 중심의 정전이 문제가 되는 것이 아니라 동일성을 지향하는 텍스트가 더 문제가 된다. 그러므로 자아와 세계와의 관계를 통해서 정전을 분석한다면, 현재 정전이 가지는 가치와 한계를 좀더 명확하게 인식할 수 있을 것이다.

물론 위의 구분은 하나의 제안이다. 다른 준거를 사용하여 정전 논의를 할 수도 있다. 그러므로 일정한 합의와 논쟁을 기다리는 한시적 제안이라 할 수 있다. 다만 이를 통해 말하고 싶은 것은 순수시 중심이라는 명제에서 벗어나자는 것이다. 국가권력과 그것에 동조했던 문단권력, 그리고 후진적 교육시스템이 결합을 설명하기 위해 설정되었던 순수시 중심의 정전은 분명 권력과 교육의 관계를 밝히는 데 있어서 효과적이다. 그러나 하나의 현상도 보는 각도에 따라 다른 모습을 보일 수 있다. 학습자들의 흥미 측면에서 정전을 연구할 수도 있고, 전통의 계승 측면에서도 정전을 연구할 수 있다. 정전 연구의 다양성을 확보하기 위해서라도 국가 이데올로기를 벗어나서 다양한 기준에 의한 정전 연구가 필요할 것으로 보인다.

논의의 종합과 요약

이 글은 현재 문학교육이 위기에 처해 있다는 인식을 바탕으로 시작되었다. 즉 문학교육이 원래의 목표에서 벗어나 있다는 것이다. 현재 교육과정에서 제시되는 문학교육의 목표는 문학지식의 습득, 언어에 대한 이해 증진, 인간과 세계에 대한 깊이 있는 통찰, 바람직한 문화의 창조 등으로 제시된다. 그런데 궁극적 목표 즉 통찰력과 창조력을 가진 학습자―비판적 주체를 양성하는 목표는 제대로 실행되지 않고 있는 것이 현실이다.

이는 문학교육의 주 연구대상을 교실 한정적이고 미시적으로 수행하는 연구 때문이기도 있다. 이런 연구는 교수 방법의 변화라는 긍정적 측면이 존재하긴 했지만, 문학교육에 대한 거시적 시각에서의 조감을 등한시 한 측면이 있다. 교실에서의 방법론적 연구가 양적으로 우세한 데 비하여 메타적 시각에서 문학교육을 본 연구는 아직 그리 많지 않기 때문이다. 그리하여 이 글은 메타적 시각에서 문학교육의 주 대상인 텍스트에 대하여 주목하고 이를 체계적으로 분석하고자 하였다.

이를 위해서 필요한 것은 현재 문학교육을 지배하는 정전 체계에 대한 분석이다. 정전 체계가 가지는 효과와 영향에 대해서 분석이 바탕이 되어야 이후의 논의를 진행할 수 있기 때문이다. 그리하여 이 글은 서정 장르에 한정하여, 시교육 정전 체계에 자명하게 존재하는 법칙을 찾아내어 그 자명성을 해체하는 한편 현재의 체계를 극복할 수 있는 대안을 제시하려 하였다.

2장에서는 시교육의 정전 체계의 모습을 밝히고자 하였다. 이를 위해서 현 정전체계를 둘러싼 역사적·사회적 맥락을 고찰하였다. 그 결과 현재의 정전 체계의 중심부는 순수시의 중심부성이 존재하고 있다는 밝혔다. 순수시 중심의 현 정전 체계는 사실 국가적 이념을 바탕으로 성립된 것이다. 그런데 그 이념은 학습자를 능동적으로 사고하고 행동하게 하기 위해서가 아니라, 순응적이고 탈사회화된 학습자를 양성하는 데 치중하였다. 이는 당대의 국가적 이념의 불구성을 보여준다고 할 수 있다. 구체적으로 살펴보자면, 관념 중심의 순수시를 통해 사회와 대화하지 못하는 주체를 형성하고, 거대 담론에 자아가 포섭되는 시를 통해서는 수동적이고 순응적인 주체를 형성하려는 목적을 가진 것이다. 이는 국가에 대해 비판적인 인식을 제거하고 순종적인 국민을 양성하기 위한 목적이 강하게 작용했음을 알 수 있다.

이를 밝히기 위해 미군정기 교과서부터 현재에 이르기까지 어떠한 텍스트들이 수록되었나를 밝히고, 이를 당대 사회적 맥락과 관련시켜 해석하였다. 그 결과 자명하게 여겨지는 현재의 순수시 중

심의 정전 체계는 실제로는 당대 정권이 작용한 임의적 구성물이
란 것을 확인하였다. 즉 현재의 정전 체계는 수많은 문학사적 존
재 가운데 선택과 배제의 원리를 바탕으로 하여 선별된 것일 따름
이었다. 미군정기의 『중등국어교본』이 저자들의 문학관과 해방 직
후라는 시대적 상황이 결합하여 순수시와 민족주의 시들을 배치하
였다면, 단정기부터 4차 교육과정기까지는 국가에 순응하는 주체
를 양성하기 위해 국가주의적 텍스트가 부가되었다. 6월 항쟁 이
후 개편된 5차 교육과정기 이후부터는 국가주의적 텍스트는 사라
지고 사회비판적인 참여적 시들이 등장하게 되었다. 그러나 순수
시 중심의 정전 체계는 50년 이상 변함이 없었다. 시대의 변화에
따라 민족주의, 국가주의, 사회참여 텍스트 등 주변부의 정전들은
나름의 부침을 겪었지만 순수시의 중심부성은 불변했던 것이다.

　3장에서는 현재 정전체계의 효과에 대해 분석하였다. 현재의 정
전체계는 비정상적인 주체를 형성한다. 순수시의 대다수는 관념이
세계보다 우위에 서서 세계를 변형시키는 인식을 보인다. 즉 자아
의 관념이 중시되는 미적 인식이 강조된다. 문제는 이런 텍스트들
이 관념에만 매몰된 탈사회화된 주체를 형성하게 된다는 점이다.
주체는 사회와 대화하려는 것이 아니라 자신의 관념 속에 갇히게
되고, 종국에는 사회와 단절된 존재가 되는 것이다. 그리고 주변적
으로 거대 담론에 종속되는 텍스트들도 정전에 많이 포함되는데,
이는 소극적이고 순응적인 주체를 형성하게 된다. 주체는 담론이
가지는 윤리성, 타당성 등에 대하 고찰하려 하지 않고, 담론이 지
향하는 바를 무비판적으로 수용하게 되는 것이다. 이러한 주체는
현재 문학교육의 목표인 비판적 주체와는 거리가 먼 것이다.

4장에서는 비판적 주체를 형성할 수 있는 정전 체계를 재구성하려 하였다. 이를 위해 서정에 대한 인식 변화와 다양한 범위에서 텍스트들을 선정할 것을 제안하였다. 서정은 자아와 세계가 상호 교융하여 드러난 정서의 발현이다. 그러나 우리는 흔히 서정을 순수서정이라는 극단적 형태로 인식해 온 것 또한 사실이다. 그러므로 서정의 개념을 확장하여 서정이 그려내는 다양한 무늬들을 고찰하고 그것에 관심을 가져야 할 것이다. 이런 인식이 승인될 때 순수시 중심의 정전을 재구성할 기초가 완성되는 것이다. 그리고 텍스트의 선정에 있어서 현재 문학사적으로 인정받는 것들로만 한정하지 말고, 청소년문학이나 대중문학 등 다양한 층위의 문학들을 포함시켜야 할 것을 제안하였다. 비록 이런 것들이 현재 학계의 관심을 받지 않고 있지만, 교육에서 정전의 기준을 문학사가 아닌 교육을 중심에 둘 때 문학사적 평가보다는 교육적 목표를 잘 달성할 수 있는 텍스트들 중심으로 정전을 구성해야 하는 것이다.

그리고 비판적 주체를 형성하기 위한 텍스트들을 예를 들어 살펴보았다. 탈사회화된 주체를 극복하기 위해서 사회비판적 텍스트와 타자성의 텍스트를 중심으로 구성되어야 함을 주장하였다. 이 두 종류의 텍스트는 모두 관념 중심을 해체할 수 있으며, 주체를 고립된 개인에서 벗어날 수 있게 해 준다. 순응적 주체를 극복하기 위해서는 담론과 주체가 대화적 관계를 구성하는 텍스트와 현재의 기준으로 올바른 담론이 실려 있는 텍스트를 중심으로 구성하였다. 이러한 텍스트가 정전에 편성된다면 학습자들에게 비판적 인식을 심어줄 수 있을 것이다. 그리고 이는 궁극적으로 문학교육의 거시적 목표를 효율적으로 달성할 수 있으리라 기대한다.

그리고 정전 재구성에 장애가 되는 요인이나 숙고해야 하는 요인들도 추가적으로 살펴보았다. 검인정 제도는 자율성을 부여하여 다양한 경향의 텍스트를 접할 수 있을 것이라 기대된 제도이다. 그러나 제도상의 미비점으로 인해 대동소이한 교과서가 만들어지는 현상을 보였다. 일부 교과서는 정전 문제를 극복한 것으로 보이지만, 아직 지배적인 현상이라 하기 어렵다. 또한 정전 연구에서 있어 순수/참여의 이분법을 극복하는 방안을 제안하였다. 이는 이 글의 최초 방향과 약간 어긋나는 측면이 있지만, 발전적 정전 연구를 위해서 필요한 것이라 생각된다.

본래 이러한 연구는 문헌연구와 더불어 질적·양적 연구도 필요하다. 개개의 학습자가 텍스트를 읽은 후 구성된 의미는 다르기 때문이다. 학습자의 성장 단계나 환경 등은 의미 구성에 많은 영향을 미친다. 이러한 것을 상세하게 밝히는 것은 현장의 학생들을 대상으로 연구를 하는 것이 가장 좋은 방법이라 할 수 있다. 그러나 이 글에서는 이러한 과정이 빠졌다. 이는 적확한 검사 항목을 정하는 것이나 연구에 맞는 대상 학교를 정하는 것 등 중요한 문제가 남아있다. 그리고 학교급별 또는 학년별로 시에 대한 인식의 차이가 있음도 고려되어야 할 것이다. 이러한 점은 연구자의 한계이면서 동시에 앞으로 지향해야 할 바를 제시한다고 볼 수 있다. 문헌 연구를 통한 이론은 언제나 현장에서 검증되어야 하기 때문이다.

또한 비판적 주체라는 목표는 텍스트의 성향 뿐 아니라 텍스트의 배치나, 학습활동의 구성 등 모두 관련되어 있다. 교과서는 텍스트를 단순 배치하는 것이 아니라 학교급별, 학년별, 단원별 목표를 구현하기 위해 의도적이고 조직적으로 배치하고 있다. 비판적 주체의 양성이라는 목표는 텍스트 차원을 넘어서서 배열이나 구조적 차원에까지 관계하고 있는 것이다. 이 글에서는 이러한 측면의 고찰은 빠져 있다. 이 역시 연구자의 한계이며, 앞으로 문학교육이 탐구해 나가야 할 과제라 생각된다.

또한 정전에 배제되었던 많은 텍스트를 수록하야 한다는 주장을 하면서도 실제적으로 현재의 문학사적 평가에 기댄 텍스트를 주로 예로 든 점도 문제로 들 수 있다. 특히 청소년문학이나 대중문학의 예를 들지 못한 점이 그렇다. 이는 전적으로 연구자의 책임이다. 앞으로 계속된 연구를 통해 다양한 텍스트를 발굴해야 할 것이다. 이런 시도는 나아가 우리 문학교육의 올바른 정전을 풍성하게 만드는 길이 될 것이다.

이 외에도 이 내용에 대한 많은 비판이 있을 것이다. 이는 전적으로 연구자의 한계이며 앞으로 계속된 연구를 통해 해결해 나가야 하는 문제이다. 바람이 있다면 이 글의 비판을 통해서 문학교육의 담론이 더욱 발전적으로 진행되어 궁극적으로 올바른 주체의 학습자를 양성하는데 도움이 되었으면 하는 것이다.

참고문헌

● 기본 자료

국어 및 문학 교과서.

● 단행본

강진호 외, 『국어 교과서와 국가 이데올로기』, 글누림, 2007.
권영민, 『한국현대문학사 1945~1990』, 민음사, 1993.
구인환 외, 『문학교육론』, 삼지원, 1988.
김대행, 『국어교과학의 지평』, 서울대학교 출판부, 1995.
김대행 외, 『문학교육원론』, 서울대학교 출판부, 2000.
김상욱, 『문학교육의 길 찾기』, 나라말, 2003.
김욱동 편, 『바흐친과 대화주의』, 나남, 1990.
김윤식, 『해방공간의 문학사론』, 서울대학교 출팜부, 1989.
______, 『미당의 어법과 김동리의 문법』, 서울대학교 출판부, 2002.
김인걸, 『한국현대사강의』, 돌베개, 1998.
김준오, 『시론』, 삼지원, 1996.
김창식, 『대중문학을 넘어서』, 청동거울, 2000.
나병철, 『소설의 이해』, 문예출판사, 1998.
______, 『모더니즘과 포스트모더니즘을 넘어서』, 소명출판, 1999.
______, 『근대서사와 탈식민주의』, 문예출판사, 2001.
______, 『소설과 서사문화』, 소명출판, 2005.
도정일, 『시인은 숲으로 가지 못한다』, 민음사, 1994.
문태준, 『가재미』, 문학과 지성사, 2006.
문학과비평연구회, 『한국 문학권력의 계보』, 한국출판마케팅연구소, 2004.
민족문학사연구소 편, 『민족문학사 강좌』 상·하, 창작과비평사, 1994.
박붕배, 『국어교육전사 상, 중, 하』, 대한교과서주식회사, 1987~1997.

______, 『광복 40년의 교과서1, 詩』, 나랏말쏘미, 1987.

박성봉, 『대중예술의 미학』, 동연, 1995.

박정호 외, 『현대 철학의 흐름』, 동녘, 1996.

선주원, 『시 교육의 원리와 방법』, 박이정, 2003.

______, 『소설 교육의 원리와 방법』, 박이정, 2003.

송 무, 『영문학에 대한 반성』, 민음사, 1997a

신경림, 『신경림의 시인을 찾아서』, 우리교육, 1998.

우한용, 『문학교육과 문화론』, 서울대학교 출판부, 1997.

______, 『한국 근대문학교육사 연구』, 서울대학교 출판부, 2009.

유성호, 『침묵의 파문』, 창작과 비평사, 2002.

______, 『한국시의 과잉과 결핍』, 역락, 2005a.

______, 『현대시 교육론』, 역락, 2006.

유종호, 『문학이란 무엇인가』, 민음사, 1989.

______, 『시란 무엇인가』, 민음사, 1995.

윤여탁, 『시 교육론―시의 소통 구조와 감상』, 태학사, 1996.

______, 『시 교육론 2』, 서울대학교 출판부, 1998a.

윤평중, 『푸코와 하버마스를 넘어서』, 교보문고, 2006.

이병기, 『가람일기 Ⅱ』, 신구문화사, 1976.

이봉재 외, 『현대 철학의 흐름』, 동녘, 1996.

이상섭, 『문학비평용어사전』, 민음사, 1976.

이성영, 『국어교육 내용 연구』, 서울대학교 출판부, 1995.

이진경, 『철학과 굴뚝청소부』, 그린비, 2005.

이종국, 『한국의 교과서 출판 변천 연구』, 일진사, 2001.

이진경, 『철학과 굴뚝청소부』, 그린비, 2002a.

______, 『노마디즘』1, 2, 휴머니스트, 2002b.

정덕준 편, 『고교에서의 시 교육 어떻게 할 것인가』, 한림대학교 한림과학
        원, 2003.

정재찬, 『문학교육의 사회학을 위하여』, 역락, 2001.

______, 『문학교육의 현상과 인식』, 역락, 2004.

조동일, 『한국문학의 갈래 이론』, 집문당, 1992.

최유찬, 『문예사조의 이해』, 이룸, 1995.

한국문학평론가협회 편, 『문학용어비평사전』, 국학자료원, 2006.

한국사특강편찬위원회 편, 『한국사 특강』, 돌베개, 1998.

한철우 외, 『문학중심 독서지도』, 대한교과서주식회사, 2001.

● 논문 및 기타

강　석, 「시교육 정전 체계의 양상과 대안」, 『청람어문연구』 45집, 청람어
　　　문교육학회, 2012.

＿＿＿, 「정전 연구의 새로운 방향」, 『우리문학연구』 37집, 우리문학회,
　　　2012.

＿＿＿, 「텍스트 내적 구조에 따른 시교육 내용 연구」, 『비평문학』 46집,
　　　한국비평문학회, 2012.

강진호, 「반공주의의 규율과 국어교과서」, 『민족문학사연구』 28집, 민족문
　　　학사학회, 2005.

고규진, 「문학적 정전과 문학정전」, 『독일언어문학』 22집, 한국독일언어문
　　　학회, 2003a.

＿＿＿, 「다문화 시대의 문학정전」, 『독일언어문학』 23집, 한국독일언어문
　　　학회, 2003b.

고봉준, 「서정시 이론의 성찰과 모색」, 『한국시학연구』, 한국시학회, 2007.

권순긍, 「교과서의 변천과 문학교육의 방향」, 『반교어문교육』 10집, 반교어
　　　문학회, 1999.

구모룡, 「새로운 시학을 찾아서」, 『시의 옹호』, 천년의 시작, 2006.

김구슬, 「T. S. 엘리엇과 여성 : 모더니스트 정전의 한계」, 『T. S. 엘리엇 연
　　　구 제16권 1호』, 한국 T. S. 엘리엇학회, 2006.

김대행, 「문학의 개념과 문학교육론」, 『국어교육』 59·60 합병호, 한국국어
　　　교육연구회, 1987.

김선용, 「문학교육 방법론」, 명지대학교 교육대학원 석사학위 논문, 1998.

김용직, 「<문장>과 문장파의 의식성향 고찰」, 『선청어문』 23집, 서울대학
　　　교 국어교육과, 1995.

김정숙, 「대중/주변문학은 문학의 범주로 성립될 수 있는가」, 『불어불문학
　　　연구』 제55집, 불어불문학연구, 2003.

김창원, 「문학 교과서 개발에 따른 비판적 점검」, 『문학교육학』 11집, 한국
　　　문학교육학회, 2003.

김한식, 「김동리 순수문학론의 세 층위」, 『상허학보』 15호, 상허학회, 2005.

남민우, 「사이버-청소년문학의 문학교육적 의미 연구-문학교육적 비평의
　　　정립을 위한 시론」, 『문학교육학』 19호, 한국문학교육학회, 2006.

노　철, 「시 교육에서 해석의 방법 연구」, 『문학교육학』 22집, 한국문학교육
　　　학회, 2007.

라영균, 「정전과 문학정전」, 『외국문학연구』, 한국외국어대학교 외국문학연
　　　구소, 2000.

＿＿＿, 「정전과 문학교육」, 『독어교육』 제26집, 한국독어독문학교육학회,
　　　2003.

문영진, 「정전 논의에 관련된 몇 가지 문제에 관하여」, 『민족문학사연구』
　　　18집, 민족문학사학회, 2001.

＿＿＿, 「김동인 소설의 정전화에 관한 몇 가지 문제에 대하여」, 『대동문화
　　　연구』 제53집, 성균관대학교 대동문화연구원, 2006.

박경신, 「교과서 검인정제도의 본질과 정치적 중립성」, 『법학논총』 26호,
　　　한양대학교 법학연구소, 2009.

박용찬, 「한국전쟁 직후 현대시의 국어교과서 정전화 과정 연구」, 『어문학』
　　　제91집, 한국어문학회, 2005.

박호근, 「한국 교육정책과 그 유형에 관한 연구」, 고려대학교 대학원 박사
　　　학위논문, 2000.

변화영, 「전후소설에 나타난 전쟁경험과 휴머니즘의 교육적 담론」, 『현대문
　　　학이론연구』 30집, 2007.

서명석, 「교육과정 통합의 한계와 탈한계」, 『교육과정연구』 18집, 한국교육
　　　과정학회, 2000.

서울대학교 교육연구소 편, 『교육학대백과사전』, 하우동설, 1998.

선주원, 「한국 현대소설 연구와 소설교육 연구의 재영토화」, 『현대문학의
　　　연구』 31집, 한국문학연구학회, 2007.

성내운 외 문학교육연구회, 『삶을 위한 문학교육』, 연구사, 1987.

송 무, 「문학교육의 정전논의-영미의 정전논쟁을 중심으로」, 『문학교육학』 1호, 한국문학교육학회, 1997b.

유명숙, 「정전논쟁 그 허와 실」, 『영미문학연구』 1집, 영미문학연구회, 1996.

유성호, 「현대시의 사회성 교육」, 『문학교육학』 13호, 한국문학교육학회, 2004.

______, 「대학의 교양 교육으로서의 시 교육」, 『문학교육학』 18호, 한국문학교육학회, 2005b.

______, 「문학교육과 정전 구성」, 『문학교육학』 25호, 한국문학교육학회, 2008.

유영희, 「국어 교과서 현대시 제재와 해석의 다양성」, 『돈암어문학』 18권, 돈암어문학회, 2005.

윤여탁, 「문학교재 구성을 위한 현대시 정전 연구」, 『국어교육연구』 제5집, 서울대학교 국어교육연구소, 1998b.

윤진아, 「청소년 문학의 정체성과 교육적 의미」, 한국교원대학교 대학원 석사학위 논문, 2008.

이나미, 「미군정기의 민주주의 교육 : 일제시기와의 연속성을 중심으로」, 『동양정치사상사』 3호 1권, 한국동양정치사상사학회, 2004.

이상일, 「북한 교과서의 고전문학 작품 선정의 원칙과 수록 체계」, 『고전문학과 교육』 12호, 한국고전문학교육학회, 2006.

이영미, 「국어교육과 대중예술, 문학교육과 시가문학으로서의 대중가요」, 『국어교육학연구』 17호, 국어교육학회, 2003.

이인제, 「국어 교과서 개발의 실상과 그 체제의 개선」, 『교원교육』 제19권 2호, 한국교원대학교 교육연구원, 2004.

이재기, 「문식성 교육 담론과 주체 형성에 관한 연구」, 한국교원대학교 대학원 박사학위 논문, 2005.

______, 「문학교육과 문식성 신장」, 『독서연구』 22호, 한국독서학회, 2009.

이재형, 「비판적 문식성 신장을 위한 읽기 교육 연구」, 한국교원대학교 대학원 박사학위 논문, 2012.

이종국, 「국어 교과서에서의 이념지향과 출판정책」, 『돈암어문학』 18권, 돈암어문학회, 2005.

이주영, 「도식성의 창작교육적 의미」, 『문학교육학』 11집, 한국문학교육학
　　　　회, 2003.
정재찬, 「현대시 교육의 지배적 담론에 관한 연구」, 서울대 대학원 박사학
　　　　위논문, 1996.
조미숙, 「지배이데올로기의 교과서 전유양상」, 『한국문예비평연구』 21집,
　　　　한국현대문예비평학회, 2006a.
＿＿＿, 「반공주의와 국어교과서」, 『새국어교육』 제74호, 한국국어교육학회,
　　　　2006b.
조희정, 「교과서 수록 현대문학 제재 변천 연구」, 『국어교육학연구』, 국어교
　　　　육학회, 2005.
차혜영, 「한국현대소설의 정전화 과정 연구」, 『돈암어문학』 18권, 돈암어문
　　　　학회, 2005.
최정환, 「제7차 고등학교 문학 교과서의 내용 및 체제 분석」, 한국교원대
　　　　대학원 석사학위 논문, 2004.
최지현, 「한국근대시 정서체험의 텍스트 구조 연구」, 서울대학교 대학원 박
　　　　사학위 논문, 1997.
＿＿＿, 「문학교육에서 정전과 학습자의 정서체험이 갖는 위계적 구조에 관
　　　　한 연구」, 『문학교육학 5집』, 2000.
최진아, 「청소년문학의 정체성과 교육적 의미」, 한국교원대학교 대학원 석
　　　　사학위논문, 2008.
채호석, 「고등학교 문학 교과서의 문학관과 문학이론」, 『한국근대문학연구』
　　　　14호, 한국근대문학회, 2006.
하정일, 「미래파들의 다른 서정」, 『애지』 27권, 2006.
한수영, 「순수문학론에서의 미적 자율성과 반근대의 논리―김동리의 경우」,
　　　　『국제어문』 29호, 국제어문학회, 2004.
＿＿＿, 「문학교과서와 소설 교육의 이데올로기」, 『한국근대문학연구』 제14
　　　　호, 한국근대문학회, 2006a.
＿＿＿, 「순수문학이라는 오해」, 『역사비평』 봄호, 2006b.
한철우, 「국어교육 50년, 한 지붕 세 가족의 삶과 갈등」, 『국어교육학연구』
　　　　21집, 국어교육학회, 2004.

황정현, 「21세기 문학연구와 문학교육의 방향과 과제」, 『현대문학의연구』
　　　31집, 한국문학연구학회, 2007.

● 번역서

가스똥 바슐라르, 이가림 역, 『물과 꿈』, 문예출판사, 1980.
니나 베임, 강미숙 편, 「곤경에 처한 남성이 펼치는 멜로드라마」, 『여성 해
　　　방 문학의 논리』, 한국여성연구소 학술연구보고서, 1990.
미하일 바흐친, 송기한 역, 『마르크스주의와 언어철학』, 호겨레, 1988.
올리비에 르블, 권오룡 외 역, 『언어와 이데올로기』, 역사비평사, 1994.
스티븐 J. 볼 외, 이우진 역, 『푸코와 문학』, 청계, 2007.
제레미 M. 호손, 정정호 외 역, 「Canon 정전」, 『현대문학이론 용어사전』,
　　　동인, 2003.
테리 이글턴, 김명환 외 역, 『문학이론입문』, 창작과 비평사, 1986.
파울로 프레이리, 성찬성 역, 『페다고지―억눌린 자를 위한 교육』, 한마당,
　　　1995.
프랭크 렌트리키아 외, 정정호 외 역, 「정전」, 『문학연구를 위한 비평용어』,
　　　한신문화사, 1994.
M 메를로 퐁티, 오병남 편역, 『현상학과 예술』, 서광사, 1983.

찾아보기 _ 용어

찾아보기 _ 인물 / 작품

┃강 석

한국교원대학교 국어교육과 학사, 석사, 박사
전 서원대학교 강의전담 교수
현 한국교원대학교, 서원대학교 강사

주요논저

「<중등국어교본>의 시 텍스트 연구」
「수평적 타자성 시의 교육적 가치」
「개정 고등학교 교과서 서정 제재 연구」
「80년대 시의 교과서 수용 양상 연구」
「시교육 정전 체계의 양상과 대안」
「정전 연구의 새로운 방향」
「텍스트 내적 구조에 따른 시 교육 내용 연구」
「비판적 주체를 위한 시 창작 교육 연구」
「대중가요 교육에 관한 시론」 외 다수

시교육 정전 연구

초판인쇄 2013년 11월 01일
초판발행 2013년 11월 11일
지은이 강 석
펴낸이 이대현
편 집 박선주
디자인 이홍주
펴낸곳 도서출판 역락
　　　　서울 서초구 반포4동 577−25 문창빌딩 2층
　　　　전화 02−3409−2058(영업부), 2060(편집부) ㅣ FAX 3409−2059
　　　　이메일 youkrack@hanmail.net
　　　　등록 1999년 4월 19일 제303−2002−000014호
ISBN　978−89−5556−570−6 93370

정 가 19,000원
* 잘못된 책은 구입처에서 교환해 드립니다.

이 도서의 국립중앙도서관 출판시도서목록(CIP)은 e−CIP홈페이지(http://www.nl.go.kr/ecip)와 국가자료
공동목록시스템(http://www.ml.go.kr/kolisnet)에서 이용하실 수 있습니다.(CIP2013022157)